法政大学イノベーション・マネジメント研究センター叢書 | 11

企業家活動でたどる
サステイナブル経営史

CSR経営の先駆者に学ぶ

長谷川 直哉【編著】

文眞堂

刊行にあたって

　私たちは，1997年から法政大学産業情報センター（現・イノベーション・マネジメント研究センター）の研究プロジェクトとして企業家史研究会を発足させ，日本経営史上の主要テーマと，それをもっともよく体現した企業家活動のケースについて発掘・考察に努めている。そして，その成果を順次，下記の共著の形で刊行してきた。

(1) 法政大学産業情報センター・宇田川勝編『ケースブック　日本の企業家活動』（有斐閣，1999年）
(2) 法政大学産業情報センター・宇田川勝編『ケース・スタディー　日本の企業家史』（文眞堂，2002年）
(3) 法政大学イノベーション・マネジメント研究センター・宇田川勝編『ケース・スタディー　戦後日本の企業家活動』（文眞堂，2004年）
(4) 法政大学イノベーション・マネジメント研究センター・宇田川勝編『ケース・スタディー　日本の企業家群像』（文眞堂，2008年）
(5) 宇田川勝・生島淳編『企業家に学ぶ日本経営史―テーマとケースでとらえよう』（有斐閣，2011年）
(6) 宇田川勝・四宮正親編著『企業家活動でたどる日本の自動車産業史―日本自動車産業の先駆者に学ぶ―』（白桃書房，2012年）
(7) 長谷川直哉・宇田川勝編著『企業家活動でたどる日本の金融事業史―わが国金融ビジネスの先駆者に学ぶ―』（白桃書房，2013年）
(8) 宇田川勝編『ケースブック　日本の企業家―近代産業発展の立役者たち』（有斐閣，2013年）
(9) 生島淳・宇田川勝編著『企業家活動でたどる日本の食品産業史―わが国食品産業の改革者に学ぶ―』（文眞堂，2014年）

刊行にあたって

　⑽　宇田川勝・四宮正親編著『企業家活動からみた日本のものづくり経営史―わが国ものづくり産業の先駆者に学ぶ―』（文眞堂，2015年）

　⑴～⑷および⑻の著作はケース集で、日本経営史の主要テーマに即して代表的な企業家2名を取り上げ、両者の企業家活動の対比を通してテーマとケースについての解説と検討を行い、5冊で総計56テーマ・112名（父子の場合は1名とカウント）の企業家を登場させた。

　⑸の著作は、2007～2008年度に開催された社会人向けの公開講座「日本の企業家史・戦前編」「同・戦後編」の講義と、そこでの議論を踏まえて作成された日本経営史・企業家史の教科書である。同書は上記のケース集⑴～⑷の中から選りすぐった22のテーマ・ケース（企業家は1名に限定）と4つのコラムを収録し、企業家のダイナミックな活動を通して、日本経営史をいきいきと描いている。

　⑹～⑺および⑼・⑽の著作は、今回の「企業家活動でたどる日本の産業（事業）史」シリーズの第1～4巻である。このシリーズは、起業精神に富み、革新的なビジネス・モデルを駆使して産業開拓活動に果敢に挑戦し、その国産化を次つぎに達成していった企業家たちの活動を考察することを目的としている。

　明治維新後、約30年間で西欧先進国以外で最初の産業革命を実現し、そして第二次世界大戦で廃墟と化した日本を再建し、「経済大国」に発展させた原動力が企業家たちの懸命な産業開拓活動にあったことは多言を要しない。

　消費型社会から循環型社会へのパラダイム変革が求められている現代社会では、企業や市民を取り巻く状況は大きく変わりつつある。M.ポーターが提唱した「共通価値の創造（Creating Shared Value）」によれば、社会的課題に対するソリューションをビジネスとして提供することによって、企業と社会のサステイナビリティは実現できるという。サステイナビリティとはサバイバビリティでもある。環境や社会の変化に呼応して、企業は常に変革し続け、社会が求める価値を創出していかねばならない。サステイナブル社会への変革が求められている私たちは、先人たちの産業開拓活動に取り組んだ

刊行にあたって

「創造力」と「想像力」から学ぶべき事は多いと思われる。

　今回のシリーズは、企業家史研究会メンバー以外の方にも講師をお願いし、公開講座を実施したのち、その成果を取りまとめて順次刊行する予定である。本シリーズが上記の著作と同様に多くの読者を得、日本経営史・企業家史の研究と学習に資することができれば望外の喜びである。

　　　　　　　　　　　　　　　　　　　　　　　　　長谷川直哉

法政大学イノベーション・マネジメント研究センター公開講座

企業家活動でたどるサステイナブル経営
―CSR経営の先駆者に学ぶ―

確固たる志、ミッションがなければ社会に即したサステイナブル経営は不可能であり、社会の前進もあり得ません。しかし、企業の社会的責務を忘れ、ステークホルダーを犠牲にしてまで利益を得ようとする経営者は後を絶ちません。CSR（企業の社会的責任）やBusiness Ethics（企業倫理）に関心が高まっている背景には、社会が必ずしもよい方向に進んでいないという認識を人々が抱いている現実があります。今回の講座では、経済効率と社会的公正を融合した経営を実践した代表的な企業家を取り上げ、彼らの経営思想や社会貢献活動の視点からわが国のCSR経営のあり方を検証します。21世紀の企業家に求められるサステイナブル経営のあり方を展望する上で、彼らの経営行動は示唆に富み、学ぶべき教訓は多いと思われます。講師はイノベーション・マネジメント研究センターの研究プロジェクト「企業家史研究会」のメンバーと外部専門家が担当します。

講座内容
※開場は、全日12:30からです。

第1部　2014年10月18日（土）
- **13:00～14:10　企業倫理と報徳思想：岡田良一郎（大日本報徳社）**
  長谷川 直哉（はせがわ なおや）法政大学人間環境学部教授、「企業家史研究会」代表
- **14:15～15:25　日本版CSRの先駆者：伊庭貞剛（住友財閥）**
  岡部 桂史（おかべ けいし）南山大学経営学部准教授

第2部　2014年11月15日（土）
- **13:00～14:10　清廉経営の実践者：髙碕達之助（東洋製罐）**
  島津 淳子（しまづ あつこ）法政大学大学院経営学研究科博士後期課程、「企業家史研究会」メンバー
- **14:15～15:25　キリスト教倫理と商業道徳：相馬愛蔵（新宿中村屋）**
  生島 淳（しょうじま あつし）高知工科大学マネジメント学部専任講師、「企業家史研究会」メンバー

第3部　2014年12月13日（土）
- **13:00～14:10　ロータリークラブの創始者：米山梅吉（三井報恩会）**
  堀 峰生（ほり みねお）一橋大学大学院商学研究科特任講師、「企業家史研究会」メンバー
- **14:15～15:25　人類皆兄弟の精神：ウィリアム・ヴォーリズ（近江兄弟社）**
  長谷川 直哉（はせがわ なおや）法政大学人間環境学部教授、「企業家史研究会」代表

会　場　法政大学市ケ谷キャンパス　ボアソナード・タワー25階
　　　　　　イノベーション・マネジメント研究センター セミナー室

対　象　学生、一般社会人、企業経営者に関心のある方、企業広報・社史の担当者

定　員　40名

受講料　全3部　一般：15,000円　法政大学卒業生：5,000円
　　　　　　部単位（第1部、第2部、第3部 の各回）一般：各6,000円　法政大学卒業生：各2,000円
　　　　　　※法政大学学生（学部生・大学院生（研究生・研修生）・通信教育部本科生）は「全3部」・「部単位」ともに無料

申込方法　氏名、所属（法政大学学生の方は、学部生・大学院生（研究生・研修生）・通信教育部本科生より該当する所属と学生証番号を明記）、受講を希望する部（「全3部」または第1部、第2部、第3部の各回）、連絡先の郵便番号・住所・電話番号・FAX番号・E-mailアドレス、法政大学卒業生の方は卒業年度を明記の上、FAXまたはE-mailで法政大学イノベーション・マネジメント研究センター宛にお申し込みください。
　　　　　　※個人情報の扱いは厳重に管理しております。法政大学に関連するイベント開催等の通知を目的としており、それ以外の目的では使用しておりません。

申込期限　「全3部」および第1部の受講：10月3日（金）、第2部の受講：10月31日（金）、第3部の受講：11月28日（金）

お支払方法　お申込後に振込先等の詳細をご連絡しますので、開講10日前までに指定口座へお振り込みください。

お問い合せ　法政大学イノベーション・マネジメント研究センター
　　　　　　TEL: 03-3264-9420　FAX: 03-3264-4690　E-mail: cbir@adm.hosei.ac.jp

---

法政大学イノベーション・マネジメント研究センター
〒102-8160 東京都千代田区富士見 2-17-1
TEL: 03-3264-9420　FAX: 03-3264-4690
E-mail: cbir@adm.hosei.ac.jp
URL: http://riim.ws.hosei.ac.jp

2014年6月19日版

注：肩書き・所属は当時のもの。

■執筆者紹介（執筆順，☆は編著者）

☆長谷川　直哉　　　　　　　　　　　　担当：序章，第1章，第2章，第6章
　　法政大学人間環境学部教授

　島津　淳子　　　　　　　　　　　　　担当：第3章
　　法政大学イノベーション・マネジメント研究センター客員研究員

　生島　淳　　　　　　　　　　　　　　担当：第4章
　　高知工科大学マネジメント学部専任講師

　堀　峰生　　　　　　　　　　　　　　担当：第5章
　　一橋大学大学院商学研究科特任講師

目　　次

序章　企業家活動でたどるサステイナブル経営史
　　　　―CSR経営の先駆者に学ぶ― ……………………………………… *1*

1. 本書刊行の経緯と意図 ……………………………………………………… *1*
2. サステイナブル経営の潮流 ………………………………………………… *3*
   (1) CSRの萌芽 …………………………………………………………… *3*
   (2) サステイナブル経営のフレームワーク …………………………… *5*
3. CSRを巡るわが国企業と市民社会の相克 ……………………………… *7*
   (1) 公害問題の顕在化と環境規制の時代（1945～1969年） ……… *7*
   (2) 産業公害からの脱却とCSRの展開（1970～1990年） ………… *9*
   (3) 地球環境問題とCSR（1991年以降） ……………………………… *10*
4. CSR論の展開―ポーター仮説を中心に― ……………………………… *11*
   (1) 戦略的CSR …………………………………………………………… *11*
   (2) 共通価値の戦略 ……………………………………………………… *12*
   (3) 責任ある経営 ………………………………………………………… *14*
4. 本書の構成 …………………………………………………………………… *15*

第1部　社会的責任の萌芽

第1章　財本徳末思想：経済と道徳の統合を目指して
　　　　―岡田良一郎（大日本報徳社）― ………………………………… *21*

はじめに ………………………………………………………………………… *21*
1. 岡田良一郎の思想 ………………………………………………………… *24*
   (1) 報徳思想家としての活動軌跡 ……………………………………… *24*

(2) 近代啓蒙思想の受容 …………………………………………… 32
　2. 社会企業家としての活動の軌跡 ……………………………………… 36
　　(1) 教育事業 …………………………………………………………… 36
　　(2) 銀行業 ……………………………………………………………… 38
　　(3) 紡績業 ……………………………………………………………… 41
　3. 財本徳末思想の現代的意義 …………………………………………… 43

第2章　価値共創経営の先駆者
―伊庭貞剛（住友財閥）― ……………………………………… 48

はじめに ……………………………………………………………………… 48
　1. 官界での活躍を目指して ……………………………………………… 51
　　(1) 生い立ち …………………………………………………………… 51
　　(2) 新政府の官吏へ …………………………………………………… 52
　　(3) 裁判官としての期待と失望 ……………………………………… 54
　2. 住友への入社 …………………………………………………………… 55
　　(1) 広瀬宰平の存在 …………………………………………………… 55
　　(2) 住友入社の決断 …………………………………………………… 57
　3. 初代総理事広瀬宰平による別子銅山改革 …………………………… 59
　　(1) 近代的鉱山技術の導入 …………………………………………… 59
　　(2) 住友内部の人事抗争 ……………………………………………… 62
　　(3) 鉱煙（煙害）事件の発生 ………………………………………… 63
　4. 伊庭貞剛による改革の軌跡 …………………………………………… 65
　　(1) 徳と情による人心の収攬 ………………………………………… 65
　　(2) 四阪島への移転 …………………………………………………… 66
　　(3) 別子銅山における環境保全活動 ………………………………… 70
　5. 事業戦略と組織統治 …………………………………………………… 72
　　(1) 事業戦略の刷新 …………………………………………………… 72
　　(2) 組織統治と人材登用 ……………………………………………… 73

6. 価値共創の思想 ……………………………………………………… *74*
  ⑴ 共感の経営 ………………………………………………………… *74*
  ⑵ 経営者としての使命 ……………………………………………… *76*

第 2 部　経営理念と社会的責任

第 3 章　産業発展を見据えた理念経営
  ―高碕達之助（東洋製罐株式会社）― ……………………………… *85*

はじめに ……………………………………………………………………… *85*
1. 明治期の水産業と水産講習所 ……………………………………… *88*
2. 高碕の経営理念形成過程 …………………………………………… *90*
  ⑴ 中学校教師の言葉に触発され水産業を志望 ……………………… *90*
  ⑵ 水産業を通しての国家貢献志向の醸成 ………………………… *91*
  ⑶ 恩師・伊谷以知二郎の水産業振興活動 ………………………… *92*
  ⑷ 伊谷に共鳴し缶詰産業振興にまい進 …………………………… *96*
3. 高碕の企業家活動 …………………………………………………… *98*
  ⑴ 高碕の経営理念 …………………………………………………… *98*
  ⑵ 東洋製罐を設立 …………………………………………………… *100*
  ⑶ サニタリー缶の普及と缶型規格統一による合理化推進 ……… *101*
  ⑷ アメリカ同業者との連携強化 …………………………………… *104*
  ⑸ 事業者統制の推進 ………………………………………………… *109*
  ⑹ 東洋罐詰専修学校の設立 ………………………………………… *110*
  ⑺ 理念共有と組織的国家貢献の推進 ……………………………… *111*
4. 倫理的基盤の下での産業発展への寄与 …………………………… *112*

第 4 章　キリスト教倫理と商業道徳
  ―相馬愛蔵（新宿中村屋）― ………………………………………… *118*

はじめに ……………………………………………………………………… *118*

1. 相馬愛蔵の生い立ち ………………………………………… 119
   (1) 多感な青年時代 ………………………………………… 119
   (2) 養蚕事業とキリスト教布教活動 ……………………… 121
   (3) 愛蔵の妻・星良（黒光） ……………………………… 122
2. 商人としての道 ……………………………………………… 123
   (1) 中村屋の開業 …………………………………………… 123
   (2) 新商品の開発 …………………………………………… 126
   (3) 新宿へ移転 ……………………………………………… 129
   (4) 和菓子を手掛ける ……………………………………… 130
   (5) 中村屋サロンの形成 …………………………………… 132
   (6) 中村屋の発展 …………………………………………… 134
3. 相馬愛蔵の企業家活動の特徴 ……………………………… 136
   (1) 相馬愛蔵と黒光の人物像 ……………………………… 136
   (2) 「商人道」の実践 ……………………………………… 137
   (3) 相馬愛蔵の経営思想 …………………………………… 142
4. おわりに ……………………………………………………… 144

第3部　社会貢献とビジネスの融合を目指して

第5章　社会貢献の経営思想とその実践
　　　　　―米山梅吉（三井信託株式会社）― ……………………… 151

はじめに ………………………………………………………… 151
1. 米山の生い立ち ……………………………………………… 153
2. 米山梅吉の思想と活動 ……………………………………… 158
   (1) 「新隠居論」の発表とその背景 ……………………… 158
   (2) 東京ロータリー・クラブの創設とその経緯 ………… 160
   (3) 三井信託株式会社創設とその経緯 …………………… 163
3. 金銭信託問題をめぐる論争にみる米山の対応 …………… 171

⑴　第三回特別委員会（10月25日開催）における米山発言……… *171*
　⑵　第六回特別委員会（10月28日開催）における米山発言……… *172*
4．米山が志向した信託会社像
　　―ラジオ放送・信託協会での発言等から― ……………………… *173*
5．財団法人三井報恩会理事長としての米山の活動状況と青山学院へ
　　の支援 ……………………………………………………………… *176*
おわりに ………………………………………………………………… *177*

第6章　スチュアードシップに基づく相互扶助の社会経済システムの構築を目指して
　　―ウィリアム・メレル・ヴォーリズ（近江兄弟社）― ……… *184*

はじめに ………………………………………………………………… *184*
1．生い立ちと思想形成 ………………………………………………… *186*
　⑴　両親のこと ……………………………………………………… *186*
　⑵　幼少期から高校入学まで ……………………………………… *187*
　⑶　高校から大学卒業まで ………………………………………… *188*
　⑷　ピューリタンの信仰心と宣教師の使命 ……………………… *190*
2．滋賀県立商業学校での布教活動 …………………………………… *192*
　⑴　バイブル・クラスの開講 ……………………………………… *192*
　⑵　滋賀県立商業学校基督教青年会（YMCA）の発足 ………… *194*
　⑶　宣教活動への反発 ……………………………………………… *195*
3．Omi Missionの創設 ………………………………………………… *199*
　⑴　Omi Mission誕生前夜 ………………………………………… *199*
　⑵　Omi Mission（近江基督教伝道団）が目指したもの ………… *200*
4．Omi Missionの事業構造 …………………………………………… *201*
　⑴　事業組織の概要 ………………………………………………… *201*
　⑵　建築設計事業 …………………………………………………… *204*
　⑶　メンソレータム事業 …………………………………………… *206*

⑷　メンソレータムブランドの喪失 ……………………………… *209*
 5．ソーシャルビジネスの萌芽 …………………………………… *212*
　⑴　近江療養院の創設 ……………………………………………… *212*
　⑵　教育事業 ………………………………………………………… *213*
 6．Omi Mission の現代的意義 …………………………………… *216*

事項索引………………………………………………………………… *223*
人名索引………………………………………………………………… *226*

序章
企業家活動でたどるサステイナブル経営史
―CSR経営の先駆者に学ぶ―

1. 本書刊行の経緯と意図

　本書は2014年10月から12月に3回に分けて実施された2014年度法政大学イノベーション・マネジメント研究センター主催による公開講座「企業家活動でたどるサステイナブル経営―わが国CSR経営の先駆者に学ぶ―」の講義にもとづいて編集されたものである。

　公開講座の実施に際しては，研究者・学生はもとより業界関係者や一般のみなさんにも広く参加を呼びかけ，多くの貴重なご意見を頂戴することができた。改めて厚くお礼を申し上げたい。

　講義の際と同じく，本書を編集するにあたって留意したのは，一般のみなさんに，企業を取り巻くさまざまな社会的課題に対して，本書で取り上げた企業家がどのような取り組みを行ってきたのかについて，少しでも理解を深めていただきたいということである。

　企業倫理，企業の社会的責任（CSR：Corporate social responsibility），サステイナブル経営（Sustainable management）の歴史や課題と，この分野で活躍した企業家に親しんで頂きたいということである。

　地球温暖化，人口増加，資源の枯渇，格差社会，人権抑圧など環境や社会を巡る課題は，年々，深刻化しつつある。グローバリゼーションの進展によって，企業の活動領域は国境や地域を越えており，富を追求する企業活動があらゆるステークホルダーに多くの影響を及ぼしている。

残念ながら，グローバル社会を席捲する市場経済メカニズムには，資本の論理に基づく成長至上主義を制御する手段がビルトインされていない。経済的価値の創出に傾斜した現代社会の価値観を修正するためには，気候変動や生物多様性・生態系サービスの劣化など，世界が抱える複雑で長期的な問題に対して，社会的価値と経済的価値の創出を統合する新たなアプローチが必要である。

　メドウズ［1972］が提起した，人類による地球，自然への負荷は，経済活動のあり方を変えないかぎり，地球が吸収できる限度を超えてしまうという基本問題は未だ解決されておらず，むしろ深刻化しつつある。グローバル社会では，環境問題や社会問題の多くが手つかずの領域として取り残されている。

　2015年6月，コーポレートガバナンス・コードと呼ばれる企業統治に関するソフトローが公表された。同コードの原案では「実効的なコーポレートガバナンスの実現に資する主要な原則を取りまとめたものであり，これらが適切に実践されることは，それぞれの会社において持続的な成長と中長期的な企業価値の向上のための自律的な対応が図られることを通じて，会社，投資家，ひいては経済全体の発展にも寄与することとなるものと考えられる」と説明されている（コーポレートガバナンス・コードの策定に関する有識者会議［2015］，1頁）。

　同コードが意図するところは，企業が株主をはじめ顧客・従業員・地域社会等のマルチステークホルダーの立場を踏まえた上で，透明・公正かつ迅速・果断な意思決定を行うための，組織のリコンストラクションに取り組むことにあるといえるだろう。

　現代企業には，環境（Ecology），社会（Social），企業統治（Governance）の各領域の課題に対する抜本的対策の実行と，高度な社会的・経済的倫理観に裏付けられた，サステイナビリティ社会の構築に向けた取り組みが求められている。

　2003年は，わが国におけるCSR経営元年と言われている。2003年以降，CSR

担当役員を任命し，CSR担当組織を社内に設置する企業が急増している。しかし，歴史を紐解けば，経済同友会は1956（昭和31）年に公表した「経営者の社会的責任の自覚と実践」決議において，CSRに関する組織的な検討を行っている。経済同友会の「社会的責任」決議の背景には，公害問題を起因とする企業不信の高まりへの危機感があったと考えられる。しかし，そこで主張された社会的責任とは企業維持の責任，すなわち経済的責任を中心としたものであった。

鈴木［1992］は，経済同友会の示した社会的責任について，独占資本の利潤第一主義をカムフラージュする論理であり，企業批判に対する危機感をテコに「パイ」拡大を先決課題とする主張であると指摘している（鈴木［1992］，116頁）。

経済同友会の主張する社会的責任は，環境汚染や健康被害の発生をある程度織り込んだうえで，企業の責任範囲を事後的・対症療法的な取り組みに限定しようとするものであったといえよう。

21世紀の企業経営のあり方を展望するならば，サステイナビリティ（Sustainability）をdisciplineとする企業と社会の新たな関係性を構築することが不可欠であろう。サステイナビリティは資本の論理を制御し，消費型社会から循環型社会へパラダイムを変換するための価値基準に位置づけられる。

歴史的事例研究を通してCSRと経営の関係性をより深く理解し，サステイナビリティ社会で求められる企業経営の姿に思いを巡らせていただきたいというのが，本書の意図するところである。

2. サステイナブル経営の潮流

(1) CSRの萌芽

CSRを社会的課題のソリューションの1つとして積極的に活用したのが，1997年に発足したイギリスのブレア政権である。第二次世界大戦後，イギ

リスでは労働党政権が高福祉政策，自由競争を制限する各種規制，基幹産業の国営化などによる産業保護政策を推進したことによって，同国の国際競争力は著しく低下し経済活動は停滞へと向かった。

1978年，マーガレット・サッチャー率いる保守党政権が誕生し，これまでの高福祉政策を撤廃して大きな政府から小さな政府への転換を図った。サッチャリズムと称される政策は個人と市場を重視し，民営化，規制緩和，減税などの大胆な改革を通じて，英国病からの脱却を図ろうとするものであった。

「ビッグバン」といわれる金融市場の自由化を実施したサッチャーは，アメリカのレーガン大統領が掲げた新自由主義経済思想に基づくレーガノミクスと呼応し，市場主義経済を背景とするグローバリズムへの流れを築いたのである。鉄鋼，自動車，石炭，航空，鉄道，通信など戦後国有化された基幹産業は次々に民間化され労働組合は弱体化していった。

新自由主義（Neo Liberalism）に基づく経済思想が，レーガノミクスやサッチャリズムのバックボーンとなった。新自由主義は規制のない自由主義経済を理想とし，可能な限り市場への規制は排除すべきであるという自由放任主義の考えに立脚していた。1970年代に新自由主義のオピニオンリーダーとなったのが，シカゴ学派の経済学者であるミルトン・フリードマンである。フリードマンは，資本主義とは企業が利益を追求するシステムであるとし，自由な企業間競争から創出されるイノベーションや労働需要等の実質的要因によって経済成長は実現できると主張した。

新自由主義に基づく経済政策は過度な成長至上主義を招き，経済格差の拡大など様々な課題を残した。サッチャー政権が推進した市場経済化路線の弊害が目立ってきたイギリスでは，1997年に発足したブレア政権の下で，経済効率と社会的公正の両立を目指した資本主義への転換が試みられた。ブレアはCSRの推進に積極的な姿勢を示し，2001年に貿易産業省（DTI：Department of Trade and Industry）内にCSR担当大臣を配置して，各省の政策とCSRの体系化を進めた。彼は地球環境を保全し，ゆとりと思いやりのある

社会作りを優先することを通じて，サステイナビリティの実現をめざしたのである。

価値観の異なる国々が協働して，共生社会の実現を目指す欧州連合（EU）では，Social cohesion（社会結合）がキーワードとなっている。異なる経済思想や価値観を統合した資本主義モデルを確立しなければ，共生社会の実現は難しい。1990年代の欧州では，若年層の失業問題や社会的排除が深刻化しており，企業には今まで以上に社会的な役割を担うことが求められた。このような社会情勢の中で注目されたのがCSRである。ブレアは，CSRを企業経営の中核に組み込む政策を推進することで，企業に社会的課題の解決に向けた取り組みへの関与を促したのである。

リスボンで開催されたEU首脳会議で採択された「リスボン戦略」（2000年）[1]では，2010年までに「より良好で多くの仕事とより強力な社会的包摂を伴った持続可能な経済成長を可能とする，世界で最も競争力がありダイナミックな知識ベースの経済の構築」という目標が掲げられた。この目標を達成するため，欧州委員会はCSR政策を積極的に展開してきたのである。

(2) サステイナブル経営のフレームワーク

サステイナビリティとは，本来企業が一定の利益を確保し，将来において安定的に製品やサービスを顧客に提供し続けられる可能性を意味していた。1987年，「環境と開発に関する世界委員会（ブルントラント委員会）」（WCED：World Commission on Environment and Development）は，「将来の世代が彼らのニーズを満たす可能性を損なうことなく現世代のニーズを満たす発展」という「持続可能な開発（Sustainable development）」概念を提唱した。

「持続可能な開発」は，富の無限性を前提としたこれまでの経済システムを改め，経済成長の物理的，生態学的な限界を認識することを求めたものである。この提言以来，サステイナビリティは地球が生み出す生態系と人間社会の持続可能性を意味する言葉として理解されるようになった。

1992年，リオデジャネイロで開かれた「国連環境開発会議（地球サミット）」

(UNCED : United Nations Conference on Environment and Development) では，「持続可能な開発」と行動計画「アジェンダ21」が共に採択され，サステイナビリティは世界的な環境保全の在り方を指し示す基本理念と位置づけられた。地球サミット以降，環境保全と経済活動を巡る理論的混乱は収束に向かい，環境問題の解決に「経済的手法」を活用する考え方は，自然保護や企業経営など幅広い分野で受け入れられるようになった。企業の多くはサプライチェーンを通じて，環境，従業員，消費者，コミュニティなどの分野でCSR活動を行っており，サステイナビリティはCSRの到達点として認識されつつある。

　18世紀後半，イギリスで勃興した産業革命によって工業を基軸とする産業資本主義が成立し，化石燃料を基幹エネルギーとする近代工業が発展した。より多くの富を求めて企業規模は拡大の一途をたどった。多国籍企業がグローバル経済の中心を占める現代社会では，メガカンパニーの強大な経済力が，国境を超えて地球環境や人々の生活に多大な影響をもたらすことが懸念されている。

　国際NGOナチュラル・ステップは，サステイナビリティ社会を構築するための条件として，次のような「4つのシステム条件」を提示している。

① 自然の中で地殻から掘り出した物質の濃度が増え続けない。
② 自然の中で人間社会が作り出した物質の濃度が増え続けない。
③ 自然が物理的な方法で劣化しない。
④ 人々が自らの基本的ニーズを満たそうとする行動を妨げる状況を作りだしてはならない。

　サステイナビリティはあらゆる地域の人々と企業の問題である。特に企業は地球が生み出す生態系サービスに大きく依存していることを認識しなければならない。製品やサービスのライフサイクル，すなわちサプライチェーン全体でサステイナビリティを実現することが求められている。サステイナビリティの本質は，これまで外部不経済として切り捨ててきた要素を市場経済メカニズムに取り込んで内部化することであり，CSRはそのためのツールな

のである。

3. CSRを巡るわが国企業と市民社会の相克

　日本において企業の社会的責任が意識されたのは，いつ頃からであろうか。例えば，石田梅岩の「石門心学」や二宮尊徳の「報徳思想」に，CSR経営の萌芽をみることができよう。渋沢栄一が説いた経済道徳合一説「単なる利益追求ではなく，道徳や公益を踏まえた経済活動」は，今日的なCSRの考え方と何ら異なるものではない。

　既に述べたように，わが国でCSRに関して組織的な検討がなされたのは，経済同友会が1956（昭和31）年に提唱した「経営者の社会的責任の自覚と実践」においてである。一方，松野・堀越・合力［2006］は，わが国のCSRは戦後の経済復興の中で生成・展開してきたのであり，経済同友会の決議以前から研究者による議論がなされていたと指摘している（松野・堀越・合力［2006］，64〜7頁）。

(1) 公害問題の顕在化と環境規制の時代（1945〜1969年）

　この時期は，戦後復興期（1945〜55年）と高度経済成長期（1956〜69年）に区分される。戦後復興期は，政府主導による産業育成政策が推進された。企業は旺盛な成長志向の下で活発な事業を展開し，企業や業界の政府依存，官民一体的な行動パターンが醸成さていく。1956年以降は，技術開発を主体とした活発な企業活動と，旺盛な消費意欲に支えられて高度経済成長を迎えた。高度経済成長期の産業構造の特徴は，重化学工業とエネルギー革命の進展であった。1962（昭和37）年，政府は全国総合開発計画を策定し，臨海地域に巨大コンビナートの建設を推進した。

　コンビナートは産業公害や都市公害の元凶となり，四大公害病といわれるイタイイタイ病（1955年），水俣病（1956年），四日市ぜんそく（1961年），新潟水俣病（1964年）が発生し社会問題となった。この時期の公害問題の構

図は，加害者たる企業と被害者たる地域住民の対立として展開され，1960〜70年代は，公害反対運動がわが国において最も盛んな時期となった。

　1967〜69年にかけて四大公害訴訟（① 新潟水俣病訴訟，② 四日市公害訴訟，③ イタイイタイ病訴訟，④ 熊本水俣病訴訟）が提訴された。これらの訴訟に対して下された判決では，いずれも原告である被害者が勝訴し，公害被害における企業の法的責任が明らかにされた。

　一連の公害訴訟は，損害賠償請求訴訟という形態をとっているが，その目的は公害の原因と責任の所在を明確にするというものであり，被害者に対する完全な救済と，発生源である企業に対して公害防止措置をとらせる義務を課すという点で評価されている。

　庄司・宮本［1964］は「加害者の善意や自治体・国の自発的防止活動を期待しても，公害は防げない。これまでの経験では，公害は，住民運動によらねば，解決できない」（庄司・宮本［1964］，186〜8頁）と指摘している。公害防止や被害者救済について，企業の自発的・自律的な行動が期待できないとするならば，住民運動を背景とした社会的圧力や訴訟による方法以外に住民がとるべき手段はなかったのである。あらゆるステークホルダーの権利を守るという現代的なCSRの理念を，公害問題の原因者となった企業の経営姿勢の中に見出すことは難しいといえよう。

　企業に対する市民社会の反発を受けて，公害対策基本法（1967年）が制定された。しかし，同法第1条「経済の健全な発展との調和を図りつつ生活環境を保全することを目的とする」が，企業活動の経済的側面を優先するとの批判を浴びたのである。これに先立つ1966年，経済団体連合会は「公害政策の基本的問題点についての意見」（日本科学者会議［2003］，142〜4頁）を公表し，公害政策の基本原則は，生活環境の保全と産業の発展との調和を図ることにあるとし，因果関係が科学的に証明されない場合には，やみくもに企業に責任を課すべきではないとの主張を行った。1970（昭和40）年，いわゆる公害国会で「経済の健全な発展との調和」条項が削除され，公害対策と企業の責任に関するパラダイムの変換が行われたのであった。

(2) 産業公害からの脱却とCSRの展開（1970～1990年）

　1960年代末には、公害対策基本法をはじめとする公害関係法が相次いで制定され、企業が環境保全に関して遵守すべき規準が明確に示された。これによってCSRは、社会性と合法性の視点に立って公害対策を実行するという環境保全を中心に展開された。

　メドウズ［1972］は、環境汚染と資源枯渇等によって人類は破局へ向かう危険性があり、地球環境が無尽蔵であることを前提とした従来の経済のあり方を見直す必要があると主張した。同書の警告がいまだに色褪せていないことは言うまでもない。むしろ、今日の地球環境政策の主流となった、持続可能な成長概念の原点をここに求めることができよう。

　国内の公害問題に目を向けると、1971～73年に判決が下された四大公害訴訟第一次判決では、被害者に対する抜本的な救済制度の確立が加害企業ならびに国に求められた。被害者救済の不備を解決するきっかけとなったのが、1972年に成立した大気汚染防止法と水質汚濁防止法の一部改正に盛り込まれた「事業者による無過失賠償責任」の概念である。この概念は、工場又は事業場における事業活動に伴う健康被害物質の排出によって、生命又は身体を害したときは、当該事業者はこれによって生じた損害を賠償しなければならないというものである。

　公害による被害者の救済について、事業者による無過失賠償責任を取り入れる試みがなされてきたが、産業界の反対によって実現するには至らなかった。しかし、四日市公害訴訟で被害者が勝訴したことを受けて、産業界は大気汚染訴訟による賠償責任は免れないと判断するようになった。産業界は公害健康被害補償法の制定を受け入れ、これによって、加害企業に対する無過失責任追及が法的に可能となった。公害被害に対する無過失賠償責任の導入は、これまで企業活動の経済的責任の優位性を主張し、企業活動と公害被害の因果関係が科学的に証明されない場合には、やみくもに企業へ責任を課すべきではないと主張してきた産業界の姿勢に転換を促すきっかけとなったのである。

(3) 地球環境問題と CSR (1991 年以降)

1990 年代以降は,環境問題が CSR の関心分野となった。きっかけとなったのは,1989 (平成元) 年に発生したバルディーズ号による原油流出事故である。この事故によって,「セリーズ原則」(1992 年) が制定された。同原則には,CSR,環境マネジメント,環境報告書等による情報開示などの指針が盛り込まれ,企業等による環境活動の行動指針となったのである。

メドウズ [1992] は,持続可能な社会の構築を目指した技術開発,環境法規制・環境政策の強化,環境意識の高揚などの努力がみられるにもかかわらず,多くの資源や汚染のフローが,持続可能な限界を既に超えてしまっていると指摘している (メドウズ [1992], iv 頁)。

環境保全等に一定の予防的効果を維持していくためには,環境法規制や環境政策が効果を持つことは言うまでもない。しかしながら法や政策による規制は,その性質上,ミニマムな水準にとどまる可能性も捨てきれない。メドウズが指摘したのは,法や政策による規制の限界であった。技術開発や法規制の強化で地球環境問題が解決できないのであれば,市場メカニズムをコントロールする新たなルールや手段が必要なのである。

2007 年に公表された「気候変動に関する政府間パネル (Intergovernmental Panel on Climate Change)」第 4 次評価報告書では,大気中の二酸化炭素,メタン,一酸化二窒素の濃度は,産業革命前よりはるかに高くなっており,二酸化炭素の増加は,主に人間による化石燃料の使用が原因であると結論づけている (IPCC [2007] Contribution of Working Group I to the Fourth Assessment Report of the Intergovernmental Panel on Climate Change)。

同報告書で地球温暖化の主因と指摘された人為的活動の中で,企業とその活動を支える市場の影響は非常に大きい。市場原理主義者は,あらゆる問題を市場に委ねておけば市場が最適解を提示すると主張する。彼らによれば,地球温暖化は人間活動の結果ではなくて自然現象であり,人間が環境にどんなに影響を及ぼそうとも,自然は自己修復機能を持っていると主張する (佐和 [2000], 207 ～ 8 頁)。

大量生産・大量消費・大量廃棄を前提とした市場メカニズムにおいて，環境問題は十分に内部化されてきた訳ではない。つまり，市場メカニズムから環境問題に対する最適解を導き出そうという考えは幻想に過ぎないといえよう。市場メカニズムは経済活動によって毀損された地球環境を自動的に復元する機能を持ち得ないのであり，われわれはこうした当たり前の事実を改めて認識すべきであろう。

市場原理主義がもたらした過度な成長至上主義は，本質的に弱肉強食の論理を含んでおり，経済的格差の拡大など様々な弊害を招いた。サッチャリズムが推進した市場経済化路線の弊害が露呈してきたイギリスでは，ブレア政権の下で福祉重視型の資本主義への転換を試みた。彼は経済成長や経済効率ではなく，地球環境を保全し，社会的公正を優先する政策を展開したのである。

イギリスをはじめ EU が新しい資本主義モデルを求めた背景には，多様性を受容する統合と共生を維持することが必要だからである。Social cohesion（社会結合）を維持するには，異なる価値観や社会観を統合した資本主義モデルを確立することが不可欠なのである。

4. CSR 論の展開──ポーター仮説を中心に──

(1) 戦略的 CSR

M.ポーターが提示した CSR 仮説を概観しておこう。「競争優位の CSR 戦略」(M.ポーター・M.クラマー [2008]，36 ～ 52 頁) において，従来の CSR が「企業と社会の相互依存関係ではなく，対立関係に注目している」とし，「企業の戦略とは全く無関係な CSR 活動や慈善活動が選ばれ，社会的意義ある成果も得られず，長期的な企業競争力にも貢献しない」と指摘した（同前，41 頁）。

ポーターは企業が社会と密接な相互依存的関係にあり，健全な社会の存在が企業の存続には欠かせないという立場をとっている。図表序-1 で示したように社会問題は，① 一般的な社会問題，② バリューチェーンの社会的影

図表序-1　戦略的 CSR と受動的 CSR

	一般的な社会問題	バリューチェーンの社会的影響	競争環境の社会的側面
カテゴリーの内容	社会的には重要でも，事業活動から大きな影響を受けない社会問題。企業の長期的な競争力に影響を及ぼさない社会問題。	通常の事業活動によって，少なからぬ影響を蒙ると考えられる社会問題。	外部環境要因のうち，事業展開する国での競争力に大きな影響を及ぼす社会問題。
戦略的 CSR		バリューチェーンの活動を社会と戦略の両方に役立つものに変える。	戦略的フィランソロピー自社のケイパビリティをテコに，競争環境の重要部分を改善する。
受動的 CSR	善良な企業市民活動	バリューチェーンの活動から生じる悪影響を緩和する。	

出所：M.ポーター・M.クラマー [2008] を基に筆者作成。

響，③ 競争環境の社会的側面に分類される。さらに，3 つのカテゴリー内の社会問題を戦略的 CSR と受動的 CSR に分類し，企業はその経営資源を優先度の高い戦略的 CSR に投入するべきであるとしている。

戦略的 CSR は「CSR 活動は社会的価値と経済的価値の実現において，地域と社会の期待を上回るものでなければならず，周囲への迷惑を減らすというレベルにとどまらず，社会をよくすることで戦略を強化するレベルを目指すべき」というポーターの価値観から生み出されたものであった。

(2) 共通価値の戦略

2011 年，ポーターは「共通価値の創造（CSV：Creating Shared Value）」(M.ポーター・M.クラマー [2011]，8～31 頁) を発表し，戦略的 CSR を発展させた共通価値という新たな概念を提示した。共通価値は「社会と経済の双方を同時に発展させることを前提としたものであり，コストを意識した便益を意味する。この定義に基づく共通価値の創造とは，企業が社会的ニーズや課題に取り組むことで社会的価値を生み出し，その結果，経済的価値が創造

される」と定義されている（同前，10頁）。

　社会的価値とは環境や社会のサステイナビリティであり，経済的価値とは企業の利益を意味する。共通価値の創造とは，環境や社会のサステイナビリティを高めつつ，自社の利益も併せて実現するアプローチである。

　2010年，ISO26000[2]が発効し組織の社会的責任や責任ある行動への期待が高まるとともに，CSRに対する意識や取組内容に変化が生じている。企業が地域社会の一員として，社会問題の解決に取り組むことで社会的価値が創出され，企業と社会双方のサステイナビリティが向上するという認識が企業の中に醸成されつつある。サステイナビリティ社会を築く重要な担い手として期待される企業には，社会的価値と経済的価値の双方を創出することが求められている。

　ポーターは，従来のCSRの多くが外圧を受けた結果であると主張する。地球温暖化や環境汚染など，社会が負担させられる費用（社会的費用）が発生すると，社会はこのような外部不経済を内部化するよう企業に対して求める。このような社会問題（外部不経済）に対処することがCSRであり，企業は評判を高めるためにコストをかけてCSRに取り組んできたと指摘する。

　一方，ポーターは社会問題に対処することが企業にとってコスト増だけに終わるとは限らず，社会問題の解決に向けた取り組みがイノベーションを生み出し，その結果，生産性の向上と市場の拡大を実現できるという。つまり，CSRを通じて企業が生み出した経済的価値を再配分するのではなく，経済的価値と社会的価値を全体的に拡大することが価値共創の本質である。

　共通価値はCSRやフィランソロピーとは本質的に異なる概念であり，企業が生み出した価値を社会に対して再配分することでもない。そもそも経済的価値を生み出す仕組みとして作られた企業システムにとって，CSRを通じた社会的価値の創出はたやすいことではない。企業が取り組むCSRには，現金や物品の寄付，社会貢献活動プログラムの中で従業員が活動するもの，従業員個人が参加しているボランティア活動への金銭的支援や休暇制度の整備による支援など様々な形が見られる。こうした活動が行われているにも関わら

ず，市民の多くが社会的価値の創出を実感するには至っていない。

(3) 責任ある経営

図表序-2 は，ステークホルダー価値を生み出すプロセスを示したものである。ステークホルダー価値は外部ステークホルダー（e.g.市民，コミュニティ，地球環境）と内部ステークホルダー（e.g.株主，経営者，従業員）の価値から構成される。外部ステークホルダーは社会的価値を，内部ステークホルダーは経済的価値を希求する傾向が強く，両者を統合したステークホルダー価値は共通価値と位置づけられる。

責任ある経営とは，ステークホルダー・アセスメントとステークホルダー・マネジメントの実践を通じて，外部および内部ステークホルダーの求める価値を同時に高めることである。つまり，共通価値を最大化するにはステークホルダーの理念・目的や企業との関係性を理解するステークホルダー・アセスメントと，企業とステークホルダー間の関係性を構築するステークホルダー・マネジメントの実践が企業経営において不可欠な要素となる。

活動と成果のギャップという閉塞感に苦しむ企業は，NPO（NGO）との協働

図表序-2　責任ある経営とステークホルダー価値の創出

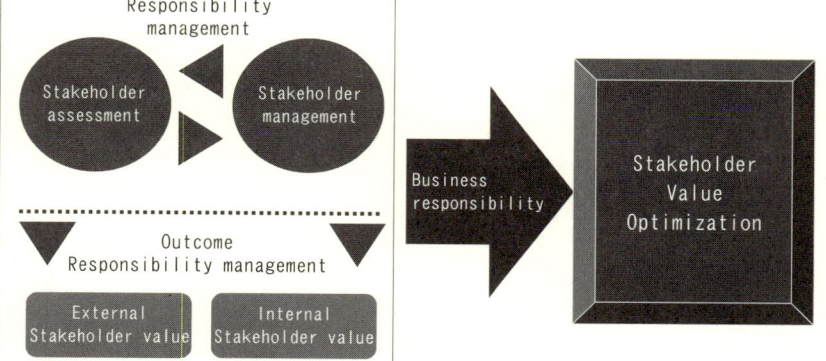

出所：Laasch, Oliver. Conaway, Roger N.(2014)，85 頁を基に筆者作成。

に関心を寄せている。2000年代に入るとNPOへの支援を行う事例や社会的価値の創出に向けて，企業とNPOが連携や協働を行う事例が増加している。企業単体では難しいステークホルダー・アセスメントおよびマネジメントをNPOの力を借りて実践しようというのである。企業とNPOのallianceは，ポーターが提唱した共通価値の創造に向けた取り組みの1つといえよう。

4. 本書の構成

本書全体の構成について説明を加えておきたい。第1部「社会的責任の萌芽」では，現代のCSRやサステイナブル経営を先取りし，経済と道徳を統合したミッションを実践した企業家と思想家を紹介する。

第1章で取り上げる岡田良一郎は，1854（安政元）年，二宮尊徳の門下となり報徳運動に従事した。1875年，遠江国報徳社（大日本報徳社の前身）第2代社長となり，37年間にわたり遠州地方（浜松・掛川）の報徳運動を指導した。遠州二俣紡績会社や，わが国初の信用組合である掛川信用組合を設立する傍ら，私塾の冀北学舎や農学社を設立し人材育成にも努めた。岡田は，尊徳の報徳思想を発展させ，経済活動と倫理的価値観を融合し，経済合理性の追求が企業家の道徳的完成に通じるという考えを提唱した。経済合理性の追求自体が道徳的意義を持つことを示すことによって，企業家の合理的経営による資本蓄積を肯定し，蓄積された資本を社会的事業に提供することに価値を見出したのである（執筆者：長谷川直哉）。

第2章は，わが国CSRの先駆者と評される住友第二代総理事の伊庭貞剛を取り上げる。伊庭は，司法省検事，函館裁判所副所長，大阪上等裁判所判事等を歴任したが官界に失望し，公利公益を旨とする事業精神に惹かれて住友に入社した異色の人物である。わが国産業公害の原点は，足尾銅山（栃木県）と別子銅山（愛媛県）である。足尾鉱毒事件を追及した田中正造は，伊庭ら住友経営陣の判断によって，別子銅山の製錬所が瀬戸内海に浮かぶ無人島の四阪島に移されたことを高く評価した。煙害や伐採ではげ山となった別

子銅山では，毎年約6万本の植林が行われてきた。伊庭が別子銅山支配人に就任した後は，毎年100万本を超える大規模な植林が実施された。後に伊庭自身も植林が私の本当の事業であったと語っている。田中正造も「住友ハ，山ヲ以テ之ヲ子々孫々ニ伝ヘテ，之ヲ宝ニシテ置クト云フノデアル」と述べ住友の経営姿勢を高く評価している。企業利益のみならず，ステークホルダーへの配慮を実践した経営は，まさに現代のサステイナブル経営を先取りしているといえよう（執筆者：長谷川直哉）。

第2部「経営理念と社会的責任」では，利他の精神を基軸とした経営思想を掲げ，企業活動を通じて社会全体の最適化を志向した企業家を紹介する。

第3章は，東洋製罐株式会社を創設した高碕達之助を取り上げる。戦後の高碕は電源開発総裁を経て通商産業大臣，経済企画庁長官を歴任するなどその活動領域は幅広い。企業家としの高碕の特質は，需要先あるいは消費者に対する奉仕の精神と利益は目的ではなく結果であるとの考えに端的に示されている（執筆者：島津淳子）。

第4章は，東京・新宿中村屋の創業者である相馬愛蔵を取り上げる。相馬は典型的なプロテスタントとして，目的に向かって生活態度を厳しく律し，怠惰や放漫を抑え，行動を組織化する能動的な禁欲的人生観を貫いた人物である。神から与えられた職業労働に励み，社会にとって価値のある製品を提供することが，企業家としての相馬の生きる証であった（執筆者：生島淳）。

第3部「社会貢献とビジネスの融合を目指して」では，社会と企業の関係性に目を向け，経営の社会即応性（Corporate Social Responsiveness）を実践した企業家を紹介する。

第5章は，三井銀行出身の米山梅吉を取り上げる。三井信託を創設する傍ら，ロータリー・クラブや三井報恩会での公益福祉活動等を通じて，わが国の企業風土に社会貢献活動の文化を醸成した人物である。米山の企業家活動を検証すると共に「奉仕の精神」の思想的背景を探る（執筆者：堀峰生）。

第6章は，近江兄弟社グループの創設者であるウィリアム・メレル・

ヴォーリズを取り上げる。ヴォーリズはスチュアードシップに基づき，企業経営，教育事業，医療事業，社会事業等の領域で，人々の生活と地域社会のサステイナビリティの実現に邁進した。彼の活動と思想的背景を振り返り，その現代的意義の再評価を試みる（執筆者：長谷川直哉）。

CSR や CSV は決して新しい概念ではない。本書で取り上げた企業家は，社会的な課題を意識した経営を実践し成果を挙げてきた。消費型社会から循環型社会への移行がグローバル社会の潮流となっている昨今，わが国企業にはサステイナブル経営へのパラダイム変革が強く求められている。サステイナビリティとはサバイバビリティと言い換えることができよう。社会の変化に呼応して，企業は常に変革し続けなければならない。本書を通じて，CSR や CSV を基盤とするサステイナブル経営の実像についてのイメージを持っていただければ，執筆者一同，望外の喜びとするところである。

最後に，編集にあたりご尽力いただいた文眞堂・前野弘太氏にお礼を申し上げるとともに，法政大学イノベーション・マネジメント研究センターより刊行助成を受けたことを記しておく。

注
1) 2005 年に新リスボン戦略が策定され，① 投資と労働にとって魅力ある欧州，② 成長に向けた知識経済とイノベーションの促進，③ 雇用の質と量の向上に向けたアクションプランが新たに盛り込まれた。
2) ISO26000 は国際標準化機構（International Organization for Standardization）が 2010 年に発行した社会的責任（SR：social responsibility）に関する国際規格。

参考文献
コーポレートガバナンス・コードの策定に関する有識者会議［2015］『コーポレートガバナンス・コード原案』金融庁．
庄司光・宮本憲一［1964］『恐るべき公害』岩波書店．
佐和隆光［2000］『市場主義の終焉－日本経済をどうするのか－』岩波書店．
鈴木幸毅［1992］『環境問題と企業の責任（増補版）』中央経済社．
日本科学者会議編［2003］『環境問題資料集成第 6 巻』旬報社．
M.ポーター・M.クラマー［2008］「競争優位の CSR 戦略」『DIAMONDO ハーバード・ビジネス・レビュー 2008 年 1 月号』ダイヤモンド社．
M.ポーター・M.クラマー［2011］「共通価値の戦略」『DIAMONDO ハーバード・ビジネス・レビュー 2011 年 6 月号』ダイヤモンド社．
松野弘・堀越芳昭・合力知工編著［2006］『企業の社会的責任論の生成と展開』ミネルヴァ書房．
D.H.メドウズ［1972］（大来佐武郎（監訳））『成長の限界—ローマ・クラブ「人類の危機」レポート』

ダイヤモンド社。
D.H.メドウズ・J.ランダース・D.メドウズ（松橋隆治（翻訳），茅陽一（翻訳），村井昌子（翻訳）[1992]『限界を超えて―生きるための選択』ダイヤモンド社。
IPCC [2007], *Contribution of Working Group I to the Fourth Assessment Report of the Intergovernmental Panel on Climate Change*, Cambridge University Press.
Laasch, Oliver. Conaway, Roger N. [2014], *Principles of Responsible Management: Global Sustainability, Responsibility, and Ethics, 1st Edition*. Cengage Learning.

（長谷川直哉）

第 1 部
社会的責任の萌芽

第1章

財本徳末思想：経済と道徳の統合を目指して
―岡田良一郎（大日本報徳社）―

はじめに

　1990年代以降，企業の社会的責任 (Corporate Socially Responsibility, 以下CSR) に対する社会の関心が急速に高まっている。今日,CSRは企業目的を構成する主要な経営上の課題の1つであると考えられているが，その背景には，工業技術の進歩と大量消費社会の進展が，われわれの生存自体をも脅かす深刻な地球環境破壊を生じさせたことに対する悔悟と，持続可能な社会を構築するために必要な新たな規範を見出そうとする，社会的な混沌があると考えられる。

　資本主義と社会主義が対立した20世紀を経て，21世紀は資本主義間のイデオロギー対立が目立っている。その顕著な事例が米国型資本主義と欧州型資本主義の対立であろう。イギリスのサッチャー元首相やアメリカのレーガン元大統領が主導した市場万能思想は，社会主義の崩壊とも相俟って，世界経済を未曾有の繁栄に導くと唱えられるようになった。しかし，市場原理主義がもたらした過度な成長至上主義は，本質的に弱肉強食の論理を含んでおり，貧富の格差の拡大など様々な弊害を招いた。

　サッチャー後のイギリスでは，労働党のブレア元首相の下で福祉重視型資本主義への転換が試みられた。彼は市場万能思想が求める経済効率ではなく，地球環境を保全し，ゆとりと思いやりのある社会作りを優先することによって，サステイナビリティ社会の構築を志向した。いわゆる欧州型資本主

義といわれるものである。

　CSRの概念は，決して欧米だけのものではない。日本企業の歴史を紐解くと，わが国を代表する企業の中には，創業時から社会的使命を経営理念の中核的要素として掲げるケースが少なくない。その内容は現代のCSRと共通する点も多い。

　本章は二宮尊徳の四高弟の1人であり，静岡県掛川市に設立した大日本報徳社を中心に活動した岡田良一郎の思想と活動を振り返る。岡田の提唱した財本徳末思想には，現代のCSRや社会起業家の理念と共通する点が多い。

　報徳思想は，「勤労」，「分度」，「推譲」という基本理念に基づく農村改良を目的としたものである。「勤労」とは，労働を通じて自分の徳を最大限に発揮して人や社会に貢献することである。「分度」とは，その人（組織）にふさわしい支出や欲求を表す。「推譲」とは，未来の人や社会への貢献や奉仕（心身の推譲・余財の推譲）を意味する。

　岡田の活動基盤となった静岡県西部地方（以下，遠州地方）は，明治以降，数多くの企業家を輩出してきた。同地における新事業創出の特徴は，先行産業による技術蓄積を利用しつつ，その時代におけるハイテク技術を活用して，新たな産業を産み出していったことにある。

　遠州地方の企業家に共通するのは，社会的使命感を背景に事業を遂行する姿勢である。言い換えるならば，経済合理性の追求が社会的責任や企業倫理の実践に通じるという思想的特徴がみられるのである。

　M.ウェーバーは，企業家の精神的深層に注目し，プロテスタンティズムの倫理観と経済発展が深い関係にあることを指摘した。遠州地方の企業家の思想的背景には，報徳思想があたかもプロテスタンティズムのごとく影響を及ぼしていたと指摘したい[1]。

　岡田は，尊徳の報徳思想を発展させ，経済活動と倫理的価値観を融合し，経済合理性の追求が企業家の道徳的完成に通じるという新たな解釈を提唱した。つまり，経済合理性の追求自体が道徳的意義を持つことを示すことによって，企業家の合理的経営による資本蓄積を肯定し，蓄積された資本を社

会的に意義のある事業に提供することに価値を見出したのである。

　豊田佐吉が報徳思想を奉じていたことは周知の事実であるが，豊田は「勤労」，「分度」，「推譲」を「労働」，「感謝」，「奉仕」という言葉に置き換えた企業理念を掲げている。豊田のように報徳思想を奉じる企業家は数多い。渋沢栄一，松下幸之助（パナソニック），御木本幸吉（ミキモト），大原孫三郎（倉敷紡績・クラレ），波多野鶴吉（グンゼ），土光敏夫（東芝・経団連）らの企業家活動のバックボーンとなったのが報徳思想であった。

　報徳思想を奉じる企業家の共通点は，企業活動が経済的利益のみを目的とするものではなく，事業を通じて社会的課題の解決を果たすことを究極の目的とする，いわば社会企業家的特性[2]を有している点である。企業がCSRを実践するためには，経済的に自立していることが前提条件となることは言うまでもない。岡田は「徳（CSR）の本は財（利潤）なり」と説いた。経済的に自立した企業が社会の公器としての活動を実践することによって，利潤の追求がCSRの遂行に通じるという道筋を示したのである。こうした思想は，現代のCSRの概念を先取りするものであり，マルチ・ステークホルダー主義的な企業観を示しているといえよう。

　報徳思想で示された「勤労」，「分度」，「推譲」を現代的視点から読み解いてみよう。「勤労」とは，社会的公正と経済的効率を統合した価値観に基づいて職務に励むことであり，「分度」とは，マルチ・ステークホルダーに対する公正な富の分配を意味する。「推譲」とは，事業活動を通じて得た利益を社会的課題の解決に資する活動に提供することで，サステイナビリティを実現する事を示している。

　CSRの中核要素であるサステイナビリティは，経済的効率と社会的公正を融合した概念であり，岡田の提唱する財本徳末思想と本質的な差異はないといえるだろう。CSRは，企業本来の社会的使命感を喚起するための理念であり，トップマネジメントは企業が果たすべき社会的責務を再確認することを迫られている。しかし，めまぐるしく変化する社会経済情勢の下では，いかに優れた経営者といえども，常にCSRと経済のバランスを保つことは難し

い。資本主義という新しい概念が移入された明治期において，社会変革の志を持ち新しい事業の創造を目指した企業家たちに向かって，社会的公正と経済効率の統合の大切さを説いた岡田の財本徳末思想は大きな影響を与えたといえよう。

　岡田の思想を農本主義的な枠組みの中で捉えようとする主張がある（川口［2004］）。しかし，岡田の思想は，松方デフレ以降の工業化の進展による社会経済システムの変革過程で大きく変質していった。松方財政による不換紙幣の回収と兌換紙幣の流通促進は，紙幣の信用を高め，経済活動を活発化し，わが国工業の飛躍的な発展の基盤を築いた。一方，窮乏した遠州地方の農民は，都市部へ流入し商工業者として生計の道を開こうとした。こうした社会経済環境の中から，同地方の繊維機械産業の礎となった多くの小規模企業家が誕生してきたことを忘れてはならない。

1. 岡田良一郎の思想

(1) 報徳思想家としての活動軌跡

　1839（天保10）年，岡田良一郎は岡田佐平治の長男として，遠江国佐野郡倉真村（静岡県掛川市）に生まれた。父佐平治は岡田に対して，幼少の頃から徹底した早期教育を施した。しかし，佐平治は自らの後継者には報徳活動を継続させるため素養が必要であると考え，1854年，彼を日光の二宮尊徳門下へ送り込んだ。尊徳が実学を重視し，読書のみに走ることを厳しく禁じたため，岡田は日々，農業に励み，破綻した農村の経済復興を実際に経験した。その一方，尊徳が執筆した仕法書を筆写し，仕法の理論的体系を習得していった。岡田は尊徳死後も1859年まで日光にとどまり，報徳仕法の習得に励んだ。

　1876年，岡田は病気の父に代わり遠江国報徳社第2代社長に就任する。彼は師である尊徳の教えを，社会経済の変化に応じて具現化すべく努力していった。報徳活動は，とかく倹約貯蓄運動と受け取られることが多い。しか

し，岡田は報徳思想の中でも，推譲に重点を置いて教化に努めたのである。当時，わが国は先進諸外国に比し，国民総貧乏の状態にあった。岡田はこの状況を慨嘆し，「もし毎戸1万円の分度外の財を所有するようになったならば，必ず外国を凌駕し，世界の一等国に仲間入りができるという」と考えていたのである（堀内［1997］，133頁）。

　岡田は「徳ヲ立ツノ説」において「譲リト云ハ徳ヲ立ルノ始メニシテ譲ノ心無キモノハ徳ヲ立てると云事ハ七度人間ニ生レ返リ来る来ルトイヘトモデキヌ事也」（岡田［1898］，13頁），「他譲トハ他ノ智力足ラサルモノヘハ我智力ノ餘リヲ譲リ他ノ窮乏自立スル不能モノヘハ我カ財力ノ餘リヲ譲リ四海兄弟一民困難ノ民無カラシムヘシ誠ニ斯ノ如キハ禽獣ニハタヘテ無キ處ト知ルヘキナリ故ニ譲道ノ尊キ事ハ物類ノ及フ所ニ非スシテ人獨リ之ヲ能スルモノナレハ人ノ尊キユエンモ此譲道アルニ因ル」（同前，17～8頁）と指摘し，推譲の重要性について言及している。

　さらに，わが国製糖事業の嚆矢である鈴木藤三郎を取り上げ，事業を成功させる上で推譲の実践が重要であると指摘している。鈴木が遠州北部（周知郡森町）の僻地にあって，少ない資本のみで事業に成功した理由を「北遠ノ市街ニ僻在シ僅ニ若干ノ資本ヲ擁シ其商業ノ盛ヲ致ス斯シ如キハ實ニ開明世界ノ商法原則ニ通曉シテ公利ヲ営スルノ報酬ニ非ルナシ是其費ヲ省テ己ニ利セス労ヲ加ヘテ人ニ譲ル之ヲ譲ル益々大ナレバ利益々大ナルヲ見ルヲ得タリ譲ノ益アリ奪ノ損アル二宮先師ノ訓会テ高後世ヲ欺カサルヲ証スヘシ」と述べている（同前，23～5頁）。

　昨今問題となっている企業の不祥事を振り返ると，企業の利益を優先するあまり，顧客を欺くケースが多い。まさに岡田が指摘した「奪ノ損アル」に該当する行為である。現代のCSRを岡田の思想を借りて表現するならば，ステークホルダーに対する推譲を実践することであり，その結果として企業は利益を獲得できるのである。

　彼は遠江国報徳社社長就任にあたって，報徳社活動の指針として次の三大要綱を提示している（堀内［1997］，135頁）。

一、立徳　推譲行，家人睦，貧富和，争証止，風俗正
二、致富　道路開，田園闢，山林殖，商工昌，府庫充
三、開智　学事盛，真智開，事物明，汚染除，詐偽止

　立徳は道徳であり，致富は経済を指している。徳と経済の一致は尊徳の教えを受け継いでいる。道徳と経済の関係について，岡田は財本徳末思想を提唱し，徳の実践には経済的自立が重要であると論じ，これに反対する富田高慶や福住正兄から激しく批判されることになる。また，岡田は道徳と経済に加え，教育の重要性を繰り返し説いている。

　岡田は，富田高慶，福住正兄，斉藤高行らとともに尊徳門下の四大門人と称され，尊徳の忠実な後継者たらんとした。しかし，明治維新後の急速な資本主義経済の浸透と殖産興業政策による産業革命の進展によって，岡田の報徳思想は前述の門人たちとは異なる側面を持つに至った。彼の思想的特徴は，「勤倹」「分度」「推譲」という報徳的道徳観と経済の融合を基本としながらも，個人の経済的自立に優位性を置く点にある。彼は道徳と経済の融合を「立徳」「開智」「致富」という3つの視点から説いている。

　勤倹によって産み出され推譲された資金は，資産金貸付所における貸付金となって新たな産業創造へと向けられる。しかし，この勤倹・推譲に徳が備わらなければ，経済活動は単なる金儲けだけに終わってしまい，経済と道徳は永久に融合することは出来ない。資産金貸付所の資金運営について，岡田は投資する事業の社会的意義を重視する姿勢を貫いた。

　仕法を行う際に土台金[3]と呼ばれる資金が必要となる（岡田［1909］，6〜25頁）。この土台金は広い意味で資本と捉えることができ，その使途は，徳という価値基準によって決められていた。岡田は殖産興業に多大な資金が必要であることを認識しつつも，商業金融のみに重点を置く民間銀行とは一線を画す姿勢を堅持した。これは資産金貸付所から発展した資産銀行と遠州銀行の合併に，岡田が激しく反対したことにも表れている。

　岡田は『報国富国論』において財本徳末思想を唱え，財が徳に優先するとの主張を展開している。財本徳末思想に対する尊徳門人からの反発は強かっ

たが，急速な資本主義経済の進展と金融支援による産業育成の必要性から，報徳活動においても経済的自立を重視する姿勢を示したものといえよう。富田高慶や福住正兄は，農本主義時代の報徳教義に固執するあまり現実の社会変革を受け入れることができなかった。岡田は明治維新後の社会変革を受け入れ，資本主義経済システムと報徳思想の融合を意識したことから，財本徳末思想が産み出されたといえよう。市民社会の変革に即した新たな解釈を報徳思想に付加したことによって，財本徳末思想は遠州地方に幅広く浸透し，旺盛な企業家活動を支えた思想的バックボーンの1つとなったと考えられる。

　開智については，年齢を問わず知識を身につけることの必要性を強調し，教育が致富へ至る大きな要素と認識された。岡田は「世ノ中カ不景気ナリトイエドモ経済ガ困難ナリトイエドモ一日教育ヲ怠レバ児童終身ノ損ヲ招クモノナレハ（中略）其父母今日貧賎ニ暮スト雖ドモ其児童賢良ナレハ必ス富貴ノ地位ニ進ムヲ得ヘキモノナレハナリ」と述べている（岡田［1898］，26頁）。

　岡田は尊徳の実学志向の精神を堅持しながらも，自ら設立した冀北学舎（キホクガクシャ）や掛川中学では，欧米の先進知識の習得に注力している。明治維新によって社会が大きく変化し，また諸外国の経済力を目の当たりにする過程で，農業生産を重視しつつも，従来の農本主義的な姿勢に固執しているだけでは，わが国が政治的にも経済的にも自立できないと悟ったのであろう。

　この点に関連して，当時の遠州地方の農業について概観しておこう。地租の金納化によって，農家は貨幣経済に巻き込まれた。遠州地方の農家は，商品経済の浸透によって付加価値の高い農作物の生産に傾斜していった。図表1-1は，浜松地方における耕作地面積および田畑構成比率を示したものであるが，浜松地方では，明治初期から畑作の占める比率が高く，伝統的に畑作に重点が置かれていた。

　図表1-2は，1戸あたり耕地面積の推移であるが，米作および畑作の双方で大半が零細農家であったことが看取できる。

図表 1-1　耕作地面積における田畑構成比

	水田		畑地	
	浜松地方	静岡県	浜松地方	静岡県
1884（明治17）年	47.5%	57.1%	52.5%	42.9%
1887（明治20）年	47.5%	57.1%	52.5%	42.9%
1892（明治25）年	48.8%	54.9%	51.2%	45.1%
1897（明治30）年	52.7%	48.5%	47.3%	51.5%
1902（明治35）年	46.2%	48.4%	53.8%	51.6%
1907（明治40）年	47.3%	49.9%	52.7%	50.1%
1912（明治45）年	45.3%	48.9%	54.7%	51.1%

注：浜松地方とは浜松市と浜名郡を合算したもの。
出所：浜松史跡調査顕彰会［1977］『遠州産業文化史』470頁を基に筆者作成。

図表 1-2　一戸当りの耕地面積

	水田	畑地	計
1884（明治17）年	2.7反	2.9反	5.6反
1887（明治20）年	2.9反	3.2反	6.1反
1892（明治25）年	3.2反	3.4反	6.6反
1897（明治30）年	3.2反	3.3反	6.5反
1902（明治35）年	3.5反	3.5反	7.0反
1907（明治40）年	3.6反	4.0反	7.6反
1912（明治45）年	3.6反	4.3反	7.9反

出所：浜松史跡調査顕彰会［1977］『遠州産業文化史』471頁を基に筆者作成。

図表 1-3　反当り収量

	浜松	全国
1884（明治17）年	0.782石	1.037石
1887（明治20）年	1.112石	1.515石
1892（明治25）年	0.709石	1.501石
1897（明治30）年	0.996石	1.185石
1902（明治35）年	1.405石	1.297石
1907（明治40）年	1.446石	1.688石
1912（明治45）年	1.623石	1.671石

出所：同前。

図表 1-4　専業および兼業農家比率

	専業	兼業
1884（明治 17）年	60.3%	39.7%
1887（明治 20）年	61.8%	38.2%
1892（明治 25）年	54.4%	45.6%
1897（明治 30）年	54.1%	45.9%
1902（明治 35）年	63.4%	36.6%
1916（大正 5）年	50.1%	49.9%
1923（大正 12）年	47.6%	52.4%

出所：浜松史跡調査顕彰会［1977］『遠州産業文化史』473 頁を基に筆者作成。

　図表 1-3 は，反当り収量の推移を示しているが，1902（明治 35）年を除けば，浜松地方の収量は全国平均を下回る水準にとどまっていた。

　農業を取り巻くこうした厳しい環境は，結果的に兼業農業の増加を生み出していった。図表 1-4 は，専業農家と兼業農家の比率推移を示しているが，明治中期以降，約五割程度が兼業農家で占められている。

　さらに，こうした兼業農家の増加は，浜松を中心とした商工業の発展が進むにつれて，農民の脱農業現象を引き起こす結果を招き，一家の働き手は商工業に従事し，農作業はいわゆる三チャン農業的色彩を強めていった（浜松史跡顕彰会［1977］，473 頁）。

　このような状況下において，岡田も農業に固執するのではなく，商工業を中核とした地域経済の自立化を徐々に目指していったと考えるのが妥当であろう。

　岡田は致富を重視し，『報国富国論』において「徳アリ，未ダ必ズシモ財ヲ生スル不能ナリ，財アリ，以テ徳ヲ成スヘシ，先生曰，財ハ本也，徳ハ末ナリト，財政ノ事審カニセサルヘケンヤ」と財本徳末思想を展開している（岡田［1881］，中巻一三丁 財政第十）。

　「経済なき道徳は寝言である」と言われるが，財本徳末思想は経済的自立が徳の実践に通じることを示したものである。岡田の主張する経済的自立は，その活動初期においては勧農事業を通じて零細農民の経済的自立を促し

たが，松方デフレ以降は，銀行業を利用した近代産業の育成へと発展した。資産金貸付所や遠州二俣紡績会社等の勧業事業は，近代産業による地域経済の自立化を目指した活動であったといえよう。

　財本徳末思想に基づく経済的自立と勧業政策の推進は，遠州地方の企業家活動の基盤形成に大きな影響をもたらした。廃藩置県以降，封建的隷属関係の消滅した農民たちは農業のみならず，商工業活動を通じて自らの経済基盤の確立を図ることが可能となった。

　岡田の思想は，封建体制の経済基盤を支えている農民層の主体的行為の社会的意義を強調した尊徳の思想を論拠としていた。農民はあくまで生産面における作為主体であり，農民を指導育成する主体として地主豪農階級を位置づけていた。しかし，農民や職人たちは，財本徳末思想や一連の勧業事業を通じて，報徳思想の道徳的価値観を背景とした企業家活動への関心と，社会への参加意識を高めていったと考えられる。

　「徳ノ本ハ勤苦ナリ」という理念を掲げる報徳思想は，農民層に技術革新の基本となる労働力多投による創意工夫を是とする職業倫理の受容を促し，企業家活動を通じて自らが社会変革の作為主体となり得るという自覚を抱かせることに成功したといえよう。

　こうした事例は，遠州地方で自動織機製作を手がけた企業家たちの活動にみることができる。同地方の自動織機製作の代表格は，豊田佐吉（トヨタ自動車創業者）と鈴木道雄（スズキ創業者）である。図表1-5は遠州地方における主な織機製作者を示したものであり，図表1-6は彼らのイノベーションの成果を示したものである。

　織機製作者の出自をみると，農民や大工・職人の子弟が多く，経済的に豊かな階層の出身者は乏しい。しかし，彼らはユーザーである零細織物業者の要求から学び，地道な技術開発に挑みながら先駆的な自動織機の開発に成功したのである。豊田や鈴木は，取得した特許や実用新案を個人で独占することなく，すべて会社の所有とした。ナレッジの蓄積から生み出された富は会社の収入となり，次なる技術開発へと再投資された。まさに岡田の主張した

図表1-5　遠州における主な織機製作者

氏　名	生　年	出身階層	主な活動実績
水野奥蔵	1807（文化4）年	職人	高機を改良した船越機を開発
坪井与惣治	1854（安政1）年	職人	遠州ではじめて足踏機（バッタン機）を製作
水野久平	1859（安政6）年	職人	特許9件，実用新案23件を登録
須山伊賀蔵	1861（文久1）年	職人	須山織機の創業者
豊田佐吉	1867（慶応3）年	大工	豊田自動織機製作所の創業者
今村幸太郎	1874（明治7）年	大工	鈴木道雄の師
鈴木政次郎	1876（明治9）年	農民（三男）	遠州織機（現・エンシュウ株式会社）の創業者
阪本久五郎	1883（明治16）年	農民（四男）	遠州織機（同上）の後継者
飯田弥吉	1883（明治16）年	農民（孤児）	豊田佐吉の弟子，飯田式織機の創業者
鈴木道雄	1887（明治20）年	農民（次男）	鈴木式織機（現・スズキ株式会社）の創業者

出所：大野木吉兵衛［1986］「遠州地方における織機づくりの先人たち」『遠江九号』を基に筆者作成。

図表1-6　主な織機製作者の工業所有権取得実績

氏名	織機 特許	織機 実用新案	その他 特許	その他 実用新案	特許合計	実用新案合計
水野奥蔵	0件	0件	0件	0件	0件	0件
坪井与惣治	0件	0件	0件	0件	0件	0件
水野久平	5件	9件	4件	12件	9件	21件
須山伊賀蔵	0件	5件	0件	0件	0件	5件
豊田佐吉	34件	6件	6件	0件	40件	6件
今村幸太郎	0件	1件	0件	0件	0件	1件
鈴木政次郎	18件	7件	0件	0件	18件	7件
阪本久五郎	48件	67件	0件	9件	48件	76件
飯田弥吉	1件	12件	0件	0件	1件	12件
鈴木道雄	3件	52件	0件	0件	3件	52件
合計	109件	159件	10件	21件	119件	180件

出所：大野木吉兵衛［1986］「遠州における織機づくりの先人達」『遠江九号』，同［1984］「遠州地方における繊維機械工業生成史の一断面―昭和22年までに登録された工業所有権の実相―」『遠江七号』を基に筆者作成。

推譲の実践である。

　遠州地方の企業家に共通する資質は，自助努力から生み出されたイノベーションによる付加価値の高い製品の開発と，事業活動を通じた社会的責任の遂行を重視する姿勢であろう。事業活動を通じて徳を実践するには，経済的自立が前提条件となる。彼らは経済的自立へ向けた使命感ともいえる自己犠牲的な勤労を受容し，企業家としての成功を通じて社会変革の担い手となったのである。

　岡田の報徳思想は，豪農階級主導による農村経済の自力更正という前近代的色彩を残しつつも，急速に浸透した資本主義経済と報徳思想を融合させた社会経済システムのあり方を模索した中で生み出されたものである。彼の唱えた財本徳末思想は，農民や商工業に携わる者に対して，経済的作為主体としての意識を喚起したことに意義があるといえよう。ナレッジと労働力多投による経済的自力を促す過程で経済的活動の社会的意義を認識させたことが，遠州地方の企業家の心理に大きく影響したとみるべきであろう。

(2) 近代啓蒙思想の受容

　岡田の思想には，明治初期にわが国に紹介された欧米の啓蒙思想が影響していることを指摘しておきたい。彼に影響を与えた人物は，明六社の中核メンバーとして活躍した中村正直や西周らである。

　明治維新後，駿府に移住した旧幕臣の俊才らによって府中学問所（後に静岡学問所と改名）と沼津兵学校が設立された。西は沼津兵学校に，中村は府中学問所にそれぞれ教授として迎えられ，短い期間ながら教育活動を行った（原口・海野［1982］，26 〜 30 頁）[4]。

　特に中村が翻訳したスマイルズの『西国立志編』[5]とミルの『自由之理』[6]は，わが国の近代化に影響を与えた書であり，『西国立志編』は明治期の小学校で教科書としても使用された。

　岡田は中村らの著作を通じて間接的に欧米の近代的思想に触れただけでなく，中村から直接指導を受けている。中村自身も岡田佐平治・良一郎親子の

報徳活動を肯定的に捉えていた。それは，彼が岡田佐平治のために寄稿した追悼碑文の内容からも窺い知ることができる[7]。

岡田は『淡山論集』において「吾れ曽て西哲賓雑吾（引用者註ベンサム）氏の書を読み，実利主義の学我が報徳主義と暗合するを喜び，之を精攻玩策する日あり。弥爾（引用者註ミル）氏の書を読むに及んで其理致精徴奥儀を闡明し余蘊無きを見る。蓋し実利の学道徳の本源を論ずるに最大福祉を以てす。其説曰く世界人類の多き貴賎貧富，智愚賢不肖ありと雖ども，皆な悉く福祉を得て痛苦を除かんと願はざるなし。故に道学家，宗教家，政治家，法律家其目的とする所皆に此の外に出づべからずと，而して報徳の道之を演繹すれば実利の道と為り，興国安民の術公同結社の法皆な其中に行はる実利の学之を帰納すれば皆な報徳の道に入るべし（中略）耶蘇の全典に己れを行ふ人の如し隣を愛する己りの如しと云者利家の道行に在て而も理想上の極功たると則ち是れ報徳の道に於て推譲を貴とび自利利他を兼ぬる所以なり而して賓雑吾弥爾は学理を主とし報徳の道は実地正業を主とす其道月鼈の差あるが如しと雖ども其致一なり」と述べている（岡田［1909］，185頁）。岡田は功利主義に財本徳末思想との共通要素を見出し，積極的に功利主義を受容したことを告白している。

イギリスでは産業革命（1760年頃～1830年頃）によって，資本主義が発展し市民社会が形成された。イギリスにおける功利主義は，産業革命による社会の変革を背景として生まれた。産業革命の中核を担った資本家にとって，利己的欲求と他人のそれとをどのように調和させるかが課題であった。功利主義は，個人の幸福を社会全体の立場から考察することによって，資本家の立場を肯定的に捉えようとした現実主義的な思想である。ミルはベンサムの功利主義の原則を認めつつも，行為の善悪の基準は行為する個人の幸福ではなく，関係する人すべての幸福であると主張した。ミルは「おのれの欲するところを人に施し，おのれの如く隣人を愛せよ」というイエスの隣人愛の教えに功利主義の理想を見出している。功利主義は行為者に対して利己心を克服することを要求するのである。岡田は，報徳における推譲は，キリス

ト教の隣人愛に象徴される利他的な幸福の追求に他ならないと述べている。

　功利主義は，スマイルズの『Self-Help』を通じて市民の具体的指針として示されたのである。『Self-Help』は，中村正直が『西国立志編』として訳述し，発行部数は明治期を通じて百万部に達するベストセラーとなった。「天ハ自ラ助クルモノヲ助ク」という言葉は，明治の人々に自立自尊の精神を植えつけたのである。平河［2006］は豊田佐吉の「一身の他に身方なし」という信念は，セルフヘルプの発想そのものであり，報徳の感化を受けた豊田の理念には自立の精神だけでなく，種々の点でスマイルズの発想と共通するところがあると指摘している（平川［2006］，171～2頁）。

　『西国立志編』は，人生の幸福は勤勉と自修によって社会の人々を幸福にすることによってもたらされることを，産業革命を支えた数多くの企業家の事例を引きながら説いたものである。それは，封建的身分秩序の下で抑圧された分限思想によって，分相応の生活を余儀なくされていた農民らに分限を超えた自立への可能性を示したのである。

　明治維新後の急速な社会経済システムの変化と報徳思想を結びつける新たな視点を見出せなかった富田高慶，福住正兄，斉藤高行らが時代の流れから次第に取り残されていったのに対し，岡田は功利主義を報徳思想に盛り込むことによって，報徳思想を農業倫理から商工業を中心とする近代産業の指導理念へと変容させていったのである。

　中村は，『西国立志編』自助論原序において「人或ハ功ナクシテ敗ルモノアリ然モ善事ヲ企テ成ザルモノハ，善人タルコトヲ失ハズ，故ニ敗ルト雖ドモ貴ブベシ，不善ノ事ヲ為テ，一時或ハ成就スルトモ，タダニ汚名ヲ流スノミ，故ニ人ノ事ヲ為スハ，善悪如何ト問フヲ要ス，ソノ跡ノ成敗ノミヲ観ルベカラズ，然リトイヘドモ，善事ヲ志シテ成就シタランハ，失敗シタルニハ遥ニ勝ルベシ，凡事ノ成就スルハ，人ノ定志アリ，勉力アリ，忍耐アリ，勇気アルコトノ結果効験ナリ，（中略）就中最要ノ教ニ曰ク，人タルモノハ，ソノ品行ヲ高尚ニスベシ，然ラザレバ才能アリト雖ドモ観ルニ足ラズ，世間ノ利運ヲ得ルトモ貴ブニ足ルコトナシ」（スマイルズ（中村正直訳）［1895］，

35〜6頁）と述べている。

　中村は，行為の価値基準を行為者の世俗的成功という量的尺度で測ることを否定している。すなわち，中村はミルの唱えた質的功利主義の立場から行為者の観念を重視し，質的に高度な精神的快楽の達成が自己形成として重要であると説いたのである。

　行為の善悪に関する基準を行為者の観念に求める姿勢は，報徳思想にも認められるところである。二宮翁夜話には「卿等，此道を学ぶとも，此道を以て，世に用いられ，立身せんと思ふ事なかれ，世に用ひられん事を願ひ，立身出世を願ふ時は，本意に違ひ本体を失ふに至り，夫が為に憖つ者既に数名あり，卿等が知る所なり，只能此道を学び得て，自能勤れば，富貴は天より来るなり，決して他に求る事なかれ，（中略）富貴天に有りとは，己が所行天理に叶ふ時は，求めずして富貴の来るを云うなり，誤解する事なかれ，天理に叶ふとは，一刻も間断なく，天道の循環するが如く，日月の運動するが如く勤めて息ざるを云うなり」という記述があり，自助に対する中村と尊徳の思想は極めて近いといえよう（福住［1973］，170頁）。

　尊徳や岡田の思想と『西国立志編』で示された思想との共通点は多く，報徳思想が地域的エートスとして浸透していた遠州地方では，『西国立志編』で示された自助の精神は抵抗無く受容されていったのである。

　豊田佐吉の思想的背景には，報徳思想が大きく影響していたことは既に述べた（田中［1933］，1頁）。豊田と報徳思想の関係については，多くの先行研究があり本章では深く立ち入らない。製糖事業で成功した鈴木藤三郎は，1855年，遠州地方の北部に位置する周知郡森町に生まれた。28歳で氷砂糖の製法を開発し，鈴木製糖所，日本精製糖株式会社，台湾製糖株式会社を次々と設立した。優れたイノベーターとしても知られ，特許総数は159件を数える。鈴木は家業の菓子製造販売に報徳仕法を活用し成果を実感した。鈴木は，報徳仕法を事業活動に応用すべきであると確信するに至り，製糖事業において実践して，企業家としての成功を収めたのであった（鈴木［1928］）。鈴木は士族や豪農ではなく，山村に暮らす商人の出身であった。彼は報徳思

想を理念とした経営を実践し，自らの創造力と自助の精神によって事業を拡大していったのである。

　貧農救済や難村復興を目的として普及した報徳思想は，鈴木や豊田らの活躍によって，企業家を導く経営理念として新しい意味を見出したのである。両者の事例は，農業社会から工業社会への転換期にあたって，報徳社活動の進むべき1つの方向を示唆していると考えられる（村松［1977］，2頁）。

　岡田が説いた財本徳末思想は功利主義思想の影響を受け，農民の自力更正という枠にとどまっていた従来の報徳思想の領域を大きく拡大した。財本徳末思想によって，報徳活動は近代的産業育成と結びつくことが可能となったのである。富田や福住の報徳思想は，岡田以上に尊徳の思想に忠実であったかもしれない。しかし，旧来の行政的仕法や報徳思想の宗教的側面に固執したが故に，明治以降の社会経済システムの変化に適応することが出来なかったのである。

2.　社会企業家としての活動の軌跡

(1)　教育事業

　岡田の報徳活動の中で重要な位置を占めるのが教育活動である。教育活動の中核となったのは，1877（明治10）年に開設された冀北学舎である。冀北学舎は，岡田が佐野郡倉真村（掛川市倉真）に開設した私塾である。冀北とは中国の名馬の産地であり，優れた人材を育成しようという彼の意思が感じられる。岡田は冀北学舎開校にあたり，次のような広告で学生を募集している（堀内［1998］，8頁）。

　　　　　　　広　　告
　今度茅齊ニ於テ官許ヲ経，英学塾ヲ開キ候ニ付，有志ノ子弟三十名限リ入塾通学共御依
　頼次第引受可申ニ付，別紙塾則・教則御承知ノ上予ジメ御申込可有之，此段致広告候也。

静岡県第十六区四小区　遠江国倉真村

齊主　岡田良一郎

明治十年七月

　岡田の設立理念はもちろん報徳思想の涵養にあり，それは同学舎の塾則並教則にも現れている。第一条設立の目的は，次のように記されている（堀内［1998］，44頁）。
- 一　当社ノ学則ハ修身経済ヲ以テ専門トス。而シテ二者二宮尊徳先生ノ教ヲ宗トシ，内外百家ノ書ヲ以テ羽翼トス
- 一　先生ノ教ユル所号シテ報徳学ト云，徳ヲ以テ徳ニ報ユルノ義ニ取ルナリ。其教旨大綱三曰，立徳・開智・致富是也（後略）

　岡田は報徳活動における三大綱を塾則に明示する一方で，内外百家の書を羽翼とすると規定し，明治維新後の社会経済の変化に報徳思想を適合させようとしたのである。冀北学舎は全寮制をとり，報徳思想を教育の根本としながらも英学教育に重点を置いた。外国語の教科書はすべて取り寄せなければならなかったが，英学重視の背景には静岡学問所や沼津兵学校の教授陣がもたらした，欧米の先進思想の影響があったとみるべきであろう。

　1885年に実施された海軍兵学校の入学試験では，静岡県から13名の学生が受験した。英語重視の厳しい試験に合格したのは僅か2名に過ぎなかったが，両名とも冀北学舎の出身者であった（堀内［1998］，1頁）。

　冀北学舎では英学と漢学を中心としたカリキュラムが組まれ，使用された主な教科書は以下に示した通りである（堀内［1998］，32頁）。英学の教科書は海外から取り寄せた原書を使用し，欧米の近代精神に関する講義を行っていた。

　漢学初級：日本外史，十八史略，国史篇論
　漢学上級：八家文，史記評林，綱鑑易知録，資治通鑑等の評釈，作詩作文等
　英　　学：スペリング，ウイルキンソンリーダー，パーレー万国史，カッ

ケンボス米国史，グードリッチ英国史，ウエーランド経済学
報 徳 学：報徳記，報徳論，報徳齊家論，報徳安民論，報徳伝道論，報徳富国論，活法経済論，報徳外書，無息軒翁一代記

開学当時は 20 人程度，最盛期には 50 〜 60 人が在籍していた。英語の授業では，西洋史や経済学などの原書が教科書として使われた。英学重視の教育方針からは，岡田が報徳思想を軸にしながらもこれに固執することなく，明治維新後の激しい社会変化に適合しうる人材の育成を目指していたことが看取できよう。岡田は資本主義社会における報徳思想の位置づけを念頭に置きつつ，同学舎における教育活動を展開したのであった。

1880 年，県立掛川中学校（現・静岡県立掛川西高校）が開校し，岡田が校長に就任したため，冀北学舎は 1884 年に閉塾となった。冀北学舎に始まった岡田の教育活動は，県立掛川中学校へと受け継がれていった。岡田は尊徳が目指した心田開発を「徳を立て，智を開き，富を致し，真に社会に貢献する人材の育成」という教育理念の下で遂行していったのである（堀内 [1998]，2 頁）。

岡田は基幹産業が農業から商工業に移行しつつある社会変革の流れを認識し，報徳思想による心田開発を教育理念としながらも，産業界のリーダー人材を育成するため，英学を中心とする教育を実践したのであった。

(2) 銀行業

わが国における銀行業務の嚆矢は，1874（明治 7）年，岡田が設立した資産金貸付所に始まる。勧業推進のためには民間資本の蓄積と資金供給を行う専門機関が必要であると判断し，浜松県に対して資産金貸付所設立建議を行ったのである。

資産金貸付所の基金は，岡田家の報徳推譲金（岡田家特別善種金）に依拠している。岡田の父佐平治が著わした岡田家家訓『雲仍遺範』によれば，1853 年から 60 年間，毎年米 50 俵を報徳活動のために推譲したものである。岡田はこの資金に他の奇特金を加え，半官半民の資産金貸付所を設立し，自

らは総括（頭取の上位職）として，非常時の対応，貧民救済，難村復興を目的とする融資を行った。

1879年，佐野城東郡長（掛川市と小笠郡を含む地域）に就任した岡田は，勧業資金積立の組合設立を主唱し，静岡県の許可を受ける。これが，現在の掛川信用金庫の創始である。勧業資金積立の組合は，社会資本整備のための地方改良や殖産興業を目的とする事業に対して低利長期の融資を行った。

1893年，銀行条例が公布されると資産金貸付所は普通銀行への転換が必要となり，従来の形式では勧業資金の取扱が出来なくなった。同年，資産金貸付所は資産銀行へ転換し，資産銀行はその後遠州銀行と合併，また遠州銀行は静岡銀行と合併して今日に至っている。

一方，勧業資金は普通銀行での取り扱いが不可能となったため，別組織で運営せざるを得なくなった。1892年，岡田は勧業資金の貸付を目的として，欧州の信用組合制度を参考にした掛川信用組合を設立し，自ら理事長に就任した。1900年，産業組合法が公布されたが，これによって報徳社を民法上の公益法人とし，掛川信用組合は産業組合法上の営利法人として改組された。

掛川信用組合は1951年の信用金庫法の制定に伴い，掛川信用金庫に改組され現在に至っている。岡田は『大日本信用組合報徳結社論』において「中産以下ノ人民ヲ結合シテ低利ノ資本ヲ募集シ低利ノ資本ヲ貸附セント欲スルニ資本ハ僅少ニシテ借用者ハ多シ故ニ報徳結社ハ中産以上ノ者首唱シテ先ツ慈恵的資金ヲ注入シ之カ奨励ヲ為スニ非レバ其ノ発達遅々トシテ実功甚タ困難ナリトス先生言アリ曰ク中産以上ノ人ハ其象天ニ位シ中産以下ハ其象地ニ位ス雨露ノ澤以テ滋潤スルニ非レバ地力以テ發育スル能ハズト蓋シ慈恵的ノ資本低利ノ資金ニ非レバ中産以下ノ業ヲ資ケテ以テ其産ヲ起ス能ハザルヲ言フナリ（中略）斯ノ如キ低利ハ營利的資本ヲ以テ運用スルコトハ能ハザル所ナリ故ニ低利ノ資本ヲ中産以下ニ運用セシメントスレバ慈恵的ノ資本ニ據ラザル可ラズ慈恵的ノ資本ハ町村社ニ於テ中産以上ノ者加入スルニ非レバ得ル能ハズ中産以上ノ者加入スルハ營利ノ目的以外ニ於テ更ニ大ニ福利ヲ享受スルノ道アルニ由ラズンバアラズ是レ報徳結社ノ最要トスル所以ナリ」と述べ

ている（岡田 [1977]，1036 〜 7 頁）。

　岡田の主張は，報徳社の慈恵的資金の推譲によって農工商の殖産興業を図り，庶民を経済的に自立させるというものである。それは「工業ノ妙器械ノ良大ハ以テ天造ヲ欺キ微ハ以テ神作ヲ擬ス東洋人曽テ夢ニテモ見サル処欧人善ク之ヲ為ス我レノ彼ニ及ハサルモノ千里啻ナラサルナリ」（岡田 [1881]，1 頁）という記述にみられるように，欧米諸国とわが国の技術的格差を客観的に受け止め，わが国が自立するためには工業力および経済力の充実が必要であるという強い意識から出たものであった。

　近代産業創成期に於ける岡田の積極的な勧業行為は，明治政府の殖産興業政策とその基調を一にするものであり，そのことが彼の主宰する報徳活動が明治中期以降，大いに発展し得た要因の1つとなったと考えられる。

　今日，貧困層の経済的自立化を促す手法として，マイクロファイナンスが注目を集めている。マイクロファイナンスとは，一般に「貧困層や低所得層を対象とする貧困の軽減を目的とした小口金融」と定義されている（フェルダー [2005]，33 頁）。バングラディシュのムハマド・ユヌスが創設したグラミン銀行は，マイクロファイナンスの成功事例として国際的に有名となった。マイクロファイナンスは開発途上国で生まれた画期的な仕組みで，貧窮のどん底にある人々が個人事業に従事し，収入を得て経済的に自立し，そして多くの場合，貧困を脱することを可能にさせるものである。

　岡田の銀行事業は，実質的にマイクロファイナンスを先取りした行為であったと評価することができる。資産金貸付所や勧業資金積立の組合は，余裕ある資金を地域や次世代に譲ること，すなわち「推譲」の思想を基にしており，資金の原資は，報徳社の社員が地道に働き，余剰金を推譲したものである。岡田は，まず貧困からの脱却を支援し，経済的自立の呼び水を地域に提供したのであった。

　明治期の静岡県は，全国的にみても銀行および銀行類似会社数が非常に多い地域であった。なかでも，遠州地方は 115 行と静岡県全体の 62.5％を占めていた（荻野 [1999]，24 頁）。遠州地方は報徳活動などの影響から，茶，

綿花といった米作に比べ換金性の高い商業的農業が盛んであった。技術改良や綿織物産業の発展に伴う資金需要に応ずる必要があったことや，資金力を持つ地主階級が比較的小規模であったこと等から，中小地主や商人層が資金を提供し合って金融機関を設立するケースが少なくなかったのである（岡田・本間［1971］，41 頁）。

(3) 紡績業

1883 年，岡田は遠州二俣紡績会社を静岡県豊田郡二俣（浜松市天竜区二俣町）に設立した。同社は明治政府の援助を受けた十基紡[8]の 1 つとして設立され，天竜川の水力を利用した 2,000 錘の小規模紡績であった[9]。

設立の動機は，輸入綿織物の増大による遠州綿織物の貧窮を憂慮した結果であり，このことは同社の株式募集に関する勧誘状で「抑モ方今輸入物品木綿ヨリ大ナルモノハナシ内國ノ産出日ニ減シ外國ノ輸入日ニ加ハリ上下困弊将ニ近キニ至ラントス（中略）防輸入ノ策紡績器械ヲ興スニ於テ尤モ急務トセリ」と述べていることからも明らかである（絹川［1938］，2 頁）。

岡田は工業振興について「凡ソ工業ヲ起サント欲スルモノハ天下ヲ利スルヲ以テ目途トナスベシ自カラ利スルヲ以テ目途トナスベカラズ数十年ヲ以テ計算スベシ二三年ヲ以テ計算スベカラズ何ヲ以テ之ヲ言フ工業ノ費数十萬而シテ之ヲ起スノ始ニ於テハ職工熟セズ器械ノ敗損算外ノ費之ニ加フ故ニ財本ヲ借リテ之ヲ起スモノ利子年ニ嵩ミ本子償フ不能終ニ其業債主ノ有ニ帰スルモノ是レ天下ノ常也債主之ヲ有シテ能ク之ヲ維持スル数年而シテ始メテ利益アルヲ見ル（中略）事固ヨリ敗ナキ不能其敗ルルヤ必ズ人ヲシテ其志ヲ継グモノアラシメヨ瓦徳（ワット）ノ蒸気縮密機器ニ於ル士提反孫（ステブンソン）ノ行動機器ニ於ル阿克來（アークライト）ノ紡棉機ニ於ル皆前人ヲ租術シテ以テ一大工業ヲ成シタルガ如ク苟モ後人ヲシテ其志ヲ継ガシメント欲スルモノハ必ス畢生ノ力ヲ盡シテ之ヲ創スヘシ」（岡田［1931］，946～7 頁）と述べ，企業家活動の社会的意義を強調し，産業創出のためには銀行等による事業資金の支援と企業家的人材育成が不可欠であることを，英国における産

業革命時の企業者活動を例にとって指摘している。ここで述べられているワットらの例は『西国立志編』からの影響によるものであろう。

さらに「今也天下ニ急要ナル木綿紡織繭絲製造ノ器機ニ過ルナシ必ズ之ヲ毎六國ニ備ヘ以テ内國ノ衣服ニ供シ繭絲ヲ精良ニシテ輸出ヲ増益スベシ（中略）輸出入ノ均量ヲ得ベキモノ生絲ヲ精良ニシテ輸出ヲ盛ンニシ木綿紡績ヲ専ラニシテ内衣服ノ用ニ供スルニ在リテ掎角ノ勢ヲ制シテ國勢ヲ輓回スル其唯製絲紡績ノ器機ニ在ル乎製絲ハ之ヲ富岡ニ擬シ紡績ハ之ヲ王子ニ擬スベシ」（岡田［1931］，948 頁）との記述から，岡田は紡績業を中心とした工業化によって諸外国からの輸入に対抗するとともに，遠州地方の経済的自立化を企図していたことが読み取れる。

事業資金は，岡田が経営責任者である資産金貸付所をはじめ，第百三十八国立銀行，掛川銀行，笠井銀行などからの借入金で賄われ，実質的な操業は 1884（明治 17）年から開始された。しかし，職工の技術水準の低さや販路の乏しさによって，創業当初から厳しい経営が続き，業績が回復しないまま 1893 年に解散してしまった。

遠州二俣紡績会社は，紡績業による地域経済の自立化と綿花生産農家の保護という目的を達することなく途半ばで頓挫した[10]。その失敗要因として「豪農に指導された社会的勢力が，殖産興業政策が目指す近代産業育成を主体的に担いえなかったのは，かれらの資本蓄積が，その基盤であるところのこの地域の生産力的低位性に規定され，未熟だったことが主因である」との指摘がなされている（海野・加藤［1978］，238 頁）。

十分な成果は挙げられなかったものの，岡田の企業家活動の意義は農民層の職業意識を農本主義的枠組みから解放し，工業を中心とした近代産業へ導いた点にあるのではなかろうか。鈴木藤三郎や豊田佐吉のように，遠州地方の企業家の出身階層は農民・職人が多くを占めていたが，彼らの活躍によって遠州地方の経済的自立は達成されていくのである。

地方経済の自立化を目指し，地域産業の育成を重視した岡田の理念が報徳活動を媒介とした社会的影響力によって遠州地方に浸透し，農民・職人層を

中心に社会的使命感を持った企業家の輩出を促すこととなった。このことが，綿織物業を中心とした近代産業育成の基盤を形成する端緒となったと考えられるのである。

3. 財本徳末思想の現代的意義

　明治期の静岡県における企業家輩出の実態をみると，遠州地方が同県全体の 42％を占め，中でも金融業は 64％を占めている（財団法人静岡総合研究機構［1992］，208 頁）。企業家輩出の地域的な特性については，岡田など報徳思想の活動家による，勧業事業や教育活動を通じた実践的指導が大きく影響しているとの指摘もある（同前，190 頁）。
　地域的特性と企業家活動の関係について，中川［1981］は「すべての経営主体は，一定の歴史的・社会的要因によって生み出されたものであり，歴史的・社会的環境と無関係に宙に浮いて存在しているものでは決してない」（中川［1981］，21 〜 5 頁）と指摘している。
　報徳思想を経営理念の中核とする企業家活動の成功を通じて，岡田は財本徳末思想が近代産業において指導原理となることを確信したのではあるまいか。岡田自身は教育事業，金融事業，紡績事業など社会的な課題を包含したフィールドで活動することによって，社会企業家としての色彩を強めていった。
　社会企業家とは，地域や社会の課題に対して，公共サービスに変わる新しい仕組みを生み出す者を指すといえよう。大きな社会変革のうねりの中で，サステイナブルな地域社会の構築を志向した岡田は，紛れもない社会企業家だったといえよう。自ら社会的課題に対するソリューションを提示した事は勿論のこと，社会企業家としての岡田の価値は，持続的にソリューションを生み出す社会経済システムのインフラを築こうとしたことにあるといえよう。
　経済と道徳の統合を志向した財本徳末思想は，遠州地方に独特な社会的・

文化的気質を形成していった。それは報徳思想が社会的教化力を失った後も，倫理的な深層意識として遠州地方に受け継がれ，ウェーバーが指摘した「資本主義の精神」的な色彩を帯びた企業者精神を醸成していったとみることができる。

　岡田の財本徳末思想や社会企業家活動は，明治維新後の急速な資本主義経済の進展に対して，報徳思想の価値観を中核とする近代産業の育成を目指したものであり，地域社会の構成員である農民を中心に商人・職人層までを対象とした活動領域の広さを特徴としていた。

　封建的身分社会の崩壊によって，集団を単位とする行動様式から個人を単位とする競争が新しい社会秩序となり，立身出世主義が強力なイデオロギーとして明治期のわが国社会を席巻していた。これに対し岡田の思想は，道徳的価値観を伴った企業家活動と，行為の結果としての富を尊重する価値観を遠州地方の農民・職人層に醸成していったのである。社会的な価値を創出することを目的とした企業間競争は是認され，そこから様々なイノベーションが生み出されたのである。このような企業間競争の実例は，遠州地方における繊維機械産業における膨大な特許・実用新案件数からも看取できよう。

　岡田は前近代的な報徳思想に功利主義的要素を付与することによって，明治維新後の新しい社会的価値観に報徳思想を適応させることに成功したのである。これは富田高慶や福住正兄らの報徳思想が，明治期にその社会的意義を急速に失っていったことと対照的である。

　西国立志編の訳者である中村正直の思想の中核は徳であり，人間の富や国家の繁栄はそれ自体が目的ではなく，道義を尽した結果として得られるに過ぎないとしていた。一方，人の責務は労働を通じて特性を高めることであるとの前提に立って，労働の結果としての富や繁栄については，どこまでも容認している。

　岡田の財本徳末思想も，富の獲得が目的ではなく，社会的に意義のある事業活動を実践し，そこから得られる適正な富によって生活基盤を確立することを目的としたものであった。中村と岡田の富に対する価値観や企業観につ

いては本質的な差異はないといえよう。岡田は西国立志編を通じて中村の思想に報徳思想との共通要素を発見し，中村のもたらした功利主義を財本徳末思想に積極的に取り込んでいった。これが遠州地方の企業家活動に大きな影響を及ぼしたのである。

　本章では，岡田良一郎の思想と事業活動の現代的意義について検討を行った。功利主義が明治期の企業家精神の形成に大きな影響を及ぼしたことは先行研究において指摘されているが，明治中期以降，岡田の報徳思想も功利主義との結びつきを強め，その活動は社会企業家的な色彩を帯びていった。

　新しい酒は新しき革袋に盛れという聖句があるが，財本徳末思想は旧来の報徳思想の枠組みを超えた新しき革袋といえよう。報徳思想を取り巻く社会経済環境が大きく変わろうとする時代に，旧来の報徳思想に固執しているだけでは社会に埋没していったであろう。岡田の財本徳末思想は，報徳思想を農業社会から近代工業社会の指導理念へと昇華させることに成功したといえよう。それは，財本徳末思想が遠州地方から多数の企業家を輩出する要素となったのみならず，わが国の企業家の多くが，経営理念やマネジメントの拠り所としたことからも明らかであろう。

注
1）　浜松短期大学教授大野木吉兵衛は，報徳思想の鼓舞は貯蓄による資本の蓄積と結び付き，金融機関の設立や事業経営への意欲を猛烈にかきたてたと指摘している。
2）　社会起業家と表記される場合もあるが，本章では社会企業家と表記し，「社会貢献」や「社会変革」の志を持ち，企業家精神と経営能力を発揮して，現在の事業の革新や新しい事業の創造を通じて持続可能な社会を実現しようと行動する人々と定義する。
3）　岡田は土台金は以下の道徳的行為に使用するという方針を掲げている。
　　① 慈善の資本，② 他譲の資本，③ 勧業の資本，④ 観農の資本，⑤ 恤救の資本，⑥ 奨励の資本，⑦ 陰徳の資本，⑧ 享福の資本，⑨ 施教の資本，⑩ 弘道の資本
4）　明治元年，駿府に設置された府中学問所が明治2年に静岡学問所へ改称された。同所は，旧幕府の昌平坂学問所等から，中村正直，加藤弘之，津田真一郎らを教授として迎えた。沼津兵学校は，明治元年に設立された徳川家兵学校が明治2年に改称されたものであり，初代教授方頭取は西周が務めた。
5）　『西国立志編』訳述の経緯については，高橋昌郎〔1996〕，72～85頁を参照されたい。
6）　スチュワート・ミルの『On Liberty』を『自由之理』として訳述し，イギリス功利主義思想をわが国に紹介した。『自由之理』訳述の経緯については，高橋昌郎〔1996〕102～110頁を参照されたい。
7）　碑文には次のように記されている。

「社徒相謀り碑を浜松報徳館境内に建て，余（中村正直—引用者註）に銘を嘱す。余其の伝記を読み感喜するところあり之を諾す。
　　銘に曰く　　報徳の教えたる　　本厚く根深し　　率先躬行
　　　　　　　　誠意正心　　四方を風靡す　　孝弟恭謙　　高く
　　　　　　　　天に聞こゆ　　蕨の徳潜むことなし
 8）　明治政府は紡績業の奨励策として，官営模範工場に次いで輸入紡績機の年賦払い下げによる10ヵ所の民間紡績工場の設置を計画した。これが十基紡といわれる紡績所で，1882〜5年にかけ，玉島紡績所（岡山），三重紡績所，島田紡績所（静岡），下野紡績所（栃木）などが開業している。
 9）　当時の紡績会社設立の事情について，千本［1998］は「殖産興業期における 2,000 錘紡績所は職工数がせいぜい百人程度であり，工場周辺に職工志願者が多く，通勤可能な地域から職工調達がありえた。また職工は貧困士族の子女が多かったが紡績会社の設立意図に士族授産が目立つ」と述べている。
10）　伝田［1962］は「彼における紡績業発企の動機は，一は周知の如き明治初年における外国綿糸布の輸入に伴う国際収支の危機的状況に対する認識に発し，他の一は，遠州地方の経済に重要な意味を有していた，遠州棉作並びに在来産業としての遠州織物の維持・存続を企図したことにある」と述べている（伝田［1962］，303 頁）。

参考文献
海野福寿・加藤隆編［1978］『殖産興業と報徳運動』東洋経済新報社。
海野福寿［1975］「遠州報徳主義の成立」『駿台史学第 37 号』駿台史学会。
岡田和喜・本間靖夫［1971］「地方産業の発展と地方銀行」『金融経済』財団法人金融経済研究所。
岡田良一郎［1898］『淡山論集第一篇』大日本報徳社。
岡田良一郎［1909］『淡山論集第三篇』大日本報徳社。
岡田良一郎［1881］『報徳富国論（冀北学舎蔵版）』大日本報徳社。
岡田良一郎［1977］「大日本信用組合報徳結社論」『二宮尊徳全集第三十六巻』龍渓書舎。
岡田良一郎［1931］「活法経済論」『二宮尊徳全集第三十六巻』龍渓書舎。
荻野覚［1999］「静岡県における銀行の歴史」『静岡の文化 56 号』公益財団法人静岡県文化財団。
川口浩［2004］『日本の経済思想世界』日本経済評論社。
絹川太一［1938］『本邦綿糸紡績史第三巻』原書房。
斉藤修「報徳社運動のクロノジィー―19 世紀後半における経済的変化への農民の対応―」『三田学会雑誌 64 巻第 8 号』慶応義塾経済学会。
サミュエル・スマイルズ（中村正直訳）［1895］『改正西国立志編　原名自助論』東京博文館蔵版。
静岡新聞社編［1996］『草の根の思想　報徳からのメッセージ』静岡新聞社。
鈴木五郎［1928］『鈴木藤三郎伝』東洋経済新報社。
高橋昌郎［1966］『中村敬宇』吉川弘文館。
竹内宏［1996］『静岡産業風土記』静岡新聞社。
財団法人静岡総合研究機構編［1992］『静岡県起業家を生み出す風土』静岡新聞社。
田中忠治［1933］『豊田佐吉伝』豊田佐吉翁正伝編纂所。
千本暁子［1998］「明治期紡績業における通勤女工から寄宿女工への転換」『阪南論集社会科編第 34 巻第 2 号』阪南大学。
通産省関東通産局編・刊［1996］『広域関東圏における産業立地の展開に関する調査（産業集積風土記）』。
伝田功［1962］『近代日本経済思想の研究―日本の近代化と地方経済』未来社。

中川敬一郎［1981］『比較経営史序説』東京大学出版会。
長谷川直哉［2005］『スズキを創った男　鈴木道雄』三重大学出版会。
浜松史跡調査顕彰会編・刊［1977］『遠州産業文化史』。
浜松市役所企画室編・刊［1954］『浜松発展史』。
浜松商工会議所編・刊［1954］『浜松商工会議所60年史』。
原口清・海野福寿［1982］『静岡県の百年—県民百年史』山川出版。
平川祐弘［2006］『天ハ自ラ助クルモノヲ助ク—中村正直と『西国立志編』』名古屋大学出版会。
ヒルシュマィヤー・由比常彦［1977］『日本の経営発展』東洋経済新報社。
福住正兄（奈良本辰也校注）［1973］『二宮翁夜話』岩波書店。
フェルダー直子（森友環莉訳）［2005］『入門 マイクロファイナンス—世界を貧困から救う，新しいビジネスモデル』ダイヤモンド社。
堀内良［1997］『大日本報徳社小史』大日本報徳社。
堀内良［1998］『冀北学舎』大日本報徳社。
村松敬司［1977］「鈴木藤三郎にみる報徳的企業者精神」『地方史静岡第七号』静岡県立中央図書館。

（長谷川直哉）

第 2 章
価値共創経営の先駆者
―伊庭貞剛（住友財閥）―

はじめに

　「西の別子，東の足尾」と言われた銅山開発に伴う公害事件をご存知であろうか。東の足尾とは，古河市兵衛が 1877（明治 10）年から経営に乗り出した足尾銅山である。足尾鉱毒事件は，明治期のわが国を揺るがす深刻な社会問題となった。1901 年，鉱毒反対運動のリーダー田中正造が，明治天皇に直訴を試みたことは夙に有名な出来事である。

　足尾銅山から産出される鉱石は，硫黄・銅・鉄を含む黄銅鉱といわれるものであった。古河は水力発電所を建設して電力を動力源とする洋式製錬法を導入し，生産量を飛躍的に増大させた。洋式製錬法は黄銅鉱を溶鉱炉で溶かして銅を取り出す手法であるため，製錬過程で鉱石に含まれる硫黄が大気中に放出される。大気中に放出された硫黄は酸素と結びついて亜硫酸ガスとなり，山林や農作物に大きな被害をもたらしたのである（神岡［1971］，10～11 頁）。

　一方，西の別子とは愛媛県新居浜市に所在する別子銅山である。1690（元禄 3）年に開発が始まり，1973（昭和 48）年まで一貫して住友によって経営されてきた。江戸時代には採鉱場から排出される鉱毒水によって，農作物に甚大な被害が生じた。鉱毒被害の抜本的な解決には至らなかったものの，領主による租税の減免措置や住友による被害農地および山林の買い取りなどの対症療法的施策によって，鉱毒問題は表面化しなかった（神岡［1971］，

13頁)。しかし，明治政府は鉱毒被害の代償として農民に付与されてきた免租特権を認めなかったため，これに反発した農民による抗議行動が頻発した。

1884(明治17)年，新居浜に洋式溶鉱炉が新設され，銅の製錬作業から生じる亜硫酸ガスによる煙害が急速に拡大した。1897年，大阪鉱山監督署および農商務省農事試験場の調査によって煙害の実態が確認されている。被害農民は溶鉱炉の移転や有害物質の完全除去を求めて政府や県庁に請願を繰り返したが，政府は「住友ノ鉱業ニ因リ生ズル損害ハ，須ラク住友ニ対シテ要償スベシ，之レ政府ノ関知スル処ニアラズ」とし，鉱害問題の解決と被害者救済の責任は，あくまでも事業主である住友にあるという姿勢を示した(同前，14頁)。

別子銅山の操業によって生じた煙害問題を解決するため，別子銅山支配人として改革の陣頭指揮をとったのが，本章で取り上げる伊庭貞剛である。伊庭は社内外からの批判や圧力に晒されながらも製錬所の移転と大規模植林を行い，長期的な展望をもって鉱害問題の根本的な解決に臨んだのである。

田中正造は，第15回帝国議会[1]において次のような演説を行い住友の対応を賞賛した。「伊予ノ国ノ別子銅山ハ，第一鉱業主ハ住友デアル，ソレ社会ノ事理人情ヲ知テ居ル者デ，己ガ金ヲ儲ケサヘスレバ宜イモノダト云フヤフナ，サフ云フ間違ノ考ヲ持タナイ」(末岡[2011]1頁)。田中は足尾銅山の鉱業主である古河と対比させつつ，無人島の四阪島を買い取って製錬所を移転させるとともに，煙害によって荒廃した山林に大規模な植林を行った住友の姿勢を高く評価したのであった。田中が高く評価した人物こそ，伊庭貞剛その人であった。

別子銅山の鉱害問題から100年以上が経過した今，現代社会は収益至上主義による行き過ぎた経済活動が招いた，地球温暖化や資源の枯渇に苦しんでいる。官民を挙げて，気候変動対策と経済成長を両立させるための取組みが行われている。

グローバル社会を席捲する市場経済メカニズムには，資本の論理に基づく

収益至上主義を制御する手段がビルトインされていなかった。富の創出に傾斜した現代企業の価値観を修正するためには，気候変動や生物多様性・生態系サービスの劣化など，世界が抱える複雑で長期的な問題に対して，社会的価値と経済的価値の創出を統合する新たなアプローチが必要である。

メドウズ［1972］が提起した「人類による地球，自然への負荷は，経済活動のあり方を変えないかぎり地球が吸収できる限度を超えてしまう」という課題は未だ解決されておらず，むしろ深刻化しつつある。この状況は，100年前に鉱害問題に直面した伊庭が置かれた状況とすこしも変わらない。グローバル社会では，環境問題や社会問題の多くが手つかずの領域として取り残されている。この状況を打ち破るために必要なことは，企業と社会の新たな関係性を構築することであろう。

伊庭は鉱害問題の解決を見届けることは出来なかったが，社会との関係性を重視した彼の事業観には学ぶべき点が多い。「あくまで現実を重んずるも，現実に囚われず，常に理想に臨んで現実に先んずること唯一歩なれ」（末岡［2000］，103頁）という言葉からは，短期的な利益にとらわれることなく，長期的な視野の下で社会と企業の最適化を志向した伊庭の姿勢が看取できよう。

現代を生きるわれわれには，地球環境と市民社会の最適化を志向する，確かな倫理観に裏打ちされたサステイナビリティ社会の構築に向けた取り組みが求められている。

伊庭は，わが国のCSR (corporate social responsibility：企業の社会的責任) 活動の嚆矢とも評されるが，自然環境や人々の生活と企業活動の両立を志向したその経営姿勢は，現代社会が求めるサステイナビリティと共通する要素が多い。本章では伊庭の思想と事業活動を振り返り，その現代的意義を再考していきたい。

図表 2-1　住友における総理事の変遷

企業家名	1870年代	1880年代	1890年代	1900年代	1910年代	1920年代	1930年代	1940年代
広瀬宰平 [1877 〜 1894]	───	───	──					
伊庭貞剛 [1894 〜 1904]			──	─				
鈴木馬左也 [1904 〜 1922]				──	───	─		
中田錦吉 [1922 〜 1925]						──		
湯川寛吉 [1925 〜 1930]						──		
小倉正恆 [1930 〜 1941]							───	─
古田俊之助 [1941 〜 1946]								──

注1：図中実線は総理事在職期間を示す。
注2：伊庭貞剛は別子鉱業所支配人在職期間（1894〜99年）を含む。
出所：筆者作成。

1. 官界での活躍を目指して

(1) 生い立ち

　1847（弘化4）年，伊庭貞剛は伊庭貞隆・田鶴の長男として近江国西宿村（滋賀県近江八幡市）で生まれた。伊庭家は近江源氏の流れを汲む佐佐木氏の末裔であり，貞剛は佐佐木源氏が伊庭を称してから25代目の当主である（神山[1960]，68頁）。

　父貞隆は泉州伯太藩の代官を務め，その謹厳な人柄によって地域の人々から一目を置かれる存在であった。貞隆は代官の傍ら屋敷内で私塾

写真1　伊庭貞剛
出所：住友グループ広報委員会

を開き，近隣の子弟に読み書きを教えていた。あらゆる人々と平等に接した貞隆は教育を天職と考え，人としての道徳観，倫理観を涵養する教育を実践していた。母田鶴は野洲郡八夫村（野洲市八夫）の北脇家出身であり，住友初代総理事となる広瀬宰平は田鶴の実弟である。貞隆には癇癪持ちの悪癖があり，貞剛を懐妊して間もなく田鶴は実家に戻り貞剛を生んでいる。貞剛が伊庭家に戻ったのは七歳のときであった。

貞剛は父から漢学の基礎を学ぶとともに，近江八幡の児島一郎のもとで剣術を学んだ[2]。児島道場へ通う貞剛については，彼の人となりを表すエピソードが伝えられている。貞剛は道場へ行き帰りのあぜ道で，草鞋を背負って行商に行く老婆達によく出会った。あぜ道を帯刀した青年と荷を背負った老婆達がすれ違うことは難しい。貞剛は老婆達に出会うたびに自ら畦に降りて道を譲ったという。こうした貞剛の慈悲深さは村内で評判になるほどだった（同前，78頁）。

青年期の貞剛に強い影響を与えたのが西川吉輔である。西川は干鰯問屋西川屋を営む町人であったが，国学を学び尊皇派として帰正館という私塾開いていた。1863（文久3）年，西川は尊王派の同士とともに京都等持院の足利三代の木造の首を切り落とし，これを三条大橋にさらした罪で近江八幡近くの村に幽閉されていた。西川はその過激な思想と行動によって，井伊直弼から危険視されていたようである。

この木像梟首事件で親類預けとなっていた頃，貞剛は西川と出会った。西川の思想に強い共感を持った貞剛は，門弟として国家や社会のあるべき姿について多くを学んでいる。その子弟関係は西川の死まで続き，西川亡き後はよき相談相手として遺族の生活を支えている（同前，81頁）。

(2) 新政府の官吏へ

1868（慶応4）年，貞剛は師である西川から一通の書状を受けとった。それには「志士積年の素養は，ただ今日あるが為なり，時機まさに至る，君よ起って君国に尽くせよ」としたためられていた。貞剛は母に対して「五十歳

になるまで私にお暇を戴かして下さい。命さえ無事であれば，成功しても，成功しなくとも，その時はきっと帰宅してご孝養をいたします」と告げて，京都に赴く決意を固めた（末広［2013］，2頁）。

当時，西川は新政府の金穀出納係（財務省の前身）の任にあり，貞剛は西川の斡旋によって京都御所禁衛隊士となった。貞剛の任務は京都御所や市内警備であったが，幕府方残党勢力による反撃の可能性もあり，死と隣り合わせの危険な職務だった。

同年9月，会津城が落城すると京都市内も落ち着きを取り戻し，貞剛は京都御所禁衛隊の任を解かれ帰郷している。実家に戻った貞剛は，帰郷していた叔父広瀬宰平と出会った。広瀬は，住友が経営する別子銅山支配人の地位を得ていたが，新政府から鉱山司として出仕を命じられていた。この時，貞剛の志は官吏として国家に尽くすことにあり，後に，広瀬とともに住友や社会のために心血を注ぐことになろうとは想像だにしなかったであろう。

1969（明治2）年，貞剛は官途に就くべく京都に赴いた。師西川の知人で京都御留守刑法官監察司知事[3]である野呂九右衛門の紹介で，刑法官小監察の職を得た。[4] その後，官制改革によって刑法官は廃止され，刑部省と弾正台[5]が新設された。この時の官制改革で，貞剛は弾正台巡察属に任命された。弾正台の任務は，国権の確立と発揚のために風紀を粛清することにあり，剛直清廉の士が任ぜられたという（神山［1960］，89頁）。

弾正台小監察となった貞剛は，大村益次郎襲撃事件の容疑者処罰を巡る事件に巻き込まれた。容疑者を捕縛した刑部省京都支部は，容疑者らの処分（斬首）を決定した後，弾正台に処刑への立会いを求めてきたのである。重罪人を処刑する場合，刑部省は弾正台の同意を得た後に勅裁を仰ぐことになっていた。しかし，刑部省京都支部は弾正台の同意を得ずに処刑を強行しようとした。これに異を唱えた貞剛は，自ら粟田口刑場に赴き，手続的な瑕疵を理由に処刑の執行を差し止めたのであった。

これに激怒した刑部省は，貞剛らの処分を弾正台本部に求めた。1870年，貞剛は弾正台本部に召還され訊問を受けた。これ対し貞剛は「素ヨリ手順ノ

不立儀故，御猶予相願候儀ニ付，今日ニ至リ別段以前ヲ非トハ心得不申候」と述べている（末広 [2013]，3 頁）。

結局，本件に関与した者は全員処分を免れ，そのまま東京の弾正台本部勤務となったのである[6]。

(3) 裁判官としての期待と失望

1871（明治 4）年，参議広沢真臣が自宅で暗殺される事件が起こった。貞剛は権大巡察に抜擢され犯人捕縛のために九州に派遣された。事件解決後も貞剛は弾正台長崎出張勤務を命じられ，諸外国事情やキリスト教文化を積極的に学んだ。また，鹿児島の西郷隆盛から書を貰い受け，終生大切にしていたという（神山 [1960]，99 頁）。

同年，官制改革によって刑部省と弾正台が廃止されて司法省が発足した。司法小解部を命ぜられた貞剛は，その後も司法大解部，司法小検事へと昇進していく。1873 年，権少判事に昇進した貞剛は，新設された函館裁判所[7]に赴任し 1876 年まで在職している。貞剛は函館裁判所に赴任するまで，当時フランスから招かれ，政府の法律顧問を務めていたパリ大学教授ボアソナード[8]の下で民法や刑法を学んでいる（同前，101 頁）。

貞剛は東京在勤時代に結婚し女児を授かった。妻子を函館へ呼び寄せて間もなく，病に倒れた松子夫人は 23 歳の若さで他界し，子どもの養育は貞剛の母田鶴に委ねられた。1875 年，貞剛は旧彦根藩士松本義信の長女梅子と再婚し函館での新たな生活を始めている。

函館での生活は 3 年半に及んだが，当初は 1 年限りの約束だった。貞剛は約束を果そうとしない上司に対する不満を押さえながら，日々の職務に精励していた。しかし，不満を抑えきれなくなった貞剛は，司法卿大木喬任への直談判に及んだ。

自己の言葉に責任を持たない上司の姿勢や，地方機関の人事政策が公平さに欠けている点を指摘したのであった。「公然と申し上げられぬような不平は，真の不平ではない」という貞剛の言葉には，道義を重んじる彼の性格が

表れていた（同前，103頁）。1877年，貞剛は帰京を命じる辞令を受け，同年9月に大阪上等裁判所判事を命ぜられている。

貞剛が大阪に赴任した頃，西郷隆盛が鹿児島で非業の最期を遂げた。長崎在勤時代に書を拝領するほど西郷に傾倒していた貞剛は，西郷の死をどのように受け止めたのであろうか。西南戦争後の官界には，維新直後に漲っていた新興国家建設の気概や自由闊達な気風が失われつつあった。薩摩と長州出身者による藩閥政治によって，保身と栄達のみに汲々とする人間が増えていたのである。

自由を尊重し，常に他者の自由を犯さないよう心掛けるとともに，他者から自己の自由を侵害されることを嫌った貞剛にとって，官界に蔓延る萎縮した気風は耐え難いものであった。しかし，月額100円の俸給を得る身分をそう簡単に捨て去ることはできない[9]。熟慮を重ねた貞剛は，年老いた父母の看護を名目に辞表を提出した。1879年，依願免官の辞令を受け官界を去ることとなった。「五十歳になるまで私にお暇を戴かして下さい。」と決意して故郷を出た貞剛であったが，32歳にして再び故郷に戻ることとなったのである。

2. 住友への入社

(1) 広瀬宰平の存在

大阪上等裁判所判事を辞した貞剛は，帰郷を前に住友総理人（初代総理事）となっていた叔父広瀬宰平を訪ねた。1828（文政11）年，広瀬は貞剛の母田鶴の実家である北脇家の次男として生まれた。1834年，叔父・北脇治右衛門の養子となり，別子銅山に勤務していた養父に従って別子に赴き，11歳[10]から住友家へ奉公に出ている。

写真2　広瀬宰平
出所：住友グループ広報委員会

住友家と銅精錬事業のかかわりを振り返っておこう。住友の歴史は，17世紀に京都で薬舗を営んだ住友政友（1585～1652）に遡る。政友が残した文殊院旨意書には，商売の心得として正直・慎重・確実を重んじることが説かれている。商売とは金儲けのみが目的ではなく，事業に携わる人の人格を磨き道義心に基づく商売を実践するという思想である。政友の教えは，住友の事業精神として受け継がれていくことになる。

　政友の娘婿の父である蘇我理右衛門は，京都で泉屋を営み銅精錬と銅細工を家業としていた。蘇我は粗銅から銀を分離する南蛮吹き（南蛮絞り）[11]といわれる精錬技術を開発した[12]。

　蘇我の長男で政友の娘婿となった住友友以（1607～62年）は，理右衛門が開発した南蛮吹きの技術を住友の家業とし，やがて住友・泉屋は「南蛮吹きの宗家」として地位を確立していった。1691年，幕府から別子銅山の開発許可を受けた泉屋は銅の採掘事業への進出を試み，1973（昭和48）年までの283年間にわたって日本の近代化に貢献したのである。

　別子銅山は明治維新を機に新政府に移管されることとなり，土佐藩の川田小一郎[13]によって接収された。しかし，広瀬は川田に対して別子銅山にかける住友家の姿勢や鉱山経営の難しさを説き，引き続き住友が別子銅山の経営を担うことが国益に叶うものであると訴えたのである。川田は広瀬の主張に共感し，広瀬とともに住友による別子銅山の経営継続を新政府に出願している。広瀬の行動が功を奏し，1868年，新政府は住友に対して別子銅山の経営権の継続を認めた。

　しかし，幕末から維新にかけて，別子銅山を基盤とする住友の経営は深刻な状況に陥っていた。住友内部では銅山売却派が多数を占めつつあったが，広瀬は自身が所有する土地を担保にして，別子のみで流通可能な木札を発行して鉱夫の賃金の支払いに充てていた。広瀬の自己犠牲をも厭わない行動によって，別子銅山の売却は免れたのであった（瀬岡［1998］，19頁）。

(2) 住友入社の決断

　貞剛の決意を聞いた広瀬は，迷うことなく住友への入社を勧めた。広瀬は住友の事業内容や産業界の動向を説明し，実業界において国家に尽くすことの意義を説いたのである。姻戚のよしみから表敬訪問に訪れた貞剛は，広瀬の申し出に困惑した。この時の様子を貞剛は次のように述べている。「余ヤ江州薛偶ニ産シ，賤劣飛オノ身ヲ以，官途ニ従事スル己ニ拾年，拝命シテ大阪ニ来リシヨリ四年間，昨十一年ノ冬十二月，広瀬氏ノ突然余ニ語テ云，汝住友氏ノ為ニ力ヲ尽スノ意ナキヤ否，余答テ云，其意無キニ非スト雖，何ンセン未タ鉱山ノ学ヲ修メス，又商法ノ道ヲ講セス，故ニ固ク之ヲ辞ス，広瀬氏赦サス」[14]。広瀬の強い説得に根負けした貞剛は，住友への入社を決断する。「試験ノ為雇入ラレ二等ニ準ズ（重任局詰）」（1879年2月1日付）という辞令が交付され，ここに住友の伊庭貞剛が誕生した。

　俸給は月額40円となり裁判官時代より半減した。しかし，貞剛が入社を決断した最大の理由は，公利公益を基軸とした住友の経営理念にあった。広瀬は「其営業ノ方針ハ，未タ曾テ一己ヲ利スルカ如キ傾キアルヲ見ス（中略），故ニ余モ不肖ナリト雖トモ，居常ニ公利公益ヲ旨トシテ営業ノ針路ヲ取ル」と述べている（末広［2013］，4頁）。

　1880年，貞剛は破格の待遇で大阪本店支配人に就任した。この抜擢人事の背景には，貞剛の経験と能力に寄せる広瀬の強い期待があったといえよう。貞剛は1894年に別子銅山支配人として赴任するまで，広瀬の下で住友の事業全般を学び，大阪紡績株式会社（1882年設立）［東洋紡の前身］，有限責任大阪商船会社（1884年設立）［商船三井の前身］，大阪商業講習所（1880年設立）［大阪市立大学の前身］の設立・運営にも携わった。

　貞剛は会社経営について「事業はすべて人物本位のもので，四囲の情勢は刻々変化する。社長が誠心誠意会社のためを思い，経営の根本方針にくるいがない以上，われわれはそれに力を添えて，その方針を中途で挫折させないようにしてやるのが，会社にも株主にも，結局利益になるのだ」と述べている（神山［1960］，126頁）。

また，住友が設立に尽力した大阪商船の経営が不振に陥った時，同社経営からの撤退を具申する意見に対して，「会社の内容が現在そんなに不良になっているというのなら，一層努力してよくなるようにしてやるのが道である。良いときは関係している，悪くなれば関係を断つというようなことは面白くない。もしまた現在の経営のやり方が悪いというのならば，適当な経営者を選んでやり変えさせればよい。それが自由に出来るところに，はじめて株式会社の妙用というものがある。経営がうまくいっていれば，株をもって配当を取っていよう。悪いと思えば逃げ出す。それでは株式会社を論ずる資格はない。まして住友の人間においておやです」と反論している（同前，127頁）。

　一方，貞剛はステークホルダーとしての株主の大切さも熟知しており，「会社の経営者というものは，常に小株主の情を酌むことを忘れてはならない。配当期には，女房に帯の一本も買ってやりたい，子供に着物の一枚もしてやりたいと思って待っているでな。事業の大本に影響せぬ以上は，僅かの配当でも出来るよう，すこしの無理は寛仮してやるがよい」と語っている（西川［1990］，233頁）。

　貞剛の言葉は，公利公益を実現する実施主体としての，株式会社の本質を見事に突いているといえよう。わが国では，金融庁が「責任ある投資家の諸原則（日本版スチュワードシップ・コード）」（2014年2月）を公表した。

　スチュワードシップ・コード（Stewardship Code）は，機関投資家を対象にイギリスで提唱された投資行動に関する規範である。同コードは，機関投資家には投資先企業の長期的な成長を経済全体の発展へとつなげる責務があるという考えに基づいている。機関投資家は投資資金の委託者のために，投資リターンの極大化を図ることがその責務（受託者責任）とされているが，投資リターンの獲得を追求するあまり，投資先企業の長期的な成長を犠牲にして，短期的な利益を追求する傾向が強まっている。こうした傾向は，ショートターミズム（Short-termism：短期志向）と言われ，企業の健全な成長や社会全体のサステイナビリティを阻害すると考えられている。イギリス

では機関投資家によるショートターミズムを是正するため，2010年にスチュワードシップ・コードが導入された。

　株主としての経営責任を説いた貞剛の考えは，スチュワードシップ・コードが希求する株主（機関投資家）としてのあるべき姿を表現したものに他ならず，長期的な視点で企業の成長を支援することが株主としての責任ある行動であることを示しているといえよう。

3．初代総理事広瀬宰平による別子銅山改革

(1)　近代的鉱山技術の導入

　別子銅山支配人の職にあった広瀬宰平は，新政府の求めに応じて鉱山司として生野鉱山に赴いた。生野で出会ったフランス人技師フランソワ・コワニェを通じて，近代的な鉱山技術の存在を知ることになった。別子銅山は長年にわたる濫掘によって荒廃が進んでいた。広瀬は住友の基幹産業である銅山経営を再生するには，近代技術の利活用以外に道はないと考えるようになった（竹原［1992］，67頁）。

　1873（明治6）年，コワニェによる現地調査が実施され，翌年には，フランス人ルイ・ラロックを雇い入れた。ラロックは2年間にわたり別子銅山全体の科学的調査を行い，別子銅山目論見書を作成した。さらに，政府のお雇いイギリス人フレッシュヴィルも別子を視察し，別子鉱山報告書を作成している。

　当時，わが国の鉱山は，技術水準の低さ故に採掘不能として放棄されるケースが多かった。コワニェは「採掘費を償うために，鉱脈中の最も豊富な部分や最も硬くない部分のみを採掘せねばならなかった。その結果，旧式作業においては，再採掘の費用をも充分償って余りあるほどの含有量を有する鉱石を多量に取り残している」と指摘している（武田［1987］，27頁）。広瀬はラロックの提言に基づき，第一次起業案（1876年）として，① 東延斜坑の開鑿，② 別子〜新居浜間の運搬車道建設，③ 洋式溶鉱炉の建設，④ 湿式収

図表 2-2　製錬法改良によるコスト削減

	旧式製錬	洋式製錬	削減率
木炭使用量	1,555 貫	667 貫	▲57.1%
焼礦装入量	3,555 貫	2,766 貫	▲22.2%
工夫数	30 人	12 人	▲60.0%
操業時間	88 時間	40 時間	▲54.5%

出所：武田［1987］28 頁を基に筆者作成。

銅技術の開発等を立案した。

　湿式収銅技術とは，銅を含む水溶液から沈殿銅を回収する手法である。銅山坑内から排出される坑水には微量の銅や硫酸成分が含まれており，これが下流域の農作物や人体に被害をもたらす鉱毒水となる。別子銅山を視察したコワニェは，公害防止の観点からも湿式収銅の必要性を指摘していた。この方法によれば，坑水から有害な鉱毒成分を抜き取って公害防止効果が期待できる。広瀬はこの技術に着目し，湿式収銅技術実習生を東京の工部省に派遣している。工部省鉱山寮御雇いイギリス人技師ゴットフレーの技術指導を受け，別子銅山では 1876 年に沈澱銅の抽出に成功した[15]。

　図表 2-2 で示したように，新設された溶鉱炉の稼動によって洋式製錬が導入されると，大幅な生産コストの圧縮と労働生産性の向上が実現した。銅鈹 1,000 貫を生産するために必要な燃料・工夫数は，全体で 55 ～ 60％も圧縮が可能となった。

　図表 2-3 は明治期の主要銅山の産銅量の推移を示したものであるが，1884（明治 17）年に足尾銅山に首位の座を明け渡すまで，別子銅山はわが国最大の生産量を誇る銅山であった。

　広瀬が主導した別子銅山における一連の近代化施策によって，住友の事業は新たな飛躍に向けて基盤が整いつつあった。1891 年，広瀬はこれまでの住友家法を修正し，新たに営業要旨として住友家事業の経営理念を示した（竹原［1992］，70 頁）。

図表 2-3 主要銅山の産銅量

年	別子 産銅量	別子 全国シェア	吉岡 産銅量	吉岡 全国シェア	足尾 産銅量	足尾 全国シェア	草倉 産銅量	草倉 全国シェア	荒川 産銅量	荒川 全国シェア	尾小屋 産銅量	尾小屋 全国シェア	全国計
1868	703	26.5%	83	3.1%									2,654
1870	790	29.2%	41	1.5%									2,701
1874	818	28.1%	222	7.6%									2,914
1875	930	31.1%	183	6.1%									2,988
1876	856	31.1%	21	0.8%									2,753
1877	1,348	37.4%	129	3.6%	93	2.6%	155	4.3%					3,602
1878	1,715	44.2%	19	0.5%	83	2.1%	181	4.7%					3,876
1879	1,651	41.3%	25	0.6%	151	3.8%	287	7.2%					3,993
1880	1,824	42.9%	87	2.0%	154	3.6%	288	6.8%			20	0.5%	4,253
1881	1,241	28.5%	91	2.1%	289	6.6%	318	7.3%	502	11.5%	38	0.9%	4,360
1882	1,964	34.5%	95	1.7%	489	8.6%	740	13.0%	376	6.6%	155	2.7%	5,701
1883	1,708	23.8%	123	1.7%	1,090	15.2%	1,694	23.6%	407	5.7%	280	3.9%	7,185
1884	1,726	16.8%	219	2.1%	3,847	37.5%	1,807	17.6%	405	3.9%	380	3.7%	10,268
1885	2,512	17.4%	612	4.2%	6,886	47.7%	1,719	11.9%	392	2.7%	427	3.0%	14,433
1886	2,345	17.5%	574	4.3%	6,052	45.2%	1,358	10.1%	532	4.0%	657	4.9%	13,404
1887	2,444	19.3%	487	3.8%	4,986	39.4%	1,337	10.6%	650	5.1%	864	6.8%	12,655
1888	2,648	22.3%	556	4.7%	4,107	34.5%	1,085	9.1%	644	5.4%	968	8.1%	11,896
1889	2,736	17.6%	798	5.1%	6,859	44.2%	1,138	7.3%	1,104	7.1%	982	6.3%	15,506
1890	3,057	15.6%	1,000	5.1%	9,740	49.7%	1,379	7.0%	1,392	7.1%	1,132	5.8%	19,590

注：1斤＝600g。
出所：武田［1987］31頁を基に筆者作成。

第一条　我営業ハ信用ヲ重シ，確実ヲ旨トシ，以テ一家ノ鞏固隆盛ヲ期ス

第二条　我営業ハ時勢ノ変遷，理財ノ得失ヲ計リ，弛張興廃スルコトアルベシト雖モ，苟モ浮利ニ趨リ，軽進スベカラズ

第三条　予州別子山ノ鉱業ハ，我一家累代ノ財本ニシテ，斯業ノ消長ハ実ニ我一家ノ盛衰ニ関ス，宜シク旧来ノ事蹟ニ徴シテ将来ノ便益ヲ計リ，益盛大ナラシムヘキモノトス

広瀬が最も大切にしたのは，社会からの信用であった。信用は会社の資産

の多寡によるものではなく、組織理念と社員の人格および行動に依拠すると考えたのである。つまり、商業上の信用は無形資産であるが、富という有形資産の蓄積は、信用という無形資産から生み出された結果であることを忘れてはならない。

　第一条で示された信用を厳守する方針は、第二条で住友の社員たる者は、浮利を追うことを厳に慎むべきであるという内容として帰結する。浮利を追うことは、利己心の発露であり、それは世のため、国のためという住友の精神に反する行為である。事業とは社会全体の公益を高めることを目的として、はじめて社会からの信用が醸成されるのである。その信用が事業発展の礎となるとしている。第三条は、住友にとって別子の重要性を改めて確認したものである。いうまでもなく別子銅山は住友の経済基盤（財本）を支える中核事業であった。住友における別子銅山の位置づけを役職員一同が共有することこそ、住友の持続可能な発展に不可欠であると認識していたのである。

　官界を辞した貞剛が住友に入社した理由は、広瀬が掲げた経営理念があったからであろう。いかに叔父である広瀬からの誘いであったとしても、浮利を追わず公利公益のために事業を行うという理念がなければ、貞剛は住友に入社することは無かったのではあるまいか。広瀬が確立した住友の経営理念と、これを受け継いだ貞剛の経営構想力が、別子銅山を巡る様々な問題を解決する上で大きな力となっていくのである。

(2) 住友内部の人事抗争

　広瀬は別子銅山が生み出す産物で国益を図り、その事業が住友家を利するにとどまらず、国家社会に貢献するという理念を掲げていたが、銅製錬事業から派生した沈殿銅、硫酸、製鉄事業は収益化の見通しが立たなかった。これに加えて別子事業所内部の人事と経営の混乱が続き、従業員には広瀬の独断的なマネジメントに対する不信感が募っていた（末広［1991］，126頁）。

　広瀬は大阪本店副支配人の久保盛明を別子支配人に任じて事態の収拾を図ったが、むしろ従業員の反発を招き、さらに鉱煙による被害を訴えた農民

への対応の拙さから深刻な状況に陥っていた。

　1894（明治27）年，広瀬の方針に反発した元別子理事大島供清は，広瀬の事業方針の不備を公然と批判し住友を辞職した。大島は広瀬の独裁的経営や公私混同について，当主である住友友純への告発や新聞等への投書を通じて誹謗中傷を繰り返した（末広［2000］，74頁）。

　一方，別子銅山では大島に共鳴した従業員が呼応して，広瀬の遠縁にあたる久保支配人への反発が高まっていた。大島は生野鉱山の出身で，住友入社後は鉱山副支配人として別子銅山経営の中核を担ってきた人物である。急速に近代化を進める広瀬の方針は，伝統的な鉱山経営に馴染んできた大島の目には独裁的と映ったのであろう。貞剛が別子銅山支配人として同地に赴任した時には，全山が罷業状態となっていたのである。

(3) 鉱煙（煙害）事件の発生

　広瀬が進めた別子銅山の近代化は，地域住民の理解を得ていたわけではない。新居浜に新設された洋式溶鉱炉の建設は，地元町村の意向を無視して行われた（神岡［1971］，265頁）。

　1893年，別子～新居浜間の鉱山鉄道が開通し製錬事業が本格化すると，銅鉱の製錬工程から生じる亜硫酸ガスによる農作物への被害が拡大していった。図表2-4は鉱煙事件の関係当事者および監督官庁の動向を示したものである。

　これまで別子銅山では，山中にある高橋製錬所で銅の製錬作業を行っていた。1889（明治22）年，新居浜の惣開（そうびらき）製錬所が本格的な稼働を開始し，1893年に別子鉱山鉄道が開通すると製錬作業の中心は別子山中から臨海部へ移った。一方，製錬量の増大に伴い，製錬所から排出される亜硫酸ガスによる煙害被害が急速に拡大し，周辺の田畑山林に大規模な被害をもたらしたのである。

　1893年，農民総代が煙害を県当局に提訴したため，新居浜村役場は新居浜住友分店に原因調査を依頼した。住友分店は被害の原因を煙害ではなく虫

64　第1部　社会的責任の萌芽

図表 2-4　煙害被害農民との交渉経過

1894年	被害農民による鉱業主に対する損害賠償および除害の交渉 被害農民による大阪鉱山監督署および県に対する救済方の請願
1895年	麦作に著しい被害発生 被害農民は別子支配人に対して直接談判を求めて警官と衝突 大阪にて関係地方の地主総代と住友吉左衛門が面談 煙害共同調査会の設置で同意するも，別子支配人らの反対で実現せず
1897年	稲作に著しい被害発生 村長および地主総代らが県庁に救済方を陳情 被害農民による農商務大臣への請願 ・溶鉱炉の移転 ・完全な除害施設の設置 大阪鉱山監督署および農商務省農事試験場の調査で煙害が認定 愛媛県会「別子鉱山附属新居浜溶鉱炉煙害調査ノ建議」を決議し内務大臣に建議
1898年	政府は煙害が関係地方の農民の公益を害したことを確認 大阪鉱山監督署は住友に対して以下の命令を発す ・鉱業所の四阪島移転 ・新居浜における生鉱焙焼禁止 ・煙突の改造

出所：神岡［1971］266頁を基に筆者作成。

図表 2-5　別子・新居浜製錬所粗銅生産高

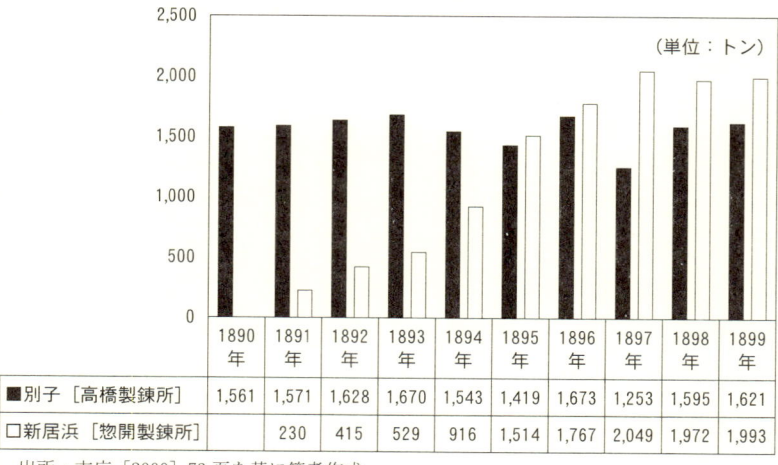

（単位：トン）

	1890年	1891年	1892年	1893年	1894年	1895年	1896年	1897年	1898年	1899年
■別子［高橋製錬所］	1,561	1,571	1,628	1,670	1,543	1,419	1,673	1,253	1,595	1,621
□新居浜［惣開製錬所］		230	415	529	916	1,514	1,767	2,049	1,972	1,993

出所：末広［2000］73頁を基に筆者作成。

害であると報告し，県当局もこの報告を認めて公表したため，農民の激しい反発を買うこととなった（末広［2000］，73頁）。

1894年7月，住友大阪本店では，別子支配人久保盛明を更迭し，大阪本店支配人の伊庭貞剛を別子銅山支配人とする人事が決定した。伊庭は別子に単身で赴任し，別子銅山を巡る諸課題の解決に立ち向かうこととなった。

4. 伊庭貞剛による改革の軌跡

(1) 徳と情による人心の収攬

別子に赴任した貞剛は，大島派の職員に対して厳しい処分や報復人事を一切行わなかった。ひたすら銅山の採掘現場や製錬所に赴き，そこで働く人々に会うことを日課としていた。貞剛は，広瀬への反対運動を先鋭化させた大島や従業員の行動は，組織内のコミュニケーションギャップに原因があるとみていた。その責任は，貞剛を含めた経営陣が組織内のコミュニケーションに対して十分な配慮を怠ったためであると考えたのである。

貞剛は無二の親友である品川弥二郎宛の書状の中で，内部抗争の原因は「全く精神の腐敗に原（もとづ）き候ものにて，其精神之腐敗は，則天地正大の気なる元気の流暢を妨げ候より起り候うものに有之ものにて」と述べ，役職員間のコミュニケーション不足を指摘している。さらに「広瀬老人始，吾々が十分其元気の流通に意を用ひざりし怠りの罪なりと存候」と，自身を含めた経営層の怠慢と責任を痛切に反省している（末広［2000］，76頁）。

貞剛は，組織を構成する人は法や理で動くのではなく，情や徳で動くことを見抜いていた。経営者が従業員を理で追い詰めて従わせたとしても，従業員は心から経営者の命令に共感したのだろうか。人を理で追い詰めれば追い詰める程，情は反対側を向いてしまう。

貞剛は従業員の心に共感と信頼を植えつけることが，自分に課せられた使命であると考えたのであろう。彼は採掘現場や製錬所を巡り，そこで働く人々との対話を通じて，徐々に共感と信頼を醸成していったのである。

貞剛は妻に対して「拙者は月に両三回わらじ履て鉱山に登り、鉱石を掘り取るを見ては歓ひ、又数千人の稼ぎ人があせあぶら（汗油）を流して働くを見ては気の毒に思ひ、又下りては製錬銅の高（生産高）を聞ひ歓び、時としては代りても遣り度思ふ位なり、只夫のみにて山に登り、また新居浜に下りて日を送り居る」と語り、さらに「小生自らも馬鹿な仕事と思ふて居る、併しながら小生わ（は）馬鹿な仕事がすきなり、当世は随分かしこき人は沢山ある故、余わ（は）人の嫌ふ馬鹿な仕事をするなり、馬鹿に仕事も時にとりては用立事もあるべし、世の中には馬鹿物も入用ならん、馬鹿がなくてはかしこき人がわからぬ」と別子における自身の役割を述べている（同前, 77 頁）。

広瀬に対する反発が渦巻いていた別子銅山の人心は、徐々に落ち着きを見せた。当時、別子銅山に勤務していた貞剛の甥北脇筍次は祖母田鶴（貞剛の母）に次のような私信を送っている。「伊与（予）別子銅山・新居浜等、これまでごたごたの様子に御座候ところ、御伯父様おいでに相成候てより、皆けいふく致、精きん之由に御座候、御伯父様は何分せいじん（聖人）に御座候に付、人にかゝる正しき方に見ていたゞけば、われわれ安心してしごと（仕事）ができる、それ故なんでも伊庭さまに心配をかけぬ様、おからだ（お身体）のさわらぬ様、冬期は鉱山より新居浜へをりて（下りて）いたゞいて、時々登山を願ふと云ふ様にだれもかれも申しでて、けいふく（敬服）之模様に御座候、主家之為、御内之為、誠に誠に御うれしき御事に御座候、わたくしは伯父様へは申上不申候へ共、かけ（陰）ながらひとり喜び居候」（同前, 77 頁）。徳と情を伴った貞剛の柔軟な姿勢が、頑なな別子銅山の職員の心を開いたのであろう。1894 年 11 月、広瀬宰平は住友家総理人（総理事）を辞職し、終身住友分家の上席に列し総理人待遇を付与された。一方、大島には永久追放の処分が下されたのであった。

(2) 四阪島への移転

貞剛が解決すべき課題は、① 別子山中での焼鉱[16]・製錬から生じる亜硫酸ガスによる煙害対策と薪炭燃料・杭木用の山林伐採による環境破壊、② 新

図表2-6 別子銅山における産銅量と燃料消費量推移

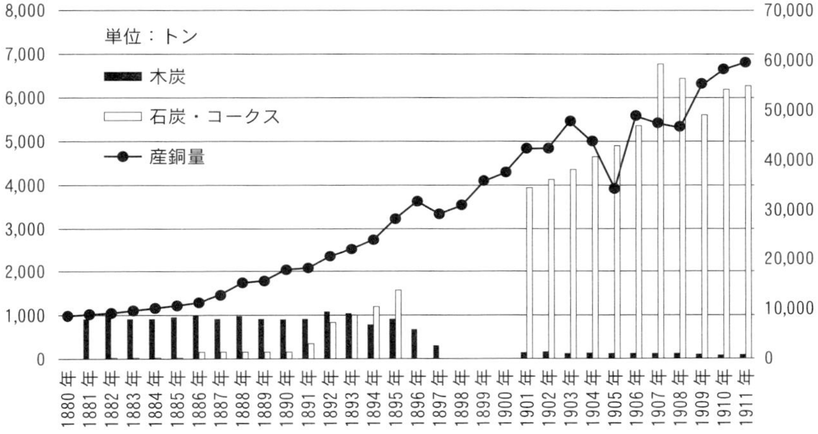

注：木炭（1898～1900年），石炭・コークス（1886～1890年，1896～1900年）についてはデータ入手不能。
出所：末広［2000］81頁を基に筆者作成。

居浜臨海部の生産施設から排出される亜硫酸ガスによる煙害対策の二点であった。貞剛は経営不振と煙害対策を理由に，広瀬が手がけた新居浜製鉄所と山根製錬所（湿式収銅・硫酸事業）を廃止した。山根製錬所の硫酸事業については，技術的欠陥から大量の亜硫酸を発生させていたのである。

別子銅山では，洋式技術の導入によって産銅量が急増したが，それに伴って焼鉱・製錬のエネルギー源となる木材需要も急増した。別子銅山では長期的な計画に基づく山林管理がなされておらず，薪，木炭，杭木の需要増に応じて場当たり的な濫伐が行われていた。当時，別子銅山土木課長の職にあった本荘種之助は，「山林之義ニ付上申書」を久保支配人に提出していた。それには，① 土木課山林係が製炭課所管の山林を含めて管轄する，② 統一的かつ長期的計画に基づく山林経営を行う，③ 伐採は原則禁止し植林を行う，④ エネルギーを石炭に転換する，⑤ 杭木等は伐採によらず購入する等の提言がなされていた（同前，82頁）。

貞剛は「このまま別子の山を荒蕪するにまかしておくことは，天地の大道

に背くのである。どうかして濫伐のあとを償ひ，別子全山をあをあを（青々）とした姿にして，之を大自然にかへなければならない」という決意を示した（同前，82頁）。

別子山中での焼鉱・製錬を全廃し，緑化事業を推進することは環境保護の観点からは望ましいが，それは焼鉱・製錬工程を新居浜の惣開製錬所に集中させることを意味していた。亜硫酸ガスの排出削減が実現しない以上，別子山中で生じる環境汚染物質を新居浜地区に移転したとしても，惣開製錬所周辺地域の煙害被害が増加するのは明らかであった。

貞剛はこの状況を打開するため，惣開製錬所の全面移転を決断する。その候補地は新居浜沖20kmに位置する四阪島であった。1895年，貞剛は水も出ない無人島を密かに自分名義で買い取り製錬所移転の準備を勧め，政府に四阪島精錬所建設願を提出している。

住友家総理人を退いていた広瀬は，四阪島移転計画を知るや猛然と反対論を展開した。広瀬は次の四点を挙げて移転計画に懸念を表明した（末広 [2005]，8頁）。

① 煙害以外の損害にも目を向けるべきこと。② 社会資本の整備された新居浜から無人島（四阪島）に移転することは，コスト面や地域社会との信義上問題があること。③ 莫大な移転費用は，むしろ損害賠償に充てるべきこと。④ 移転は損害を拡大する可能性があること。③ で示されたように，広瀬は煙害の存在を認めて被害民に対する損害賠償法を制定し，適切な損害賠償によって煙害問題を解決すべきという考えをもっていた（末広 [2000]，88頁）。

一方，貞剛は煙害問題を解決するには，新居浜の惣開製錬所の廃止は避けて通れないと考えていた。そうなると選択肢は，別子山中にある高橋製錬所を増強するか，四阪島へ移転するかのどちらかしかなかった。濫伐や亜硫酸ガスによる別子山中の森林被害を考えると，高橋製錬所を増強する選択肢はありえない。煙害問題を解決し，別子全山の自然環境を復元するためには，四阪島への精錬所移転しか残された道はなかったといえよう。

貞剛は広瀬の上申書に対して次のような回答を示した（末広［2005］，8頁）。① 旧来の焼鉱によって禿山にしても，損害賠償で済ませようとするのは，机上の空論で事実に適さない。② 煙害被害地の全面買収は経済的にも道義的にも不可能である。③ 四阪島の移転は煙害の防止に効果があり，敷地の拡張にも，海運の便にも適している。④ 四阪島移転により新居浜が衰微するというが，新居浜には運輸・用度（購買）・機械・地所の諸課を残すので失業者がでることはないし，製錬夫はみんな新居浜隣村の子弟であり，四阪島移転とともに連れて行く。⑤ 四阪島は鉱石を買い取って精錬する買取製錬に適した島である。

　住友家当主友純は貞剛の方針を認め，四阪島への移転工事は1897（明治30）年に開始された。この間，1899年には台風による土砂崩れで高橋製錬所が壊滅的な被害を受け，別子銅山の各施設が新居浜への移転を余儀なくされた。この大水害が四阪島への移転を加速させる要因ともなったのである。

　1905年，四阪島は操業を開始した。同年，稲を枯らす恐れのある鉱毒水が流域水系に流れ込まないよう煉瓦造坑道水路を設置し，途中に鉱毒を中和処理する山根収銅所を設置している（新居浜市広瀬歴史記念館［2007］，27頁）。

　貞剛は「これぞ吾精神を凝して勇断せし最後の事業なり」（藤本［1993］，182頁）と語るほど，四阪島製錬所によせる期待は大きかった。誰もが四阪島移転によって煙害問題は解決へ向かうと信じていたが，その期待は完全に裏切られた。四阪島製錬所から排出された亜硫酸ガスは濃厚な帯状となって海上で拡散せず，気象状況によっては惣開製錬所時代よりも広い範囲で煙害被害を生じさせたのである。関係者にとってまさに予期せぬ事態が起こったのであった。

　貞剛存命中に煙害を根本的に解決することは出来なかった。貞剛の後を継いで第三代総理事となった鈴木馬左也は，被害民の救済や煙害解決に向けた技術改良に積極的に取り組んだ。同社が亜硫酸ガスの中和脱硫に成功するのは1939（昭和14）年であった。四阪島移転から実に34年の歳月が流れていた。

図表 2-7 四阪島製錬所煙害賠償契約の推移

契約回数	期間	制限鉱量	農作物重要期操業制限	賠償額	寄付金
第1回	1911（明治44)年〜1913（大正2)年	5,500万貫	【米・麦各30日間】1日10万貫【米・麦各10日間】製錬中止	77,000円／年	—
第2回	1913（大正3)年	7,000万貫	第1回と同じ	6,500万貫につき77,000円／年	18,500円
第3回	1916（大正5)年〜1918（大正7)年	8,500万貫 夏期40% 冬期60%	第1回と同じ	100,000円／年	1916年：150,000円 1917年：50,000円 1918年：50,000円
第4回	1919（大正8)年〜1921（大正10)年	9,600万貫	第1回と同じ	150,000円／年	各年：200,000円
第5回	1922（大正11)年〜1924（大正13)年	9,600万貫	第1回と同じ	120,000円／年	各年：200,000円
第6回	1925（大正14)年〜1927（昭和2)年	8,900万貫	【米・麦各30日間】①鉱量10万貫／日，②硫酸滓4万貫，③浮選精鉱の処理禁止【米・麦各10日間】製錬禁止	鉱量6,000万貫迄120,000円／年	各年：210,000円

出所：住友金属鉱山［1911］95頁を基に筆者作成。

(3) 別子銅山における環境保全活動

　貞剛は濫伐・煙害による森林破壊を食い止めるため，焼鉱・製錬用燃料を木炭から石炭に切り替えることを決断した。さらに禿山となってしまった別子の山々を復活させるため，先に土木課長本荘種之助が提出した上申書に基づく大規模な植林事業を企図した。貞剛は林業経営が鉱山事業のインフラとして不可欠であるのみならず，治水などの国土保全や農水産業にとって重要な役割を果す産業であること理解していた。植林事業は貞剛と親交のあった品川弥二郎の影響も指摘されている（末広［2005］，98頁）。

品川はドイツ留学後に政府の山林局長や農商務大輔を務めた林学のエキスパートであった。品川は無計画な山林伐採の弊害を危惧していた。宮内省御料局長官に就任すると，全国の御料林の整備を進め，天竜川治山治水事業で功績のあった金原明善を御料局顧問に登用し，模範林のモデルを示すべく，伊豆天城御料林での植林事業を委嘱している。

貞剛は植林・伐採事業を専管する山林課を土木課から独立させ，品川の紹介で帝国大学農科大学出身の林学士籠手田彦三[17]を雇い入れて計画的植林事業を開始した（住友林業［1999］，110～111 頁）。貞剛が別子銅山支配人に就任した1894（明治27）年当時，

図表 2-8　別子における植林実績

| 伊庭赴任前 || 伊庭赴任後 ||
実施年	植林本数	実施年	植林本数
1877	27,560	1897	1,217,001
1878	238,801	1898	1,353,605
1879	220,211	1899	1,450,930
1880	52,195	1900	―
1881	123,396	1901	2,270,000
1882	20,888	1902	1,941,267
1883	64,528	1903	2,454,330
1884	35,113	1904	2,194,104
1885	23,610	1905	2,439,945
1886	80,166	1906	1,969,469
1887	77,064	1907	2,051,195
1888	82,350	1908	2,484,500
1889	41,500	1909	1,784,292
1890	41,800	1910	1,521,428
1891	26,800	1911	1,552,162
1892	61,620	平均	26,684,228
1893	32,520		
1894	117,150		
1895	275,000		
1896	406,200		
平均	2,048,472		

(単位：本)

出所：末広［2005］98 頁を基に筆者作成。

別子では年平均6万本の植林が行われていた。彼は毎年新植200万本の計画を立て実行に移したのである。

貞剛が本格的な植林事業を開始した矢先，1899 年 8 月に別子銅山を大水害が襲った。台風による集中豪雨が直接の原因だったが，山林の濫伐が被害を拡大したことは明らかであった。同年 1 月に貞剛から別子支配人を引き継いだ鈴木馬左也（第三代総理事）は，この水害を教訓として植林事業に注力したといわれる。

晩年，貞剛は別子での植林事業を回顧して「わしの，ほんとうの「事業」といってよいのは，これだ。ほかの事業はなくともかまわぬ」と語っていた（西川［1990］，111 頁）。貞剛が目指したものは，住友という私企業の枠を越えて，社会全体を利することにあったといえよう。

5. 事業戦略と組織統治

(1) 事業戦略の刷新

　1894 年,広瀬が辞任してから総理事は空席となっていた。この間,貞剛は実質的に総理事としての職務を果していたが,総理事に就任したのは 1900 年(1897 年に総理事心得に就任)であった。1904 年には鈴木馬左也に総理事の座を譲っており,貞剛の総理事在職期間は僅か四年という短さであった。

　この間,貞剛は鉱山業,製造業,金融業の基盤整備を行い,住友の事業戦略・構造の刷新を図った。鉱山業の中核はいうまでもなく別子銅山であった。住友の事業は別子銅山の経営から派生的に展開したものが多く,新事業を財政面から支えたのは別子銅山から生み出された収益であった[18]。

　既述したように,貞剛は濫伐による森林破壊を食い止めるため,別子銅山のエネルギー源を薪・木炭から石炭・コークスに転換した。そのため,石炭・コークスの自給を目指して忠隈炭鉱(福岡県飯塚市)を麻生太吉[19]から買収している。忠隈炭鉱は,その後 70 年間にわたり操業を続けた富鉱であった。

　銅関連事業として,住友伸銅場(1897 年)と住友鋳鋼場(1901 年)が相次いで設立された。前者は日本製銅を買収したもので,別子銅山から産出された銅の加工を目的としていた。後者は日本初の民間平炉を有する日本鋳鋼所を買収し,製鉄事業を企図したものであった。両社は 1935 年に合併し,住友金属工業へと発展した。一方,広瀬が開始した別子での製鉄・硫酸製造は,技術的な課題から収益化の見通しが立たず廃止している。

　1895 年,懸案であった銀行業への進出が決定された。重役会議の議案書には「欧米諸州ハ勿論,近ク本邦ノ例ヲ見ルニ,屈指ノ豪家ハ必ス右手ニ事業ヲ拡張スレハ左手ニ銀行ヲ置テ,是レカ金融ヲ円滑ナラシメサルハナシ」と記載されている(藤本 [1993],108 〜 109 頁)。しかし,住友本店は潤沢

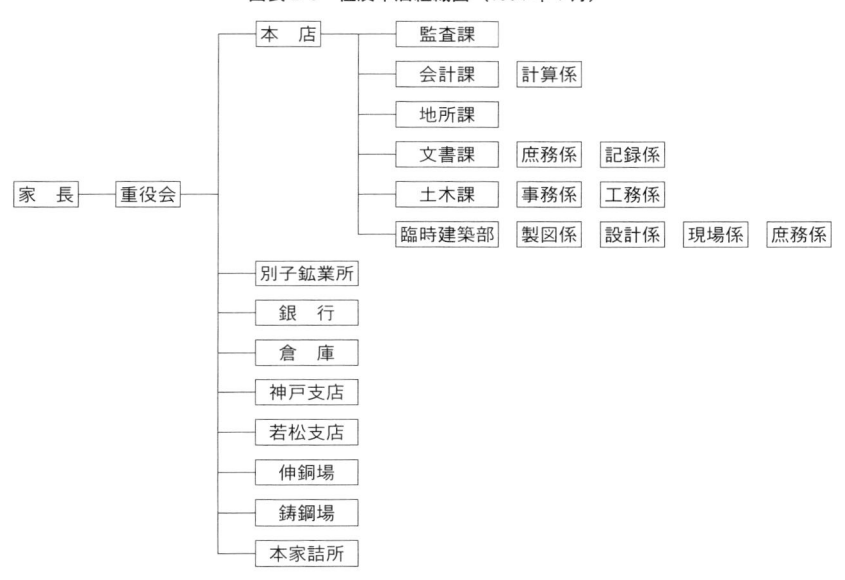

図表2-9 住友本店組織図（1904年1月）

```
家長 ─ 重役会 ┬ 本店 ┬ 監査課
              │      ├ 会計課 ─ 計算係
              │      ├ 地所課
              │      ├ 文書課 ─ 庶務係 ─ 記録係
              │      ├ 土木課 ─ 事務係 ─ 工務係
              │      └ 臨時建築部 ─ 製図係 ─ 設計係 ─ 現場係 ─ 庶務係
              ├ 別子鉱業所
              ├ 銀行
              ├ 倉庫
              ├ 神戸支店
              ├ 若松支店
              ├ 伸銅場
              ├ 鋳鋼場
              └ 本家詰所
```

出所：山本［2009］216頁を基に筆者作成。

な資金を保持しており，各種事業は本店の積立金で賄われていた。第四代総理事中田錦吉は「住友家の銅山其他経営費は，総本店から借り出した無利子の金である。（中略）銀行の方から一文も貸与していないのである」と述べている（住友資料館［2014］202頁）。設立当初の住友銀行には，住友家の機関銀行としての役割は求められていなかったといえよう。

住友は倉庫業を営んでいたが，倉庫の商品を担保とした金融（並会業）を行うようになった。住友銀行の設立や商法改正（1899年）で倉庫業に関する諸規定が整備されたことから，従来の並会業から倉庫業を分離独立させ，住友倉庫の商号（住友家の個人営業）で事業を再開している[20]。

(2) 組織統治と人材登用

貞剛は広瀬のようなトップダウン的経営を好まなかった。住友における意思決定は，総理事および理事で構成される重役会で行われた。1895年，第一

回重役会議（尾道会議）が召集され，① 住友銀行の創設，② 本店の新築，③ 海外貿易の拡張，④ 炭鉱事業の方針，⑤ 神戸茶業の方針，⑥ 蔵目喜鉱山の改革，⑦ 家長名・住友家信用の濫貸禁止，⑧ 本家年中行事の改革，⑨ 雇人の等級・給与改正が決議された。

こうした改革を推進するには，見識と技量を兼ね備えた人材の登用・育成が不可欠である。貞剛は1895年頃から外部人材の招聘を積極化していった。貞剛が招聘した人材には，後に住友総理事を務めた鈴木馬左也，中田錦吉や住友本店理事として住友銀行の発展に貢献した河上謹一などがいる。日銀理事の職にあった河上を招聘する際，貞剛は河上の活動に支障がないよう，自ら総理事心得の職を退いたほどであった。一連の人材登用と組織改革によって，住友の経営は新たな時代を迎えることとなった。

6. 価値共創の思想

(1) 共感の経営

1890（明治23）年7月に行われた第一回衆議院選挙で，貞剛は滋賀県第三区から出馬し当選した。奇しくもこの時の当選者には，明治期の報徳運動を主導した大日本報徳社第二代社長の岡田良一郎と足尾鉱毒事件反対運動で中心的役割を果した田中正造がいた。貞剛の親友であった品川弥二郎は，わが国における信用組合の設立を奨励したが，報徳社運動を高く評価していた。1892年，品川の活動に呼応して，岡田は掛川信用組合を設立した。これがわが国における近代的信用組合の嚆矢といわれている。

総選挙後，立憲自由党及び立憲改進党に属さない議員によって大成会が組織された。同会は貞剛と関係の深い大東義徹[21]や杉浦重剛[22]らが中心となって組織され，岡田良一郎も創立時からメンバーであった（瀬岡[1998]，73頁）。貞剛は住友友親（先代）と友忠（当代）が相次いで他界したため，同年11月に議員を辞職し大成会には加入しなかったが，その理念には賛同していた。貞剛と品川弥二郎，岡田良一郎には思想的な共通要素があったといえ

よう。

　住友の事業精神は「自利利他公私一如」であり，住友を利するとともに国家を利し，かつ社会を利する事業を追求した。この事業精神の下，貞剛は事業のあり方を「君子財を愛す，これを取るに道有り」と説いた。企業の利潤追求を是とする一方，利潤を獲得するための手段は道義に叶ったものでなければならないという意味である。

　第1章で取り上げた岡田良一郎は「徳アリ，未ダ必ズシモ財ヲ生スル不能ナリ，財アリ，以テ徳ヲ成スヘシ，先生曰，財ハ本也，徳ハ末ナリ」と説き，財本徳末思想を提唱した。岡田の主張は，事業の目的は利潤の獲得にあらず，社会的に意義のある事業活動を通じて得られた適正な富を使って，徳を実践することにあるというものであった。

　両者の事業観に共通するのは，富を追求してやまない利己心を道義心や利他心によって制御する強い意思を持っていることであろう。道義心に基づく経営とは，収益性の高い事業であっても，その事業が社会に好ましくない影響をもたらす場合には，目先の利益に惑わされることなく，利を捨てて人としての義を優先する経営を意味する。これによって，企業は社会からの信頼と共感を勝ち取ることができるのである。企業経営のサステイナビリティ（持続可能性）は，社会からの信認なくして実現することは難しいといえよう。

　アダム・スミスは『道徳感情論』(1759年)および『国富論』(1776年)において，「公平な観察者」によって「共感」される利己的行為（経済活動）のみが，公共の利益を実現すると述べた。つまり，人々の利己的行為（経済活動）は，「公平な観察者」の「共感」が得られる場合にのみ自由に放任されるべきであり，その時，神の見えざる手に導かれて，人々の意図しない最大限の公共の利益が生み出されるというの

図表2-10　アダム・スミスの企業家倫理

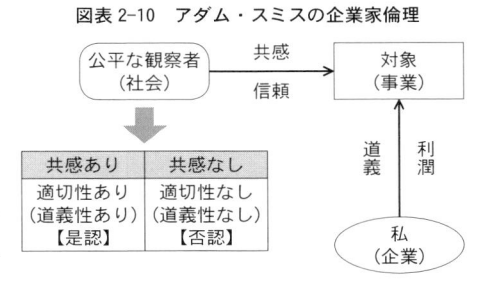

出所：筆者作成。

である。

スミスの時代，ビジネスの担い手は個人であった。スミスは事業を志す者は，胸中の公平な観察者にその事業に対する共感の有無を問うべきことを求めた。明治期の日本は，ビジネスの担い手として企業が登場した時代であった。企業にとって「公平な観察者」とは，社会（市民社会）であろう。社会からの共感なくして企業は存立しえないことは言うまでもない。

貞剛は事業上の決断を為すには，熟慮，祈念，放下，断行がなくてはならぬと述べている。「大事に臨む場合，わしは熟慮断行だけでは足らぬと思う。熟慮の末，いよいよ断行しようとする時に，わしは神にその断行の可否を取捨せられんことを祈念し，その後すべての思量を断ち，熟慮して得た考えをも捨て去って，念頭には何物も止めない機会を持つ。こうして胸中がさながら明鏡止水の如くなったとき，再び徐に事の当否を考え，いよいよこれが最善の策であるという確信を得てそれが寸毫も揺るがないと知ったとき，ここで始めて敢然と実行に移した」と述べている（神山［1960］，142～143 頁）。

人間には利己心があり，ましてや経営者となれば利潤を求め組織を繁栄させることが使命である。しかし，過度な利潤追求は社会からの信頼を失い，組織の存続さえも危うくしかねない。勿論，貞剛は利潤を度外視して理想のみを追求した訳ではなく，また，利潤のために理想を犠牲にした人ではなかった。自利利他公私一如の精神の発露として，何を為し，何を為さざるべきかを決断する難しさを貞剛の言葉から看取することができよう。

(2) 経営者としての使命

1904（明治 37）年，58 歳の貞剛は鈴木馬左也を後継者に指名し住友を去った。この年，雑誌「実業の日本」に「老成と少壮」[23]を寄稿している。そこで述べられた要点を紹介してみよう。

「経験に重きをおきすぎないこと」

老人は経験という刃物を振り回して，少壮者を従わせようとする傾向がある。少壮者は経験から生み出される命令に盲従することが多いが，これは大

変な間違いである。

「経験にもいろいろある」

商業上の経験でも戦時の経験と平時の経験では異なる。時勢は日々進歩しており，その移り変わりは速い。10〜20年前の経験を何も考えずに押し付けようとするのは大変間違っている。

「少壮者に必要なものは敢為の気力」

老人は経験がある代わりに万事が保守的となる。少壮者は老人に盲従しているようでは，到底事業は出来ず，真実の経験も得られない。少壮者は何事に対しても自ら進んで挑戦するという敢為の気力が必要である。

「少壮者の過失はなるべく寛大に」

少壮者が老人の経験を学ぶ姿勢は大切であるが，老人の保守と少壮の進取が衝突しては如何なる事業も発達しない。両者の調和を図るのは老成者の責任である。

「老人は少壮者の邪魔」

老成者は少壮者を助け導いていく責任があるにもかかわらず，自らの経験を振りかざして盲従させようとする。これによって，少壮者は敢為の気力を挫かれ進路が閉ざされてしまう。事業の進歩発達に最も害するものは，青年の過失ではなくて老人の跋扈である。

「老人は注意役，青年は実行役」

老人は自らの経験と時勢の関係を斟酌して注意を与えるにとどめ，実行はすべて少壮者に任せて敢為の気力を発揮させるように努めれば，保守と進取が調和して，必ずや事業は発達するであろう。

「青年への忠告」

経験に盲従してはならないが尊敬すべきものである。少壮者は鋭気に任せて成功を急いではならない。一つの目的をしっかり定めて，一代で出来なければ二代，三代をかけても実行するくらいの決心を持ち，一生懸命に人事を尽くすならば，成功は天地の理法として自然に来るものである。

信用を重んじ，確実を旨とし，浮利を追わず，世の中の進歩に遅れないよ

うに事業の興廃を図るという住友の精神が，この一文に込められているのである。

　貞剛は「人の仕事のうちで一番大切なことは，後継者を得ることと，そうして，仕事を引き継ぐ時機を選ぶことである」と述べている（同前，165頁）。1896（明治29）年，内務省官吏であった鈴木は，貞剛の招きを受けて住友に入社し本店副支配人に就任する。鈴木は外遊を経て，1899年に貞剛の後任として別子支配人となった。鈴木は広瀬や伊庭の理念を受け継ぎ，貞剛から託された煙害問題の解決に取り組んだのであった[24]。

　経営倫理あるいは社風というものは，トップマネジメントの人格の反映にほかならないといえよう。貞剛は広瀬の経験と理念を尊びつつも決して盲従はしなかった。一方，後継者に指名した鈴木に事業の全権を委ね，自らの経験を振りかざすようなまねはしなかった。わが国の企業家史において，貞剛ほど鮮やかな出処進退を示した経営者は見当たらないといえよう。

　現代社会は多くの課題に直面している。グローバル化やイノベーションの進展は経済成長を加速させたものの，深刻な環境問題や社会問題が顕在化している。地球規模の環境問題や資源の枯渇に対応するためには，高度な社会的・経済的倫理観に裏付けられたサステイナビリティ社会の構築が不可欠となっている。こうした風潮の下で，コーポレートガバナンス（Corporate Governance），企業の社会的責任（CSR：Corporate Social Responsibility）や共通価値の創造（CSV：Creating Shared Value）に関心が寄せられており，企業と社会の関係性を問い直す動きが活発化している。

　社会全体を利することを目的とした事業理念や別子銅山煙害問題の完全なる解決を目指した行動は，CSRやCSVが現代企業に求めている概念と共通する要素が多い。本章で紹介した伊庭の理念と行動は，現代が希求している経済的価値と社会的価値が調和したサステイナビリティ社会の実現を先取りしているといえるのではあるまいか。

図表 2-11　伊庭貞剛の経営観

（ベン図：倫理・共生・社会的責任の三つの円が重なり、中央に「自利利他 公私一如」）

出所：筆者作成。

注

1) この演説は 1901（明治 34）年 3 月 22 日に行われた。
2) 児島から四天流剣術免許皆伝を授けられている。
3) 刑法官とは現代の警察，検事，裁判所，刑務所の業務を扱った。
4) 貞剛は生野銀山での暴動を沈静化するため派遣され，その功績によって賞金 50 両を下賜されている。
5) 弾正台は刑部省の下位機関ではなく対等関係にあった。弾正台では伊，弼，忠，監察の職位が整備されていた。
6) この事件は「粟田口止刑一件」と呼ばれる。この事件の背景には，当時弾正台京都支所長官を務めていた海江田信義と大村益次郎の対立が影響していた。戊辰戦争時の上野総攻撃の軍議では西郷が仲介に入るほど大村と海江田が激しく対立した。大村に対する海江田の遺恨は凄まじく，海江田が大村暗殺を煽動したという風説が流布していた。
7) 1873（明治 6）年，新政府は改正律令を公布して北海道の特別法を廃止し国法の統一を図った。これに伴って函館裁判所が設置されている。
8) ボアソナードは自然法の思想を日本に紹介し，民法・刑法・治罪法を起草するとともに，多くの法律家を養成した。1880 年，ボワソナード門下生によって東京法学社が設立された。1883 年，東京法学社から発展した東京法学校教頭にボワソナードが就任している。1889 年，東京法学校は東京仏学校と合併し和仏法律学校と改称し，1903 年には専門学校令に基づく財団法人和仏法律学校法政大学（現・法政大学）となった。法政大学市ヶ谷キャンパスにあるボアソナードタワーは，建学の功労者であるボアソナードの名前に由来している。
9) 当時，住友総理事であった叔父の広瀬宰平の俸給と同額だった。
10) 就業年齢に達するのを待って住友家に奉公した。
11) 粗銅を鉛とともに溶かしてから徐々に冷却すると銅は固化する。銅の融点以下で溶け出た銀を含む鉛を灰の上で加熱すると鉛は灰に吸収され銀だけが残る。これによって銀を採集するとともに，純度の高い精銅が得られる。
12) 国内で採掘された鉱石から製錬された粗銅は金銀を含んでいたが，15 世紀の日本にはこれを銅

から分離する技術が無かった。金銀を分離する技術を持つ大陸商人（明・朝鮮）は日本から安価な粗銅を買い入れて金や銀を取り出す事で差益を得ていた。
13) 川田は後に三菱財閥に入り岩崎弥太郎・弥之助を補佐した。彼は鉱山業，造船業など基幹産業への集中投資を推進し三菱財閥の繁栄の礎を築いた。1889年，松方正義の推薦で第3代日本銀行総裁に就任し「日銀の法王」とも呼ばれた。
14) 明治十二年「別子銅山視察下書」伊庭家文書。
15) 1880（明治13）年，別子山村弟地沈澱工場完成。
16) 掘り出した鉱石を焼くことで硫黄成分を飛ばす作業。この工程から亜硫酸ガスが排出される。
17) 別子へ赴任した翌年，死者500人余を出した別子大水害（1899年）に遭遇して殉職している。
18) 例えば，鈴木馬左也時代にアンモニア中和法によって煙害を根絶した技術から，1913年に住友肥料製造所（現・住友化学）設立され新たな事業領域となった。
19) 麻生太吉（1857～1933年）は，筑豊地方において石炭採掘事業で成功し，電力，鉄道，セメントなど多方面に事業を展開した。麻生太郎元首相の曽祖父。
20) 1923年，株式会社住友倉庫が設立された。
21) 彦根藩士出身で維新後司法省権少判事を経て衆議院議員となる。第一次大隈内閣で司法大臣を務めた。
22) 滋賀県出身の思想家・教育者。三宅雪嶺とともに雑誌「日本人」を発刊し，国粋主義を唱えた。
23) 1904年2月15日に刊行された『実業の日本』第七巻第四号に掲載された。
24) 貞剛の後継者（第三代総理事）となる鈴木馬左也は，岡田良一郎の子息である岡田良平（第三代大日本報徳社社長），一木喜徳郎（同第四代社長）との関係が深く，中央報徳会や東亜報徳会活動にも関与していた。貞剛と鈴木の思想には報徳思想への共感が存在しており，それが住友の経営思想にも少なからず影響していたとみることができよう。

参考文献

伊庭貞剛［1904］「少壮と老成」『実業の日本第七巻第四号』。
神岡浪子［1971］『資料近代日本の公害』新人物往来社。
神山　誠［1960］『伊庭貞剛』日月社。
木本正次［1971］『四阪島（上）（下）』講談社。
末広照啓［1990］「明治維新期の住友（一）近代鉱業政策の成立過程と別子稼行権の確立」『住友資料館報第20号』住友資料館。
末広照啓［1990］「明治維新期の住友（二）近代鉱業政策の成立過程と別子稼行権の確立」『住友資料館報第21号』住友資料館。
末広照啓［1991］「明治二十年別子山上における広瀬宰平演説と住友の事業精神」『住友資料館報第22号』住友資料館。
末広照啓［2000］「一九世紀，別子銅山の環境対策に挑んだ伊庭貞剛」『住友資料館報第31号』住友資料館。
末広照啓［2005］『広瀬宰平と伊庭貞剛の軌跡』新居浜市広瀬歴史記念館。
末広照啓［2008］「近代企業勃興期における住友の動向」『住友資料館報第39号』。住友資料館。
末広照啓［2011］「住本総理事鈴木馬左也の入社事情と牧野伸顕」『住友資料館報第42号』住友資料館。
末広照啓［2013］『伊庭貞剛小伝－環境対策の先駆者』新居浜市広瀬歴史記念館。
住友金属鉱山株式会社編・刊［1991］『住友別子銅山史』。
住友資料館［2014］『住友ノ歴史上・下巻』思文閣出版。

住友林業株式会社編・刊 [1999]『住友林業社史』。
瀬岡　誠 [1998]『近代住友の経営理念』有斐閣。
武田春人 [1987]『日本産銅業史』東京大学出版会。
竹原文雄 [1992]「近代における住友の経営」『住友資料館報第 23 号』住友資料館。
田中正造全集編纂会 [1977]『田中正造全集第八巻』岩波書店。
新居浜市広瀬歴史記念館編・刊 [2007]『世界とつながる別子銅山』。
西川正治郎 [1990]『幽翁』図書出版社。
藤本鐵雄 [1993]『明治期の別子　そして住友』御茶の水書房。
木本正次 [1971]『四阪島　公害とその克服の人間記録（上）（下）』講談社。
宮本又次 [1988]「住友銀行の創立と田辺貞吉のこと」『住友資料館報第 18 号』住友資料館。
山本一雄 [2009]「住友本店（下）」『住友資料館報第 40 号』住友資料館。
Donella H. Meadows [1972]『成長の限界―ローマ・クラブ「人類の危機」レポート』ダイヤモンド社。

（長谷川直哉）

第 2 部

経営理念と社会的責任

第3章
産業発展を見据えた理念経営
―高碕達之助（東洋製罐株式会社）―

はじめに

　高碕達之助は1917（大正6）年に日本初の大規模製缶専業企業，東洋製罐株式会社を設立した。設立趣意に，先進のアメリカ製機械を導入し，衛生的なサニタリー缶を需要に応じて従来品よりも安価に提供すること，内地にとどまらず東洋に向けて供給することなどを掲げた。そのベースには「東洋製罐は缶詰業者の共同の工場」であり，缶詰業者に衛生的で高品質かつ安価な空き缶を需要に応じて届けるという鉄則があった。缶詰業者が高品質な缶詰を安定的に生産することに寄与するためであり，ひいては高品質な缶詰の輸出を増進させ，缶詰業界の発展を通して富国につなげようと考えていたのである。高碕は同時に「東洋製罐の仕事は缶を製造して販売すれば終わりではなく，納品した空き缶が缶詰業者の手で立派な缶詰となって一般大衆に消費されるまで責任があるとの考えで仕事に臨むこと」を従業員に徹底させた。製缶業者という立場から缶詰産業，そ

高碕達之助
出所：東洋製罐グループホールディングス(株)提供

して水産業を支えているとの自覚を促したのである。東洋製罐の事業は富国と国家貢献のためにあることを常に意識させていたとも考えられる。

　高碕は自ら設立した企業の成長は1つの手段ととらえ，起業当初から製罐業を通して缶詰産業の発展を見据え，缶詰産業の発展を通して水産業振興を見据え，そして水産業振興を通して富国を見据えていた。その考えからもたらされた高碕の企業家活動は，ISO26000の社会的責任の本質的な特徴と重なる部分が多い。ISO26000の社会的責任の本質的な特徴とは，以下の6項目である。

・持続可能な発展への寄与
・関連法令の遵守
・国際行動規範との整合性
・透明かつ倫理的な行動
・社会的責任の組織全体への統合
・ステークホルダーの利害への配慮

　明治後期から急速に進展した日本の水産業は法的整備を含め行政の対応は後手に回り，時に無秩序な状況を生み出した。目先の利益を獲得しようと無計画な操業を行う中小零細事業者が多数出現し，水産資源の枯渇を招き，あるいは価格低下を引き起こして共倒れになることもあった。その状況を回避しようと清廉経営に徹し，秩序と健全性をもって活動を行う企業家や指導者が現れる一方，自社の利害得失にしか目の向かない事業者は後を絶たず，業界の混沌は続く。缶詰産業も例外ではなかった。外観からは中身が見えないため容量をごまかしているものや，缶の密閉度が低く明らかに品質に支障を来しているものも少なくなかった。保存技術が確立されていなかった当時，缶詰産業は漁獲の良否に左右される，文字通り「水物」産業であったことも無秩序を招いた原因である。

　それを問題視した高碕は，衛生的で高品質なサニタリー缶の供給や缶型の規格化・標準化などを推進して秩序の構築に力を注ぐ。それによって品質向上と規格の周知を促し，それを守り，守らせることで缶詰産業に対する消費

者の信頼獲得に努める。アメリカをはじめとする諸外国との共存こそが日本の缶詰産業の進展につながると主張し，国際的な歩調に合わせようと率先して交渉を行い，缶詰業界，水産業，日本の利益を念頭において国家貢献志向を打ち出し，率先垂範で倫理的に振る舞う。従業員教育に力を入れ，理念共有を図り，組織的に国家貢献を果たそうと尽力する。そして会社はステークホルダーのものであるとの視点に立ち，ステークホルダーとは主客一元（顧客や株主であろうとも，ステークホルダーとは対等であること）の関係を保ち，奉仕の精神の発揮をもってステークホルダーへの配慮を怠らなかった。

　そうした考えは両親の教育，幼少期・青年期の経験や人材交流などによって育まれたものであるが，中でも高碕の出身校である水産講習所（現・国立大学法人東京海洋大学）での経験と人的ネットワーク，特に第3代水産講習所専任所長・伊谷以知二郎の影響を強く受けた。

　伊谷が事有るごとに師弟に語ったとされる言葉がある。

　「凡そ仕事をなさむとする者は，苟も私心のあつてはならぬ。また事業の効果を多少なりとも自分におさめむとしてはならぬ。ただ正義より出發せる美しき犧牲心の發露よりの計畫で，事の始より終までをよくよく見極め，彊き信念と熱と努力とが事業成功の秘訣である。事業の効果を計畫者の手に收めむとするが如きは邪道である。事業の計畫者たらむ者は，何人がその局にあたつても是れ以上は儘すべきすべもないと思はるる程の細心周到の用意を以て，綿密的確の計畫を樹て，環境の情勢並に將來を見こし，然る後は斷々乎として死なほ辭せざるの意氣を以て勇往邁進せねばならぬ」[1]

　伊谷は陽明学に傾注し，常に自己修養に努め，折に触れて生徒や弟子に陽明学を説いていたとされる。上記の言葉にも，自己の信念に沿って純粋に天命を全うするという姿勢が包含されており，陽明学の要素を見いだすことができる。中でも「いささかの私心もあってはならない」，「事業の効果を多少なりとも自分に収めようとしてはならない」，「正義より発する犠牲心の発露から事業を計画」，「強き信念と情熱，努力」という伊谷が企業家に求めた本質は，高碕の企業家像そのものである。

本章では，高碕が私心のない奉仕の精神に基づき日本の富国を見据えて企業家活動を展開したことに焦点を当て，高碕の企業家としての思考と行動が形作られた要因を水産講習所および恩師である伊谷からの影響を中心に考察する。

1. 明治期の水産業と水産講習所

日本は明治新政府の下で富国強兵，殖産興業を合言葉に，近代国家建設と国力増強に乗り出す。殖産興業は産業発展による富国と国際的地位向上を目指したものであるが，行政面における水産業振興は工業・農業と比べて大きく出遅れた。

日本の漁業は江戸期に形成された領有体制から抜け出せず，1897（明治30）年公布の遠洋漁業奨励法および1901年公布の旧漁業法の成立により，ようやく近代化に向けて進み始める。遠洋漁業奨励法の目的は日本近海に進出してきた外国船への対抗であり，また，古来の沿海漁業にとどまらず，遠洋漁業推進による水産業の発展を企図したものである。旧漁業法は漁民の利益保護と資源繁殖，国際的に太刀打ちできる水産業振興のため，旧態依然の体制を改める必要性の高まりから制定された。

両法が成立してからも漁獲高は10年ほど横ばいを続け，日露戦争により露領海域の権益を手に入れ，遠洋漁業が活気を帯びるころよりようやく伸長し始める（図表3-1参照）。以降，遅まきながらも近代化への道筋を付け，わずか40年余りで水産国日本の地位を築くのである。

それより先，水産業振興の重要性が叫ばれて水産行政がようやく機能し始めた1882年，大日本水産会が設立される。そのころ輸出水産品の品質を改良するために，地方漁業者の子弟を水産技術者として速成することが望まれるようになる。実務的かつ短期の水産教育機関設立の機運が高まり，大日本水産会は89年1月20日に水産講習所の前身，水産伝習所を設立した。97年3月に水産講習所設置の官制公布をもって農商務省の所管となり，官立の水

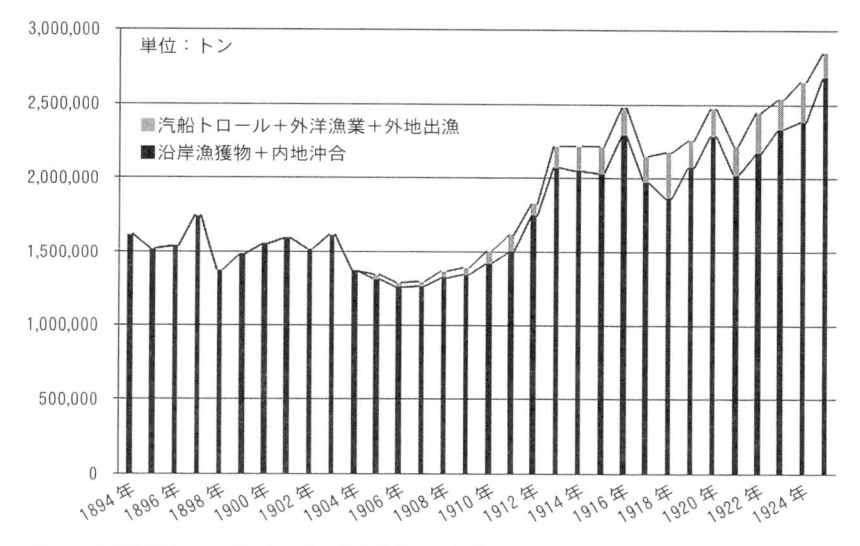

図表 3-1　漁業部門別漁獲高推移

(グラフ：単位トン、1894年～1924年、汽船トロール＋外洋漁業＋外地出漁、沿岸漁獲物＋内地沖合)

注1：外洋漁業とは，母船式さけ・ます漁業，母船式かに漁業，母船式底びき網漁業など，外洋性漁業を主体とするもの。
注2：外地出漁とは，昭和20年以前において内地に住所または居所を有する者が，一定期間，外地（関東州，朝鮮，台湾，南洋諸島，および極東露領）に根拠地を置いて漁業に従事したもの。
出所：農林水産省統計情報部農林統計研究会［1979］より筆者作成。

産学校として新たに出発する。

　水産講習所設立後しばらくは水産調査所長が所長を兼任しており，初代専任所長の松原新之助[2]が就任したのは1903年，高碕が入学した年である。松原は水産業振興の重要性を説き，水産伝習所の設立を実現させた立て役者であり，水産業振興に情熱を燃やし続けた。所長に就任した松原は学校改革に果敢に挑んだが，その効果が出るまでにしばらく年月を要したと考えると，高碕の在学中は水産専門学校としての完成度はまだ低かったものと考えられる。事実，高碕は教育程度の低さに落胆したと述懐しており，他の卒業生の中にも同様の思いを抱いていた者がいる。ただし，松原をはじめ水産講習所の教職員たちの水産教育にかける意気込みは並々ならぬものであった。

教職員，生徒共に水産業をして国に奉仕しようとの気概や志は高揚し，学生気質は国家貢献志向と企業家精神に満ちあふれ，自主独立と連帯の気風が培われた。加えて官立となって授業料は無料となり，生徒たちは国費で専門教育を受けることの意味を深く受け止めていた。高碕が水産講習所で学んだのは露領権益の獲得を機に遠洋漁業の伸長を主体として水産業の近代化がまさに図られようとする時期であり，水産界の先導者育成機関としての役割を担うことを前面に打ち出し始めた水産講習所の学生たちの士気はいやが上にも国益への貢献を見据えることにつながったものと考えられる。

　伊谷はそのころ生徒取締主任として生徒の指導に熱心に当たっており，生徒を惜しみなく支援をした。学生寮と同じ敷地内の官舎を住居とし，伊谷の人格に触れた生徒たちは精神面において強く影響を受ける。伊谷は戦前の水産業の進展に助力した功労者の一人で，教職を通じて業界に指導者を輩出したのみならず，民間を技術的に支援して水産事業をバックアップし，業界の健全な発展のために業界統制に動き，行政にも再三働き掛けた。その熱意は言葉では言い尽くせないほどであり，政界からも産業界からも一目置かれる存在であった。いくつかの民間企業からは経営参画の要請もあったが，伊谷は生涯教職の立場を堅持する。教職の立場にあってオルガナイザーとして人と人をつなぎ，それが水産講習所を軸とした人的ネットワークの構築につながり，また，伊谷の民間に対する技術支援を通じて人的ネットワークはさらに強化された。伊谷の思考と行動は水産界で活躍する卒業生たちにとって大いなる力となった。

2. 高碕の経営理念形成過程

(1) 中学校教師の言葉に触発され水産業を志望

　高碕は1885（明治18）年，大阪府島上郡高槻村（現・高槻市）柱本に父松之助，母ノブの次男として生まれた。ノブは松之助に嫁する前に2児を生み，松之助とは再婚であった。松之助との間に7人の子をもうけ，高碕はそ

の3番目の子である。ノブは高碕が16歳のとき，45歳の若さで亡くなった。幼少のころいたずらばかりしていた高碕は，ノブが亡くなったとき苦労を掛けどおしだったことを後悔し，心を入れ替えた。後に供養のために，ノブの出生地にある野崎観音と高碕の生まれた柱本の興楽寺に悲母観音を建立する。高碕の企業理念の一端は奉仕の精神の発揮にあるが，その根底には無償の愛の象徴である母性愛があったと考えられる。

　高碕は茨木の養精高等小学校を経て大阪府立第四中学校に進学する。ここで高碕は英語教師であった浜田真名次から，「これからの日本は人口が増え，食糧を輸入しなければならない。そのために工業製品を輸出しなければならないが，日本の工業製品の中心である繊維製品は近く中国やインドに浸食される。その中で日本人の生きる道は日本の四面を覆う海を開拓して水産製品を輸出するしかない。世界唯一の水産専門学校が，農商務省直轄の水産講習所である」旨を聞かされた。水産業がほとんど重要産業と見なされていなかったころに浜田は，日本が先進国として存立するべく水産業の国際的な将来性と重要性を説いたのである。高碕はこのとき一生の仕事として水産の道に進もうと，水産講習所への進学を決める。日本が先進国の一員になるために自分にも何かできるかもしれないという期待感を抱き，国家貢献を自身のこととして具現的に捉える契機になったと考えられる。

(2) 水産業を通しての国家貢献志向の醸成

　当時の水産講習所は越中島の新校舎が完成したばかりであった。高碕は漁撈科，製造科，養殖科の中から製造科で学ぶことを決める。期待に胸を膨らませて入学したものの，水産講習所の教育内容は高碕にとって満足のできるものではなかった。独自で勉学を究めるしかないと考え，北里柴三郎の研究所で細菌学を専門的に学び，日本の代表的化学者であった吉岡哲太郎の元にも通い，食品加工に必要と思われる学問を深める。

　その傍らで学業以上の貴重な収穫を得た。1つは水産講習所の生徒たちが持つ高い志と気概である。水産講習所の生徒には「日本で唯一の水産高等学

校の生徒として水産業振興に尽くすべし」という強い思いがあり，その団結心と向学心，そこから醸成される志の高さを高碕は誇りに感じた。

今1つは，学問を通して事業化への道筋を見いだしたことである。日露戦争勃発に際して軍に供給するための缶詰生産に学校を挙げて取り組むことになり，製造科に在籍していた高碕も駆り出された。その経験を通して，有事にあって国家のために昼夜兼行で働くことに喜びを感じる。同時に，水産講習所での体験や学びをもって実業に生かすことを体得し，自身の行動いかんで国家に貢献できることを実感した。

(3) 恩師・伊谷以知二郎の水産業振興活動

1894年，日清戦争に際して水産伝習所は農商務省より軍納缶詰製造を嘱託された。伊谷はその指導教官の任に当たる。各地に生徒を派遣して製造に従事させ，鯨肉大和煮缶詰，鰹大和煮缶詰，鰤水煮缶詰など，合計2万2713個の製造実績を挙げた。その10年後，1904年に日露戦争が勃発すると，農商務省は陸軍省から軍納水産物供給を委嘱され，水産講習所に軍納缶詰製造の統率を命じる。日清戦争時に軍納缶詰製造で力を発揮して以来，缶詰製造研究に力を注いできた伊谷も真っ先にその職務に従事するはずであったが，ちょうどその年にアメリカで開催されたセントルイス万国博覧会に審査官として派遣され，缶詰製造には従事できなかった。

伊谷は博覧会で日本の水産物のレベルは世界と比べまだまだ低いことを実感させられたが，鰯・鮪の油漬缶詰，蝦蟹・鮭鱒・鯖の缶詰類と鱈製品，アンチョビーなどは輸出品としての可能性を秘めていることを確信した。伊谷は日本産水産物の輸出振興を企図し，欧米における水産物流通・販売

伊谷以知二郎
出所：東京海洋大学海洋科学部附属水産資料館提供

機構，嗜好，水産関連企業や水産金融などを徹底的に見聞・調査するため，博覧会終了後に中村嘉壽[3]を伴ってアメリカ各地を視察した。セントルイス博覧会とアメリカ視察は伊谷の水産業振興活動の1つの基点になり，伊谷が後に北洋漁業開拓に力を入れ，水産物輸出1億円計画，あるいは3億円計画を推進する原動力になる。

伊谷はアメリカから戻るとすぐに軍納缶詰製造に奔走し，水産講習所が生産した軍納缶詰生産数は230余万缶に上った。伊谷はその功績が認められ，06年に勲六等瑞宝章を賜る。この缶詰製造に高碕が参加したのである。

08年の冬，伊谷は堤商会の堤清六[4]よりカムチャツカ産紅鮭缶詰製造の事業化について指導要請を受けた。さらに郡司成忠大尉[5]を組合長とする露領沿海州水産組合より，「政府の補助金を受け，カムチャツカの現地漁場を水産講習所の実習地として提供し，缶詰製造の実地研究をしたい」との申し出を受けた。カムチャツカにおける紅鮭をはじめとする缶詰製造の事業化が活発化する兆候を感じ取った伊谷は，現地調査を経て10年に技術者および職工を派遣し，ウスチ・カムチャツカの堤の漁場で露領における日本人最初の鮭缶詰製造を支援する。約700函の製造を果たし，堤と取引のあったフレーザー商会を介して海外市場に出荷した。それを機に堤商会は同地での缶詰製造のリーディングカンパニーへの道を歩む。

図表3-2は露領における邦人缶詰製造業者の実績をまとめたものである。表中の「若菜熊次郎」は若菜商店のオーナーで，伊谷が同店に勤務していた中島董一郎[6]に命じ，堤商会に続く日本人による鮭缶詰製造第2号として缶詰製造に従事させたものである。また「輸出食品」は伊谷が高橋熊三[7]らと相談して北洋漁業の統制が必要であるとの結論に達し，資本金25万円で12年5月に設立させた会社である。品質を後回しにしてやみくもに缶詰製造に手を出す事業者が少なからず出現し，邦人業者同士の競合状態が引き起こす共倒れ，あるいは品質の不統一による国際市場での日本製品の信用失墜を憂慮しての企業であった。こうして伊谷は露領における鮭鱒缶詰製造を陰ながら支えたのである。

94　第2部　経営理念と社会的責任

図表 3-2　露領における邦人缶詰製造業者と鮭鱒缶詰製造実績

	製造家名	製造数量（函）		製造家名	製造数量（函）
1910（明治43）年度	堤商会	704	1916 年度	堤商会 輸出食品 日魯漁業 真藤慎太郎 袴信一郎 菅宮商会	220,627
1911 年度	堤商会 若菜熊次郎	4,332			
1912（大正元）年度	堤商会 若菜熊次郎 中陳喜之助 高橋助七 坂井定吉 輸出食品 袴信一郎 森本新太郎	24,801	1917 年度	堤商会 輸出食品 日魯漁業 真藤慎太郎 袴信一郎 菅宮商会	258,700
			1918 年度	堤商会 輸出食品 日魯漁業 袴信一郎 北洋漁業	379,971
1913 年度	一井組 堤商会 若菜熊次郎 高橋助七 輸出食品 袴信一郎 森本新太郎 立川甚五郎	81,518	1919 年度	堤商会 輸出食品 日魯漁業 北洋漁業 袴信一郎 須田幸太郎 真藤慎太郎	710,139
1914 年度	堤商会 輸出食品 日魯漁業 真藤慎太郎 袴信一郎 若菜熊次郎	60,566	1920 年度	堤商会 日魯漁業 北洋漁業 カムチャツカ漁業 須田幸太郎	536,325
1915 年度	堤商会 輸出食品 日魯漁業 真藤慎太郎 袴信一郎	117,984			

出所：山中［1962］453-460 ページより筆者作成。

　13 年，伊谷は露領カムチャツカおよび沿海州に視察に赴き，北洋漁業の無限の可能性を確信した。当時，鮭・鱒，蟹，鰊を中心に北洋漁業は発展の途上にあったが，伊谷は底魚[8]の豊富なことに着目した。伊谷は北洋から 1 億円の生産を揚げたいというのが口癖であったが，このときにその意を固め

たのではないかとされる[9]。伊谷は北洋の底魚漁業に関する調査研究を開始し，漁労部の技師と協力して15〜26年にわたって水産講習所練習船・雲鷹丸による漁場調査を行った。その結果，オホーツク海，ベーリング海における漁場の有効性を確認した。

伊谷は15年，「水産物輸出貿易拡大方針」において水産物輸出1億円計画を立案した。15年当時の水産物輸出額は内地のみで2000万円に満たなかったが，その時点で1億円を目指そうとの目標を掲げたのである。その実現のために，農商務省，各府県・地方などが一体となって人材・組織増強などにより水産物輸出奨励に注力すること，輸出品製造奨励のための奨励金支給，海外調査研究，試売品に関する優遇措置，輸出品製造を妨害する者に対する規制，同業組合の監視および保護，金融の円滑化など，多岐にわたる提言をしている。伊谷の水産物輸出拡大に対する熱意は格別で，輸出1億円実現案を携えて中村嘉壽と共に時の総理の私邸を訪ね，水産業奨励について

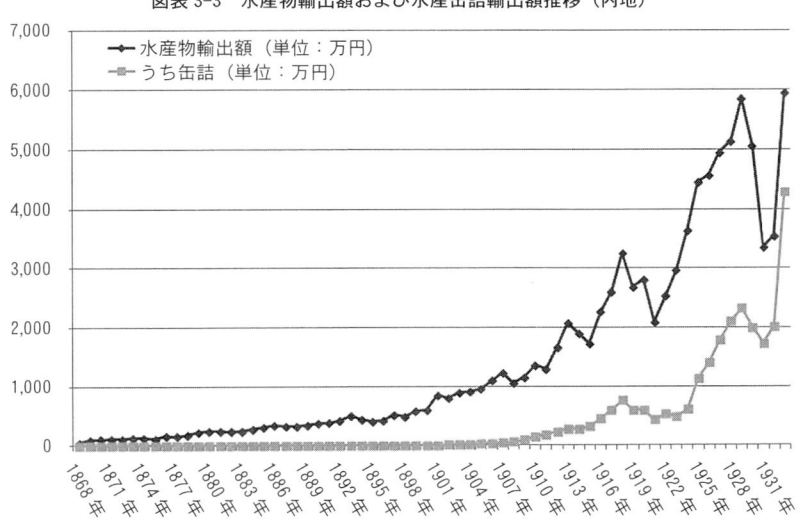

図表3-3　水産物輸出額および水産缶詰輸出額推移（内地）

注：著者が農林省水産局所属であることから，農林省の把握データと考えられる。
出所：篠原［1934］より筆者作成。

迫った[10]。

　続いて29年，大日本水産会は水産輸出振興協議会を開催して水産物輸出3億円10年計画を発表した。メンバーは大日本水産会のほか水産試験場，水産局，水産講習所，日本缶詰協会から招集され，伊谷はこれを強力に推進した。協議会において審議と調査研究を重ね，正式に3億円計画が成立した[11]。同計画では提案項目のみならず，主要輸出増進品名と目標数量も掲げられている。ちなみに，29年の水産物輸出額は内地で約5800万円，植民地および露領からの直輸出分を入れても約8200万円で，1億円にも程遠い状況であった[12]。

　伊谷は37年，死去の3日前に高碕に「今日の日本は何としても國防を充實し，國民生活を安定し，農山漁村の振興をせなければならぬ。それには輸出貿易を増進せなければならぬ」と託したという[13]。既に面会謝絶の状態であったが，伊谷の強い意向で4カ月の海外視察から戻ったばかりの高碕との面会を果たした。水産物輸出拡大こそが水産業振興の中枢であり，生涯を超えた使命であると捉えていたことの証左である。

　高碕はその意を受け継ぎ，38年に『缶詰輸出年額四億圓達成十ヶ年計畫の提唱』を刊行した。その冒頭には，伊谷がわずか300万円に過ぎなかった缶詰の輸出額を10年間で5000万円にする実行計画を立て在米中の高碕に示したこと，それには製缶事業を缶詰事業から分離して世界的標準の缶詰容器を作らなければならないことを力説した高碕に対し，早々に帰国して実行に移すよう命じられたことなどが記されている。そしてあらゆる視点からの現状分析を行い，有事という特別な環境下で缶詰輸出4億円を達成するため，水産缶詰，蔬菜缶詰，果実缶詰，畜産缶詰，それぞれについて目標値を設定して具体的方策を提唱している。

(4) 伊谷に共鳴し缶詰産業振興にまい進

　1906年，水産講習所を卒業した高碕は伊谷の助力を得て東洋水産株式会社に技師として就職した。東洋水産は三重県にあった軍用缶詰製造をはじめ

とする缶詰製造会社である。水産講習所で教鞭(きょうべん)を執っていた伊谷がセントルイス博覧会での見聞，調査をベースに国産缶詰の軍用から輸出への転換を企図するに至り，伊勢湾のイワシを原料にオイルサーディンを製造することを，水産局長・牧朴真を介して石原圓吉に打診したのが東洋水産設立のきっかけであった。高碕は事業に対する根本的な考えを 2 人の人物から教えられたと言っており，石原とハーバート・フーバー（後述）の名を挙げている。石原は高碕に「これから，若い人が仕事をする時には，儲かるということより，その仕事が将来大きくなるかどうかを考えて，もし将来性があるという見通しを得たならば全精根を打込んでやるべきだ」[14]と語った。高碕はこの言葉に感ずるところがあり，もうけよりも「その仕事の前途は大きくなる可能性があるかどうか」[15]を見極め，やりがいありとにらんだ事業には全精力を注いで臨むべきことを胸に刻む。

　高碕は東洋水産での勤務経験を通して，缶詰事業は原料となる魚の漁獲高に経営が左右されること，缶詰のラベルデザインによって販売量に影響が出ることなどを学んだ。同社は県下に散在する工場で使用する空き缶を 1 つの工場で全て生産して各工場に振り分けており，それが後に高碕が製缶専業企業を設立する布石になったものと考えられる。さらに高碕は使用する油の研究，イワシの体質調査などを行って缶詰製造の知識を蓄積し，技術を磨いた。各地で講習会を開き，缶詰製造法について講義を行うまでになる。この経験は，製缶企業を起こした後需要者である缶詰業者を技術的に指導し，需要創出に力を発揮し得た下地になったものと考えられる。

　東洋水産は原料のイワシの不漁，輸出用缶詰の売上不振などが重なり，会社をたたまざるを得ない状況となった。それを機に高碕は缶詰技術の習得のためにアメリカ行きを決意する。伊谷に相談すると，メキシコのロワー・カリフォルニアに漁業権を持つ漁業会社，インターナショナル・フィッシュ・コーポレーションからきていた日本人技術者の派遣依頼に高碕を推薦してくれた。

　12 年暮れに日本を発った高碕はアメリカでインターナショナル・フィッ

シュ・コーポレーションのサンドバール社長と面会し，翌年2月にメキシコのサンタ・マルガリタ島に新たな缶詰工場をつくることを命じられた。言葉の壁などに悩まされつつもメキシコ人たちをまとめて何とか工場を完成させたが，原料のブリキ不足，漁師や漁船，漁具の不足などが重なり，本格稼働には程遠かった。社長に直訴して生産体制を整備・構築するよう進言するが，漁業権確保のための工場建設との意味合いが強く，真剣に操業をする気はないようであった。高碕は仕方なく各種見本缶をつくる程度にとどめ，空いた時間を利用して漁業調査などを行った。日本の漁業家の事業展開拠点の適地であるとして「墨國北部大平洋沿岸漁場調査報告」[16]と題した詳細な調査報告を『大日本水産会報』に都合6回にわたって寄稿している。

　その間メキシコ革命が起こって政治，経済共に混乱を極め，高碕はアメリカからスパイ嫌疑をかけられた。とっさに面識のあったスタンフォード大学総長，デービッド・スター・ジョルダン博士に身元保証を頼み，事なきを得た。そのとき博士を通して後の第31代アメリカ大統領，ハーバート・フーバーを紹介された。それを機にフーバーとの交流が始まり，その後の高碕の企業家活動において精神面はもとより，経営手法の面でも大きな影響を受ける。精神面での影響とは，高碕の事業経営の根本にある「奉仕の精神」に気付かされたことであり，経営手法の面での影響とは，後述する缶型規格の統一による合理化の推進である。

　アメリカに戻った高碕は，アメリカの製缶業界最大手であったアメリカン・キャン社の製缶技術を見聞した。機械化と自動化によって1分間に120個もの空き缶が作られており，手仕事の領域を出ていなかった日本とは隔世の感があった。

3. 高碕の企業家活動

(1) 高碕の経営理念

　高碕は1933（昭和8）年に『東洋製罐の使命』を発刊した。同社の根本方

針と従業員服務精神を明文化したものである。それによれば，同社の根本方針は以下のように要約される。

A. 我社の目的は人類の幸福ならしむる結果を齎す處になければならぬ
B. 事業は営利が目的でなく利益は結果であり目的でない
C. 自己の受持により各自が奉仕の精神を盡し此精神を団体的に発揮する事に努め，自己の繁栄を希ふと同様に関係者の繁栄に努力しなければならぬ

さらに従業員服務精神の核心を以下のように定めている。

A. 我社は空缶需要者諸彦の共同の製缶工場であり，我社の従業員は是等需要家の忠実なる使用人でなければならぬ
B. 我々の製品は他の何れのものよりも品質優良，価格低廉，且最も迅速に供給する事を心掛けなければならぬ然も製品は売るのではなく嫁がせる考へでなければならぬ。何となれば我等の製品は我等の精神を篭めて育て上げた愛しき子供であるから
C. 小成に安んずるは退歩であって何時迄も若き心と勇猛心を失はず働く事を第1の義務としなければならぬ[17]

高碕は東洋製罐の根本方針として，最初に「人類の幸福」を事業の目的に掲げている。これは事業の究極の目的と捉えることができる。次の「利益は目的ではなく結果である」は，高碕が事業観形成において大きな影響を受けたフーバーの考えを踏襲したもので，事業による社会貢献を第一義としている。そして3番目に奉仕の精神と組織力の発揮を掲げ，さらに利他の精神に基づく行動を促している。

従業員服務精神では創業時から掲げている「需要者共同の製缶工場」，「高品質品を低廉に迅速に供給」，さらには「製品を売るのではなく嫁がせる考え」，「向上心」，「働くことを第一の義務とする」などを求めている。

高碕は自ら掲げた根本方針と従業員服務精神を思考と行動で示した。研究

と修学を怠らず，継続的向上に努めた。襟を正し，公私を峻別し，自己の都合は顧みず常に大局から物事を判断した。高碕が根本方針および従業員服務精神にのっとって実践した企業家活動について，以下，いくつかの具体的事例を挙げて考察する。

（2） 東洋製罐を設立

　1915（大正4）年にアメリカより帰国した高碕は，製缶専業会社を立ち上げるため大阪で準備に取り掛かった。海外滞在中に確信を得た，缶詰製造業と製缶業の分離独立のシステムを日本で確立することを決意したのである。

　缶詰製造業と製缶業の分離構想に基づく東洋製罐の設立は，高碕の発案ではないとする資料も少なからずある。高碕は海外滞在中にメキシコやアメリカの情報を伊谷に報告していたが，他の水産関係者も同じようにそれぞれの立場から日本の水産業の将来を見据えてさまざまな情報をもたらし，交換し合い，かなり早い時期から伊谷を取り巻く人々の間に製缶業分離独立の考えが浮上していたと推察される。詳細は割愛するが，いずれにしても高碕は製缶事業計画を伊谷および輸出食品社長に就任していた甲州財閥・小野金六に相談して了承を得，いよいよ具体的に資金集めに動き出した[18]。小野は出資を承諾すると同時に，阪急電鉄株式会社を創始した小林一三を紹介した。高碕は早々に小林を訪ね，小野の代理人として小林の協力を取り付けた。

　このとき小林と高碕は初対面であったが，短時間の間にお互いを認め合い，その後長く交流することになる。高碕は小林の公私混同しない姿勢に敬服している。「小林さんという人は，公私を混淆しない人だった。私は，この点，よく学ばなければならないことだと思った」[19]とし，社長という立場にある小林が公私の別を厳格にして一文もなおざりにせず，「濁は絶対に許さぬ」という姿勢を貫き，阪急の社員にデパートの割引購入はさせず，阪急の電車に社員はただで乗車するとの理由で絶対に座ってはならないとしたことを高く評価している。また高碕は小林をフーバーと同様，「清濁合わせ呑む」ことのできない人柄と評している。小林には「実業家であって，清濁合

せ呑む親分の下には，濁だけが残って，清は去るのである」[20]との持論があり，高碕は小林から企業家としての倫理観の一端を教えられたものと考えられる。

小野および小林の協力が得られると，高碕は資本金集めに奔走した。高碕に用意できる資本はなく，大阪の缶詰業者と缶詰問屋に依頼することにした。缶詰製造業と製缶業の分離という新たな構想を説明し，それによって缶詰業界全体を活性化することが自分の使命であるとの決意を述べて説得して回った。その熱意が伝わり，天満の問屋・徳田政十郎，イカリソースの木村幸次郎，笠屋町の井上吉松，祭原商店の祭原彌三郎，天満の乾物屋・北村芳三郎，松下商店の岩井支配人らが出資することになり，同時に発起人も引き受けてくれた。不足分は輸出食品が出資することになった。

17年6月25日に東洋製罐株式会社の創立総会を開催した。取締役会長に小野金六，取締役に鍋島態道[21]，小林一三ら6名，監査役に高橋熊三ら3名，高碕は支配人に就任した。

(3) サニタリー缶の普及と缶型規格統一による合理化推進

高碕は創業と同時にアメリカから機械を導入して製缶技術の近代化を図るが，それはアメリカ製の最新鋭機を見聞し，はんだ付けに頼っていた旧来の日本の手法に限界を見，合理化の必要性を肌で感じたからである。その背景には，衛生面，品質面に優れるサニタリー缶を低廉に生産し，普及させることで缶詰産業に貢献しようとの明確な考えがあった。高碕はその後も終始一貫して先進の機械設備の導入にこだわった。1933年に発刊した『東洋製罐の使命』には「競争者に対抗するには旧式の機械を償却し，優秀な機械を入れる様に」して，創立以来総利益の半額を社内留保に充当して特に機械の償却に重きを置いてきたこと，世界的に優秀な機械を探し出して導入することに注力してきたことを明記している。東洋製罐は20年にサニタリー缶の商標登録を受け，ますます普及活動を推し進めた。

最新鋭機械による高品質化と並行し，高碕は缶型の規格統一を提唱した。

それはフーバーの影響が大であった。フーバーは商務長官時代に商品の規格統一を行って大きな成果を上げたが,高碕はその合理性と経済性に着目し,規格統一こそが缶詰業界の発展に不可欠であるという確信を得た。規格統一は東洋製罐の根幹に関わる問題でもあった。アメリカ製機械で大量生産をするに当たり,多品種少量生産では採算が合わず,高品質で低廉な缶を需要に応じて供給するという本来の目的に沿えないことが大きな問題となっていたのである。缶型の統一と型数の絞り込みは,東洋製罐にとって死活問題でもあったと考えられる。

　缶種が雑多であるという問題は東洋製罐設立前から業界の問題として取り上げられており,15(大正4)年8月に開催された全国缶詰業連合大会で「缶型統一の件」が議題として提出され可決されている。引き続き「かん詰種類別により内容量を一定する事」,「かん型を種類別により一定する事」,「かん詰の種類により固形肉量と液汁量を一定する事」が提案されて,22年1月1日より実行されることになった。違反者に対する罰則なども規定されたが,結果として徹底されることはなかった。やがて缶詰における統一問題は農商務省工務局工業課の各種工業品規格統一計画の一環として着手され,25年2月,第1回予備相談会が官民交えて開催された。その後計画は順次進められたが,その途上で農商務省が農林省と商工省に分離することとなり計画が中断される。そうした中,26年初頭に東京と大阪の缶詰同業組合の合同主催で,缶型統一協議会が開催された。その後間もなく商工省によって統一問題が再度取り上げられ,陸海軍の意向を取り入れて意見の一致を見た。しかし具体的実施法の点で各組合の合意を取り付けるまでに至らなかった[22]。さらに昭和5年(1930)度,日本缶詰協会は缶型統一と内容標準量の制定を行い,それを実効力のあるものにするために省庁に働き掛けた結果,31年5月9日付で農林省・商工省は両省次官の連名通牒を各府県知事ならびに拓務次官宛てに発する[23]。そして商工省,農林省,陸海軍両省の賛意を得て,日本缶詰協会は32年3月30日付で公定標準缶型を10種に限定した[24]。なお,業界における缶型統一の一連の動きの中で,伊谷は規格統一の重要性を説き,実

現に向けて率先して動いた。

　高碕は東洋製罐を設立した当初から，日本における缶型の種類の多いことを指摘している[25]。高碕が単純化と標準化の手本としたフーバーが商務長官としてアメリカにおける単純化・標準化に着手したのが1921年ごろであり[26]，高碕は23年ごろより単純化と標準化を高唱し，具体的に取り組んだ。同年，パンフレット「ブリキ罐と紙罐」を発行してサニタリー缶の普及を図ると同時に，アメリカの標準に日本の習慣を加味し，サニタリー缶の大きさの基準をおよそ13種に絞って生産することにした[27]。そして故意に統一基準を破る注文には応じないとしている。23年は全国缶詰業連合大会の決議により缶型と缶詰容量の統一基準が実行されることになった翌年であるが，規定は空文化しており統一には程遠い状況であった。つまり，高碕は業界の動きをにらみながら，それと並行して自社独自で缶型統一に向けて行動していたということになる。

　高碕が缶詰業者の組合や缶詰普及協会と深い関わりを持ちつつ連携を取っていたことを考えると，業界標準規格策定に先んじて東洋製罐が自社独自規格を策定するに至る過程では，缶詰業者に十分に配慮したと思われる。しかし高碕が川上工程の製缶段階で規格を統制する形で缶型統一を推進したことは，ある程度強行的な部分もあったと推察する。一歩間違えれば顧客である缶詰業者の反発を買うことになりかねず，会社の収益を直撃する問題ともなる。それ相応の準備や事前の調整などが不可欠であり，覚悟も必要であったであろう。それでもここに着手しないことには業界全体に無駄と冗費が発生し続け，業界の発展は望めず，結果として東洋製罐の継続も困難になる可能性があった。業界内で先陣を切って缶型統一に東洋製罐が動いたのは，缶詰の品質の根幹を左右する製缶企業としての責任を自覚していたからであり，缶詰業界発展のためという会社設立の主旨を実行した結果であったと考えられる。

　これは一面，顧客であろうともステークホルダーとはあまねく対等な関係を結ぶべきであるという高碕の考えに基づいた行動でもあったと考えられ

る。高碕は40年4月の社内報『東罐社報』に「主客転倒」と題して寄稿している[28]。自由経済時代と戦時統制時代で需要者と供給者の立場や言動が変化している様を嘆き,「我等の東洋製罐会社の営業方針は,自由経済の時代であろうと統制経済の時代であろうと,根本方針に微動だもあってはならない,我等の眼中には供給者も消費者も売手も買手もない。主もなければ客もない」とし,「自由経済であろうが統制経済であろうが得意先に対する感情,手心,取扱は永久不変でなければならぬ」としている。ここで注目すべきは,東洋製罐の方針はいかなる時代においても不変であるということである。どのような環境下に置かれようとも国家貢献を最終目標とし,ステークホルダーと共にそこに向かうために「主もなければ客もない」対等な関係を構築しなければならないという強い意志が見て取れる。その姿勢が,たとえ困難を強いられる状況にあっても私心に惑わされることなく,大所高所からの判断を可能にしたのであろう。

(4) アメリカ同業者との連携強化

　関東大震災からの復興に伴い内地向け缶詰の需要が高まり,ブリキの消費量は増加傾向にあった。アメリカからのブリキ輸入促進のため,現地調査ならびに生産会社との提携などを目的として,高碕は1924年に渡米した。同時にナショナルカンナーアソシエーションを訪問して缶詰に関する現状と最新の課題,今後の研究予定などを調査した。アメリカの組合の書記長とも会い,アメリカの組合の実態を聴取するとともに,近く設立予定であった日本の組合とアメリカの組合との提携に向けて,個人的見解としながら以下を申し入れた。

1. 米國缶詰組合の研究事項を日本の組合に必ず報告を乞ふ事
2. 之れに對し日本の組合は相當の寄附を米國へ出す事(此報告書を日本文に和譯して組合員に別つ事及日本にて販賣する事を承認する事)
3. 組合の總會には日本よりも出席する故日本の總會には米國よりも出席を乞ふ事

4. 日本のカニ其他の罐詰を米國に於て消費すると同様に米國のフルート牛肉等が日本でも消費さるる故両國の組合は御互の事業保護の意味に於て各自罐詰に關する聯盟を作る事[29]

それに対し，日本の組合との提携条件を出すとの約束をアメリカの組合より取り付けた。

高碕はアメリカの商務省および農務省も訪問した。商務省からは輸入課税軽減を要求された。農務省では，缶詰の内容物をできるだけラベルに詳細に記載すべきとして，内容物と記載内容が異なるものを取り締まる方針であることを聞かされた。

高碕はアメリカでの一連の見聞をまとめ，『缶詰時報』上で業界事情を報告している。最新の効果的な広告手法も紹介し，事業進展のためには学者と商人との連携，あるいは商人同士の連携が重要であることを例示をもって示している。

30年には海外のブリキ販売連盟のブリキ価格つり上げへの対処，輸出缶詰の販路調査のために渡米した。特にアメリカの日本製品に対する関税引き上げの問題について調査を行い，関係者と折衝した。そして大統領に就任していたフーバーと非公式面会を果たし，日米相互がそれぞれに長けている製品を貿易し合うことが望ましく，その貿易品に高い関税を課すことは誤りであるとする私見を述べた。フーバーは高碕の意見の正当性を認めながらも，米国一市民としてはその意見に同調するも大統領として自由に意見を述べる立場にないことを残念に思うと口にしたという。その後アメリカからフランスへ回り，缶詰の創始者であるアッペールの墓参に行き，缶詰普及協会の名で寄付を行った。

32年の渡米は，アメリカの関税委員会が関係者の意向を聴取するに当たり，関税値上げに反対するアメリカの関係業者に反対の論拠となる材料を提供すること，そして関税値上げを推進するアメリカの業者と会合して日米当業者同士の提携を模索することが大きな目的であった。そのころの日本の水産物の輸出状況は，中国向けが減少する一方で欧米向けが急増していた。そ

の潮流に乗じて輸出促進に躍起になる業者間の無統制ぶりが露呈し，価格競争と品質問題が表出していた。受け入れ側の国々では日本製水産品に対する関税引き上げや輸入許可および割当制度などで対抗措置を強めており，中には輸入制限や輸入禁止政策を講ずる国もあった。高碕が特に問題視していたのは鮪油漬缶詰で，30年の輸出高1万4000函に対し，33年は70万函を記録し，うち96％以上がアメリカ向けであった[30]。一連の調査の結果，日本国内で統制の上で輸出している鮭缶詰はアメリカ市場をかく乱していない一方，統制なく輸出している安価な鮪缶詰はアメリカ業者に脅威を与え，関税引き上げの動きにつながっていることが判明する。高碕はアメリカの鮪缶詰業者と面会し，日本製缶詰の問題点は量ではなく価格であること，日本の業者が統制の上でアメリカ産缶詰と協調する販売価格を設定して輸出すれば，問題視するに至らないとの認識であることを確認した。そして日本の缶詰業者に対して，生産も販売も官民で統制してアメリカと協調することが必要であるとの表明を行った[31]。高碕は帰国後に政府の援助を得，鮪缶詰業者の組合設立，輸出量制限，価格維持に努めた。同年，日本鮪類缶詰業水産組合の組合長，鈴木与平が同じく渡米し，カリフォルニアの缶詰業者との話し合い，および関税委員会の公聴会に臨んだ。それに際し，先にアメリカの動向を調査し把握していた東洋製罐の前澤織衛[32]が鈴木に事前に情報を伝えて協力した[33]。また公聴会の後に高碕は関税委員会の副委員長と面会し，鈴木の姿勢および言動に対する評価を聞いている[34]。東洋製罐が鮪缶詰輸出問題に缶詰業者と同じ立場に立って対処していたことが分かる。

　鈴木の渡米は，日米業者間の関係が最悪の状況になる前に打開策を探ろうとの意図があった。鈴木は帰朝後に，アメリカの業者は日本との協調を望んでいること，そして日本の業者は是非とも統制すべきであるという見解を出している[35]。また33年8月に日本缶詰協会と大日本水産会の主催により開催された「對米輸出鮪罐詰官民合同座談會」に高碕と鈴木が同席し，アメリカの状況を報告すると同時に統制の必要性を訴えた[36]。しかし事態は好転せず，日本産鮪缶詰はアメリカ，特にカリフォルニア州の鮪缶詰業者の反発を

受け続け，34年1月に関税は3割から4割5分に引き上げられた。アメリカ側はさらなる関税引上と日本製輸入品排除に向けて運動を激化させた。

34年3月，輸出水産物取締法が公布された。「輸出水産物ノ資源ノ保護涵養又ハ聲價ノ維持向上ヲ圖ル爲」[37]，輸出水産物の取り締まりなどについて規定したものである。鮪類油漬缶詰は輸出検査を受けるべき品種に指定され，製造・加工・処理の営業に際して農林大臣の許可を要し，必要に応じて輸出統制されることになった。しかし輸出量の急伸に歯止めがかからず，日本の対応が後手に回ったためか，アメリカ当業者との交渉は決裂に至る[38]。鮪缶詰業者は団体的統制に努めたが，一方で油漬缶詰の模倣品として鮪類水煮缶詰がアメリカ油漬缶詰市場に進出する様相を呈し始めた。鮪類水煮缶詰の輸出取り締まりを目的として34年9月に農林省令第24号が発令され，営利目的の製造は禁止された[39]。

鮪缶詰をめぐるこの一連の動きに，当時の缶詰業者の乱立と無統制ぶりを垣間見ることができる。この事実は一面，大正〜昭和初期における水産業の急激な進展故の混乱を如実に表している。その中にあって，産業の進展と近代化を急速に図らなければならなかった当時の水産人の苦労が見え隠れする。

36年に高碕はシアトルで同地の缶詰業者と会合し，日米合弁による工船缶詰業の計画を発表した。日本とアメリカの資本，日本の技術者と労働者をもってアメリカ船で缶詰を生産する事業計画であったが，シアトルの労働組合の反対にあって着手することなく終わった。『第参拾九回東洋製罐営業報告書』（昭和11年下期）によれば，この年の高碕の渡米は「アメリカ缶詰業界に多大の衝動を与えたために不測の問題を惹起することがあるため」であったとされる。「多大の衝撃」あるいは「不測の問題」が何かは明確にされていないが，36年7月にカリフォルニア州で日本製あさり缶詰が原因とされる中毒死事件が発生し，それを理由にアメリカ国内で輸入缶詰の不良品摘発が行われ，高碕がその解決と日本製缶詰の名誉回復に対処したことを指しているものと考えられる。高碕はこの問題について政府ならびに業界に対し，

「農林省はあさり缶詰業を許可制度としてその製品の検査を農林省で行うこと」,「貝缶詰同業者は,東京湾および有明海の同業者が相一致し従前の如き非衛生的な工場を閉鎖し,新式の衛生的なる少数工場に統一し,巻締および殺菌設備を改良し,有能なる技術者を雇い入れ製品の品質を改良すること」,「蟹,鮪,蜜柑等對米輸出向罐詰業者と提携し,我國に於て米國人の最も怖るるポチリズム菌の有無につき各方面の権威者の手にて研究する事」[40]を提案した。政治的な動きの中で日米関係は悪化の途上にあり,アメリカをはじめ諸外国からのブリキ輸入が困難になることを懸念して翌37年に東洋鋼鈑を設立することになる。その渦中での渡米は,高碕がアメリカとの関係悪化は日本に良い結果をもたらすことはないとの考えを持っていたことを裏付けるものである。

　続けて37年に高碕は再度訪米した。戦時色が濃くなる中,日本が日本至上主義を掲げて孤立への道を進むことが貿易に悪影響を及ぼすことを憂慮し,アメリカの立場を慮って協調することを目的としたものである。高碕はアメリカの缶詰業者と会合して解決の道を探ろうと考え,アメリカン・キャンの社長の紹介の下にパイン,貝類,鮪の缶詰業者らと会見した。日本は生産販売統制を行いアメリカの市場をかく乱することのないよう注意を払ってきたこと,アメリカの業者に迷惑をかけるつもりは毛頭ないことを訴えた。それでも日本缶詰に対して何らかの措置を取ろうとする場合には,その前に高碕個人に知らしめてほしいと依頼した。

　こうした国際的な一連の活動を見るに,東洋製罐の高碕の姿はない。日本の缶詰業界の代表として同業界の利益と国益を背負っており,しかも国対国の問題とする前に高碕個人に報告してほしいとまで口にしている。これは高碕の独断による発言であるかどうかは不明であるが,国際問題への発展を事前に阻止すべく高碕が個人的に責任の一端を背負うと表明したことを意味している。高碕が缶詰業界において相当の影響力を持っていたことを,少なくとも自覚していたということでもある。

⑸ 事業者統制の推進

『第参拾参回営業報告書』(昭和 8 年下期, P.P.4-5) には「当社は輸出缶詰業統制が必要であるとして政府当局援助の下に輸出向け蟹, 鮭, 貝類缶詰水産組合, 輸出向け鮪缶詰組合が設立され, さらに共同販売会社も設立された。当社は輸出缶詰の生産・販売統制の機運を助長し, 輸出缶詰業の基礎の安定に努力する」旨の記載がある。その文言どおり, 高碕は業界における生産と販売の統制に力を注いできた。

1930 年に高碕が欧米視察に赴いたことをきっかけに,「以来, 主として関係缶詰業者の統制と輸出向缶詰販売統制に従事」した旨,『東洋製罐第弐拾七回営業報告書』(昭和 5 年下期) に記載されている。続く『第弐拾八回営業報告書』(昭和 6 年上期) には,「当社と最も密接な関係にある缶詰業者間に生産販売の統制が行われることは当社の事業安定につながるので, 当社は関係缶詰業者とともにかに, さけ, 貝類等の輸出向缶詰ならびにパイナップル, グリーンピース, 筍など重要な缶詰業について生産販売統制機関の成立に力を尽くした。幸い各方面ともだいたいの統制機関が成立するに至らんとしている」とある。

また前述のアメリカ関税引き上げの公聴会への出席は,「当社の主要得意先である缶詰業者の業態は, 生産・販売両面で統制の実が挙がらず, 原料購入製品輸出ともに不当の競争を展開して収益率は年々低下し, 輸出相手国の関税引き上げの口実を与えている」状況の中, 東洋製罐として「爾来, 主として輸出缶詰統制について力を注ぎ, まさに勃興しようとする日本の輸出食料缶詰の基礎を堅固にし, ひいては当社の業態安定を目指す」[41]との方針に基づいたものであった。

東洋製罐は 35 年に設立となった台湾合同鳳梨株式会社へ投資を行っているが, 台湾で多数の大小製造家による競争激化が起こり, 台湾総督府当局の援助の下に全製造家の大合同が決定した末のことであった。高碕は, 同業者同士は敵対ではなく共同体制を築くことにより利益を創出すべきことを一貫して説き, 実行動でそれを支援したのである。

(6) 東洋罐詰専修学校の設立

1938年，高碕は東洋罐詰専修学校を創設し学校理事長に就任した。「缶詰業者の共同の製缶工場」の社是を掲げる東洋製罐の代表者として，日本の缶詰技術が未成熟な中で缶詰産業が急速に拡大し技術者養成に遅れを取っている状況を問題視し，「このような現状に対し，一企業の経営者という立場を離れ，缶詰技術者を養成する罐詰学校の設立を決意した」[42]のである。また，36年に発生したあさり缶詰中毒死事件を受け，日本の缶詰製造技術のレベルアップを期したものでもあった。

東洋製罐は学校経営の維持安定のために財団法人を設立し，経営を委ねた。東洋製罐所有の土地ならびに利益金の一部を寄付し（図表3-4参照），38年11月に文部大臣より財団法人東洋罐詰専修学校設立の認可を受けた。

同校は「理論と実際技術をあわせ修め，勤労を尊ぶ優秀な技術者を育成する」ことを目的とした建学の精神を掲げた。一般的な専門学校の教育課程が3年であった当時，1年4カ月で修了する教育プログラムを組んだ。そして全寮制で学費，寮費は全て無償とした。

学校創設に伴い，研究機関を併設した。その契機は24年，大阪市立工業研究所の研究室に東洋製罐の研究室を開設したことにさかのぼる。同研究室はブリキ屑を電解し錫を回収する方法について研究を開始し，電解の工業化への基礎を作るなど，本格的な技術研究を行った。やがて研究体制強化の機

図表3-4 東洋製罐の東洋罐詰専修学校への寄付金

期	期間	寄付金額（円）
昭和13年度下半期	1938.6.1～1938.11.30	550,000
昭和14年度上半期	1938.12.1～1939.5.31	450,000
昭和14年度下半期	1939.6.1～1939.11.30	100,000
昭和15年度上半期	1939.12.1～1940.5.31	132,576
昭和15年度下半期	1940.6.1～1940.11.30	267,424
昭和16年度上半期	1940.12.1～1941.4.30	350,000

出所：東洋製罐営業報告書各年版より筆者作成。

運が高まり，教育と研究の一体化を期して東洋罐詰専修学校併設の研究機関としたのである。同時に農産缶詰の研究にも本格的に着手することにし，組織体制を教育部，研究部，農園部，経理部とした。

　学校を創設して缶詰製造技術の教授に力を注ぎ，缶詰業界を先導する人材の育成に着手したことは，高碕が缶詰業界の進展を念頭に優秀な人材の重要性を強く認識していたことの裏付けとなる。また教育と研究の一体化は，理論と実際技術の融合という建学の精神に沿ったものであった。伊谷が心掛けていた知行合一[43]の教育方針につながるものでもあり，高碕の人材育成の基本的思考を表すものと考えられる。

(7) 理念共有と組織的国家貢献の推進

　高碕の人材重視の姿勢は，会社の根本方針と共に従業員服務精神の核心を掲げ，理念共有に努めたことにも表れている。東洋罐詰専修学校において1938年より東洋製罐の集合教育を実施したことからも，高碕が理念共有に力を入れていたことがうかがえる。集合教育は「社風や伝統の精神，会社全般の概括的基礎知識を把握させること，新入社員相互の親睦，啓発をはかること，会社の空気に対する馴れと親しみの念をつくること，あわせて会社幹部との意思疎通をはかることを目的とした」[44]ものである。

　高碕が理念共有に力を入れたのは，東洋製罐がその使命を果たすことができるよう，組織的な国家貢献を目指したからであろう。その手法は従業員に上から押し付けて従わせるのではなく，自発的な行動を促すものである。「我々はお互いに平和に相助け合ふて，各自の個性を極度に発揮し其間に各自が渾然融和して，我東洋製罐株式会社の大をなさん事を希望してやま」[45]ず，「前途あり且つ教養ある青年が会社と運命を共にして，何等の束縛なく自由の空気の下に各自業務に楽しんで働いて居る」[46]ことを目指したのである。個々の従業員が自発的かつ自立的に向上を目指しつつ，和をもって会社の使命を果たすことを望んでいたことが分かる。

　その傍らで従業員の自立と融和を図るために「カストマー・オーナーシッ

図表 3-5　東洋製罐の株主数・保有株数の比較

持株数	大正15年5月末日現在 株主数	全株主数に占める割合	昭和10年5月末日現在 持株数	全株主数に占める割合
10,000株以上	0	0.0%	2	0.4%
5,000株以上	2	1.0%	2	0.4%
1,000株以上	11	5.6%	20	3.6%
500株以上	13	6.6%	17	3.0%
300株以上	15	7.6%	26	4.7%
200株以上	10	5.1%	23	4.1%
100株以上	37	18.7%	79	14.1%
50株以上	44	22.2%	108	19.3%
50株未満	66	33.3%	282	50.4%
合計	198	100.0%	559	100.0%

出所：東洋製罐営業報告書より筆者作成。

プ・エンプロイー・オーナーシップ」を標榜し，消費者や従業員が株主として東洋製罐の株を保有することを推奨した。実際，東洋製罐の株主は年を追うごとに少数株主の数を増やしている（図表 3-5 参照）。

4. 倫理的基盤の下での産業発展への寄与

　高碕は母の死を契機として真摯に学び，生きることを決意し，中学校の教師に触発されて水産業を進むべき道と定めた。未熟であった水産業を志したのは，水産業が食料問題解決と外貨獲得の重要産業になると教えられたからである。そのときは具体的なイメージは何もなく，自らが水産業に従事することで富国に貢献をしたいとの一心であった。それが具体性を帯びるのは，水産講習所において軍納の缶詰製造に従事したことがきっかけであった。学校での学びや経験が実業に結び付くことを実感し，自分が水産業をして国益に貢献できる道筋を見いだしたのである。特に恩師，伊谷の影響を強く受け，伊谷の支援の下に缶詰産業に進む。そして先に見たような企業家活動を

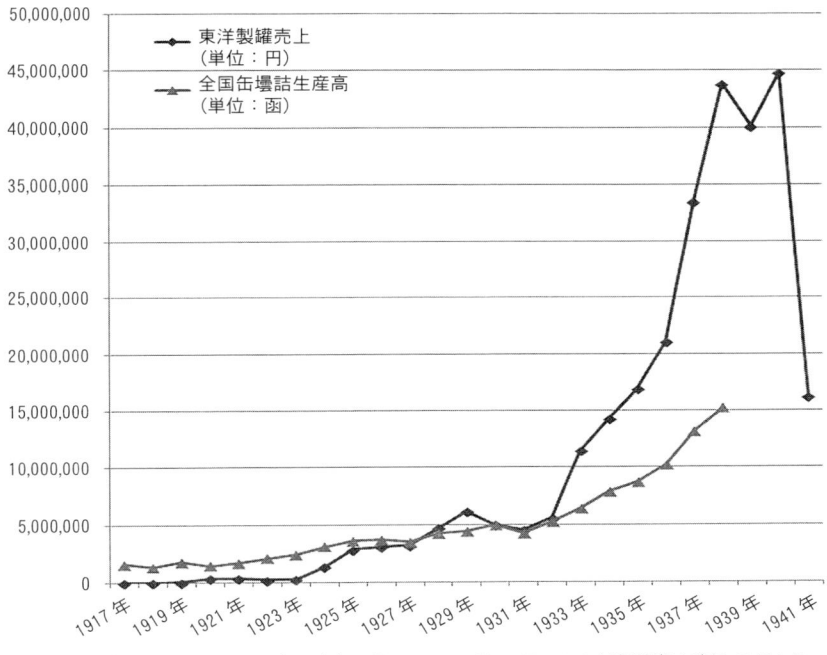

第3章 産業発展を見据えた理念経営　　*113*

図表 3-6　東洋製罐の売上高および全国缶壜詰生産高推移

注1：東洋製罐の売上は，1917年は当年6月25日～11月30日，1918年度以降は前年12月1日～当年11月30日，1941年は前年12月1日～当年4月30日。
　2：売上には営業外収益（利息・雑収入・棚卸）は含まず。小数点以下は切り捨て。
　3：缶壜詰生産高は1940年以降のデータなし。
出所：『東洋製罐営業報告書』および日本缶詰協会調査部『本邦罐壜詰輸出年報』より筆者作成。

通し，製缶業の立場から缶詰産業の発展に寄与し，水産業を志したときに思い描いた食糧問題の解決と外貨獲得に貢献したのである。

　高碕は伊谷から資金調達や人材供給などの実利的な支援を受けると同時に，企業家としての倫理観形成においても影響を受けた。特に伊谷の「私心をはさまず純粋な発露より仕事に従事する」という考えと一貫した姿勢は，高碕がひたすら缶詰業界の発展のために力を注いだことと重なる。伊谷は保身とは無縁の人物であり，純粋に水産業界にとって最良の選択は何であるかを見通し，かつ自身が直接手を下すのではなく，人と人とをつなぎ，機会を

提供し，人的・技術的・資金的援助の方策を提示するなど，オルガナイザーの役割に徹した。そうした伊谷の活動は，教職者としての立場を崩さなかったこと，実業への直結を常に念頭に置いていたことに大きな特徴がある。伊谷はあくまで教職者であったが，伊谷のそうした姿勢に同調した高碕は，企業家として伊谷の志を受け継いだものと考えられる。高碕は仕事において「愚を守る」ことが大切とし，「愚を守るということを，別のことばでいえば，無償の情熱，無償の奉仕とも表現できる。　ついでにいうと，かくいう私も今，その無償の情熱を燃やしている」[47]としている。さまざまな利害関係者の狭間にあって，最終目的を見失うことなく経営理念にのっとって決断し行動し得た要因は，私心なき奉仕の精神にあった。

　高碕は日本で初めて大規模製缶専業企業を立ち上げ，製缶業を産業として形作ったが，それを最終目的としていたわけではない。缶詰産業の近代化と発展を目指したのであり，それによる食料問題解決と外貨獲得，日本の富国を企図していた。高碕が缶詰の規格統一を半ば強行したのも，缶詰産業の健全化を図り事業者統制を通じて近代化を推進したのも，アメリカ同業者との交渉を進めて販路拡大にいそしんだのも，東洋製罐の発展よりも缶詰産業の発展を期してのことであった。秩序の構築と事業の合理化，産業の近代化が不可欠であるとの確信に基づいたものであり，しかもその基盤を倫理的活動に置き，奉仕の精神，すなわちステークホルダーへの配慮に徹した。ステークホルダーとは需要家である缶詰業者であり，その先の一般消費者である。しかも外貨獲得を目標に国際協調を志向し，企業家活動の範疇（はんちゅう）は海外各国に及んでいたのである。

　その思考と行動を企業家個人にとどめることなく，企業として，産業として，国家として発揮しなければ国家的課題解決につながらないと考え，まずは組織的展開を目指す。自らの企業理念を社員の1人1人に周知徹底し，個々人が主体的に力を発揮するように努めた。それをもって東洋製罐を組織的に国家貢献事業にまい進させ，その力をもって缶詰産業を同じベクトルに向かわせ，ひいては食糧問題の解決と外貨獲得を通して国家にとっての重要

産業へと向かわせたのである。それが結果として缶詰加工業を缶詰産業に仕立て上げ，日本の漁業を水産業へと導く一翼を担うことになった。髙碕の一連の企業家活動は企業の社会的責任を果たし，社会の持続的発展に寄与するものであったと考える。

注
1) 小安［1937, 71 ページ］。
2) 松原は 1853（嘉永 6）年に松江に出生。生物学，魚類学，ドイツ語を学び，農商務技師として全国の水産調査を行い，1889～91 年に『水産調査予察報告』（全 4 巻）をまとめる。
3) 中村嘉壽は 1900 年に水産講習所を卒業し，翌年農商務省より漁業研究を委託され渡米。その後，水産企業をはじめ経営に携わるとともに政治活動も行い，後に衆議院議員を務めた。
4) 堤清六は日魯漁業（現・マルハニチロ株式会社）の礎を築いた企業家。1907 年に堤商会を創設。
5) 郡司成忠は元海軍大尉で，自ら退役し北洋の警備と開拓に従事。北千島占守島の農業や漁業開発などを行った。
6) 中島董一郎は伊谷の教え子で，水産講習所における高碕の 1 年後輩。後に国産初のマヨネーズ，キユーピーマヨネーズの製造・販売を事業化する。
7) 髙橋熊三は 1904 年に水産講習所を卒業し，40 年以上にわたって伊谷と公私を共にした。
8) 海底や海底近く，あるいは海底の砂泥中にすむ魚。
9) 鈴木［1969, 192 ページ］。
10) 井舟［1937, 279 ページ］／中村［1937b, 27 ページ］。
11) メンバーおよび正式決定過程に関しては鈴木［1969, 254 ページ］によったが，大日本水産会［1929, 56 ページ］によれば，有志およそ 30 名による水産物輸出増進協議會において「水産物輸出増進に関する意見」をまとめ，近く水産関係諸団体の名の下に関係官庁および貴衆両議院に具陳される予定であると記されている。さらに井舟［1937, 279 ページ］によれば，1930 年に計画樹立となっている。
12) 農林省水産局［1934, 2～12 ページ］。
13) 髙碕［1937, 41 ページ］。
14) 髙碕達之助集刊行委員会［1965, 下, 3 ページ］。
15) 髙碕達之助集刊行委員会［1965, 下, 5 ページ］。
16) 髙碕［1913］。
17) 東洋製罐［1997, 58 ページ］。
18) 髙碕［1965, 上, 111 ページ］。
19) 髙碕［1959, 70 ページ］。
20) 髙碕［1961, 105 ページ］。
21) 鍋島態道は 1905 年に水産講習所を卒業し，日魯漁業や東洋製罐などの経営に携わった。
22) 缶型統一に関する歴史の一連の記載は『缶詰時報』［第 5 巻 3 号, 1926, 67-71 ページ］および山中［1962, 第 2 巻, 269-298 ページ］によった。
23) 『缶詰時報』［第 10 巻 5 号, 1931, 79 ページ］。
24) 東洋製罐［1997, 60 ページ］。
25) 山中［1962, 第 2 巻, 273 ページ］には，髙碕が 1918 年に缶型の種類数の調査を行い 1 ポンド缶だけで 85 種あったこと，その数年前にアメリカ商務省が商品の単一化を行って実効を上げ

たこと，の記載がある。
26) フーバーがFederate American Engineering Societyの会長であったときに「産業におけるむだ」という問題について総合的な調査を実施してその結果を1921年2月ごろに公表した。それには，無駄の排除のために規格の活用を強く唱えたことを契機とし，商務長官に就任すると早々にこの問題に着手したことが記されている。
27) 東洋製罐［1997, 35ページ］。高碕は『缶詰時報』［第9巻2号, 1930］に掲載した「産業の合理化と吾罐詰界」の中で東洋製罐は缶型を14種に限定して始めようとしたとしており，また1927年発行の「東洋製罐株式会社十週年の所感」にも14種に限定との記載がある。山中［1962, 276ページ］には13種とある。
28) 東洋製罐［1997, 71〜72ページ］。
29) 『缶詰時報』［第3巻5号, 1924, 29ページ］。
30) 新水産社［1934b, 22-24ページ］。
31) 『缶詰時報』［第11巻12号, 1932, 8-18ページ］。
32) 前澤織衛は1910年に水産講習所を卒業し，東洋製罐で取締役，常務を歴任。
33) 清水食品株式会社社史編集委員［1980, 40ページ］。
34) 同上［41-42ページ］。
35) 『缶詰時報』［第12巻1号, 1933, 2-17ページ］。
36) 『缶詰時報』［第12巻11号, 1933, 2-27ページ］。
37) 農林省水産局［1936, 1ページ］。
38) 新水産社［1934a, 36ページ］および新水産社［1934b, 24ページ］。
39) 農林省水産局［1936, 56-7ページ］。
40) 『缶詰時報』［第16巻3号, 1937, 61ページ］。
41) 『東洋製罐第参拾弐回営業報告書』［昭和8年度上期, 4ページ］。
42) 50年史編集委員会［1988, 20-21ページ］。
43) ここでは「実行動を伴って初めて習得した知識が知識として生きる」との意。
44) 東洋製罐［1997, 70ページ］。
45) 1928年発行の小冊子『ハーバート・フーバー氏と我社の方針』。
46) 1927年発行の『東洋製罐株式会社10周年の所感』。
47) 高碕達之助集刊行委員会［1965, 下, 78-79ページ］。

主な参考文献

相原一郎介［1937］「伊谷先生の思出」『樂水　故伊谷先生追悼號』第366號，樂水會。
朝比奈貞良［1915］『大日本洋酒罐詰沿革史』日本和洋酒罐詰新聞社。
井舟萬全［1937］『伊谷以知二郎を語る』日本食糧協会。
高清会［1985］『髙碕達之助先生ご生誕百年を迎えて』高清会。
小安正三［1937］「伊谷先生を偲ぶ」『水産界』第654号，大日本水産會。
50年史編集委員会［1988］『学校法人東洋食品工業短期大学　財団法人　東洋食品研究所　50年のあゆみ』東洋食品工業短期大学・東洋食品研究所。
篠原正規［1934］「我國水産物の輸出貿易に就て（一）」『水産製造會誌』第2巻第6号，水産製造會。
清水食品株式会社社史編集委員　編［1980］『SSKの50年』。
新水産社［1934a］『水産公論』第22巻第5号，新水産社。
新水産社［1934b］『水産公論』第22巻第6号，新水産社。
新水産社［1934c］『水産公論』第22巻第10号，新水産社。

水産講習所［1899〜1926］『水産講習所一覧　明治31〜大正15年』．
鈴木善幸［1969］『伊谷以知二郎伝』漁村文化協会．
大日本水産會水産傳習所［1897］『大日本水産會水産傳習所報告』．
大日本水産会［1929］「水産物輸出増進協議會」『水産界』No.565，大日本水産會．
大日本水産会［1941］『水産界第七百號（大水創立六十年）記念特輯號』大日本水産會．
高碕達之助［1913］「墨國北部大平洋沿岸漁場調査報告（一）〜（六）」『大日本水産會報』第参百六拾九〜参百七拾四號，大日本水産會．
高碕達之助［1937］「伊谷先生の死」『罐詰時報』第16巻第5号，日本罐詰協會．
高埼達之助［1938］『缶詰輸出年額四億圓達成十ヶ年計畫の提唱』』東洋製罐．
高碕達之助［1953］『満州の終焉』実業之日本社．
高碕達之助［1957］「高碕達之助」日本経済新聞社編『私の履歴書　第二集』日本経済新聞社．
高碕達之助［1959］「カン詰からダムまで」『人生この一番』文明社．
高碕達之助［1961］「小林一三さんを偲ぶ―人生の燈台―」『小林一三翁追想録』小林一三翁追想録編纂委員会．
高碕達之助集刊行委員会［1965］『高碕達之助集　上・下』東洋製罐．
高橋熊三［1937］「思ひ出二つ三つ」『樂水　故伊谷先生追悼號』第366號，樂水會．
東京海洋大学附属図書館　編［2011］『図書館常設展示第5回　水産講習所第三代所長　伊谷以知二郎』東京海洋大学附属図書館．
東洋製罐［1917〜1941］『東洋製罐営業報告書』．
東洋製罐［1967］『東洋製罐50年の歩み』東洋製罐．
東洋製罐［1997］『東洋製罐八十年の歩み』東洋製罐．
東洋製罐グループ綜合研究所50年史　編集委員会［2011］『東洋製罐グループ綜合研究所50年史』東洋製罐グループ綜合研究所．
中島董一郎／董友会［2005］『中島董一郎譜』董友会．
中村嘉壽［1937a］「水産界に終始一貫した業界の大恩人伊谷以知二郎先生」『水産界』第654号，大日本水産會．
中村嘉壽［1937b］「人間伊谷以知二郎」『樂水　故伊谷先生追悼號』第366號，樂水會．
鍋島態道［1962］「態翁水産夜話」『日刊水産経済新聞』水産経済新聞社．
二野瓶徳夫［1981］『明治漁業開拓史』平凡社．
日本缶詰協会［1923〜1940］『缶詰時報』．
農林省水産局［1934］『輸出水産物ノ輸出並生産統計』農林省水産局．
農林省水産局［1936］『輸出水産物取締關係法規』農林省水産局．
農林省農業綜合研究所編［1949］『農林水産品輸出統計』農林省農業綜合研究所．
農林水産省統計情報部農林統計研究会　編［1979］『水産業累年統計　第2巻』農林統計研究会．
野村利兵衛［1937］「伊谷先生を想ふ」『樂水　故伊谷先生追悼號』第366號，樂水會．
羽原又吉［1982］『日本近代漁業経済史』岩波書店．
深作安文［1937］「故伊谷水産講習所長を憶ふ」『樂水　故伊谷先生追悼號』第366號，樂水會．
丸川久俊［1937］「伊谷先生を通じて振興漁業の発展を觀る」『樂水　故伊谷先生追悼號』第366號，樂水會．
三島康雄［1972］『北洋漁業の経営史的研究』ミネルヴァ書房．
山中四郎［1962］『日本缶詰史　第1巻・第2巻』日本缶詰協会．
横山進編［1995］『日魯漁業経営史（現ニチロ）　第二巻』ニチロ．

（島津淳子）

第4章
キリスト教倫理と商業道徳
―相馬愛蔵（新宿中村屋）―

はじめに

　本章は，新宿中村屋を創業した相馬愛蔵の企業家活動の足跡をたどり，彼の経営姿勢とそのバックボーンにあるキリスト教倫理と商業道徳について説いていくことを目的とする。

　1870（明治3）年に長野県に生まれた相馬愛蔵は，東京専門学校（現在の早稲田大学）在学中にキリスト教の洗礼を受けた。卒業後は一時北海道で起業を志すも，長野に帰って養蚕の仕事に従事した。並行してキリスト教の布教活動を行うなか，知人の紹介で星良（黒光）と結婚した。その後2人は上京，生活の術として選んだのがお互い全く経験のない商売だった。1901年に本郷の中村屋を居抜きで購入してパン屋を開店，現在の新宿の地に移転したのは1909年のことである。商売は試行錯誤の連続だったが，愛蔵と黒光は，誠実かつ公正な商人道を貫いていったのであった。

　愛蔵は，自叙伝『一商人として』の冒頭で，中村屋の商売について，以下のように著している。

　「商売に縁のない家に生まれ，まるで畑違いの成長をした人間が，何処までも素人の分を越えないで，こつこつと至って地味に商売をしているのが中村屋である。素人のすることだから花々しいものは何もない。が，この素人は人の後についてここまで歩いてきたのではない。中村屋の商売は人真似ではない。自己の独走を以て歩いてきている。従って世間というとこ

ろがあって，何故ああ窮屈に異を樹てるのかと不審がられる向もあろう。」（相馬愛蔵［1938］，3ページ）

現在の中村屋代表取締役社長である鈴木達也氏は，愛蔵について「商売の経験がありませんでしたが，独創性と社会奉仕の精神で経営を行い，今日の土台を築き上げました」（新宿中村屋ホームページ）と評し，同社の経営について「創業者の精神を受け継ぎ，『新たな価値を創造し，健康で豊かな生活の実現に貢献する』を経営理念としています。」（同前）と述べている。愛蔵と黒光が築き上げた事業と経営の哲学が今も受け継がれ，実践されているのである[1]。

以下では，まず相馬愛蔵の生い立ちから青年時代の出来事および黒光との出会いについて述べ，次いで中村屋の創業とユニークな事績についてエピソードを交えながら紹介する。そして愛蔵の企業家活動の特徴，さらにはそのバックボーンにある経営理念（キリスト教倫理）について解説していく。なお，愛蔵の企業家活動の叙述に関しては，彼の著作『一商人として』（岩波書店，1938年）と『小売商一路・私の小売商道』（高風館，1956年）に大きく依拠していることをあらかじめ断わっておく。

1. 相馬愛蔵の生い立ち

(1) 多感な青年時代

相馬愛蔵は，1870（明治3）年に信濃国安曇郡白金村（現在の長野県南安曇郡穂高町穂高）で富裕な農家の三男として生まれた。相馬家の祖先については，「遠くは平将門を祖とする」あるいは「祖先は武田信玄の客将となって信州に入った」などといった説があるが，いずれにせよ，代々庄屋をつとめる地元の名家であった。だが愛蔵は，1歳のときに父・安兵衛を，6歳のときに母・ちう（通称ちか）を亡くした。この時，家督を継いでいた15歳年上の長兄・安兵江（安兵衛）が愛蔵の養父になった。安兵江は強靱な体つきで正義感が強く，愛蔵を実の子のように熱心に育てたのであった。

愛蔵は，地元の小学校を卒業後，1884年に長野県中学校松本支校に入学した。同校には，生涯にわたって深く親交を持つようになる井口喜源治と木下尚江が通っていた。愛蔵と同じ穂高町出身である井口は，後にキリスト教の洗礼を受け，同地に研成義塾を設立してキリスト教人格主義教育を実践するなど，教育者として活躍した。愛蔵の上級生だった木下は，後に新聞記者や弁護士に従事しながら社会運動に身を投じた人物で，小説『火の柱』『良人の自白』など数々の著作をのこした。なお，愛蔵らが在学中に愛知・長野両県の自由党員による挙兵未遂事件「飯田事件」が起こった。多感な時期にこうした思想活動や政治運動を目の当たりにした愛蔵らは，社会正義のために生きていこうという思いを持つようになったという。

愛蔵は数学が得意だったが，英語は大の苦手で，3年の終わりには進級も危ぶまれるようになってしまった。留年するのを嫌った愛蔵は退校を決意し，1887年に東京専門学校（1882年開校，1902年に早稲田大学に改称）に入学，邦語第二法律科（別称：邦語行政科）で学んだ。だが，牛込教会（現在の日本基督教団牛込払方町教会）にも熱心に通うようになり，1889年にはキリスト教の洗礼を受けた。教会に通うようになったきっかけは友人に誘われたことだった。愛蔵は「教会では潤いゆたかな雰囲気に浸ることができた」と後に語るように，多くのキリスト教信者と親交を深め，刺激を受け，かつ楽しんだ。押川方義や内村鑑三ら，キリスト教の"元老"ともいえる人物たちからも教えを受けた。愛蔵は以下のように述懐している。

「私に最も大きな影響を与えたのは，学校よりも教会であった。…下宿屋生活ではまことに殺風景で，いま思えば，私はこの間にかなり人間としての自分を枯らしたように思うが，その反対に教会では，うるおいゆたかな雰囲気に浸ることが出来た。…ここでは年長者は父母の如く，或いは兄姉の如く，若き者は弟妹の如くで，実に和気藹々（あいあい）たるものがあった。」（相馬愛蔵［1938］，203〜4ページ）

キリスト教と，それにつながる人間尊重，自由，平等などといった近代精神が，愛蔵にいっそう正義・人道を重んじる人物として影響を与えたの

だった。

(2) 養蚕事業とキリスト教布教活動

1890年，愛蔵は，東京専門学校を卒業すると北海道に向かった。人に雇われるのを好まなかった愛蔵は，何か自分にできる仕事はないかと模索していた。それゆえ開拓途上の北海道は，彼にとってはそれを実現する格好の地であると思われた。愛蔵は同地で伊藤一隆[2]が会頭をつとめる北海道禁酒会のメンバーと知り合い，彼らとともに札幌の郊外で農園開拓の事業を起そうとした。しかし，土地の購入資金を準備するため一度穂高に帰った愛蔵に対し，長兄夫妻は穂高に戻るよう説得した。長兄夫妻には子がなかったため，愛蔵に家督を継がせるつもりだったのである。愛蔵は熟慮の末これに応じ，約1年間の北海道での生活にピリオドを打った。

愛蔵は穂高で養蚕の研究に取り組んだ。当時は生糸が日本の輸出製品の主力であり，穂高にも養蚕業を興すことが地元の人々のためになるとの思いを抱いていたからであった。愛蔵は養蚕に関する書物を参考に事業を開始し，ときには福島，群馬，京都に足を運んでアドバイスを受けた。その結果，これまで年2度の収穫を技術改良によって年3度できるようになるなど十分な成果を得ることができた。愛蔵は自らの事業成果を1894年に『蚕種製造論』として著した。1900年にも『秋蚕飼育法』を出版した。著書が反響を呼び，愛蔵のもとには各地から養蚕従事者らが訪れるようになった。愛蔵もさらなる技術改良に取り組むとともに，穂高に相馬養蚕所を設けて，自分が獲得した養蚕技術を訪れる人たちに精力的に教えたのであった。

養蚕事業と並行して，愛蔵はキリスト教精神や禁酒の普及浸透にも力を注いだ。1891年に東穂高禁酒会を組織し，自ら会長になった。禁酒会への賛同者も多く，愛蔵の中学校の同級生だった井口や後に中村屋に出入りするようになる荻原守衛（碌山）もこの活動を支援した。相馬養蚕所もいつしか養蚕だけでなくキリスト教精神を教える場となった。

1894年には，栃木県那須原孤児院の救済運動に携わった。同院とは，養

蚕を始めることを聞いた愛蔵が，蚕種を寄贈したことから交わりを持つようになった。ところが，愛蔵が初めて孤児院を訪問したとき，院のあまりの窮状さに閉口したという。愛蔵は義援金を集めることを決意し，押川方義のいる仙台へと向かった。義援金の募集活動を行うなか，愛蔵は押川門下の島貫兵太夫と親しくなった。この押川と島貫の仲介で，愛蔵は星良（黒光）と結婚したのであった。

(3) 愛蔵の妻・星良（黒光）

星良（黒光）は，1875年，仙台藩に仕える士族・星喜四郎の三女として，現在の宮城県仙台市で生まれた。「黒光」の名は，愛蔵との結婚後に執筆した「魔酔の記」が『女学雑誌』[3]に掲載されたときから使用している筆名である（以下，黒光と記す）。黒光の祖父で儒学者の星雄記は，評定役として藩の要職に就く有能な人物で，義を重んじる誠実な人柄もあって周囲から一目置かれていた。黒光はそのような祖父を誇りに思いながら，向上心旺盛な性格を持ち，利発な子としてすくすくと育っていった。

黒光がキリスト教の洗礼を受けたのは，13歳のときだった。キリスト教に接するきっかけは，小学校に通う途中に仙台教会があり，その温和な雰囲気に引き寄せられたからであった。黒光は日曜日のたびに教会に通うようになり，そこで押川から教えを受け，かつ島貫ら教会に通う人たちとも親しくなった。とくに黒光の才女ぶりに感心した島貫は，黒光のことを「アンビシャス・ガール」と呼び，妹のようにかわいがったという。

黒光は，1891年4月，15歳のときにミッションスクールの宮城女学校（現在の宮城学院高等学校）に入学した。だが，翌年2月，上級生がアメリカ人教師の教育方針に対して抗議文を提出して退学処分となったのをみて，彼女たちと同じ思いを抱いていたことを理由に自らも退学した。その数カ月後，押川と島貫の勧めもあって横浜のフェリス和英女学校（現在のフェリス女学院）に入学した。しかし，祈祷会で司会者に指名されて祈りを強要させられたことに反発するなど，信仰心が揺らいでしまうことがいくらかあった。さ

らにこの頃から文学に興味を持ち始めたこともあって，1895年9月に同校を中退して東京の明治女学校[4]に転学した。ところが，転学してから身を寄せていた叔母・佐々木豊壽（婦人評論家・社会運動家）の家に出入りしている新聞記者，政治家，学者らと接してさまざまに影響を受けるうちに，明治女学校に通う張り合いが徐々に薄れていくのを感じるようになった。

そのような折，島貫から，愛蔵との縁談の話を受けた。島貫は，愛蔵ならば，都会で受けた教養と激しい気質の持ち主であるアンビシャス・ガール（黒光）と一緒にうまくやっていけるのではないかと感じていた。黒光も，信州に新たな境地が見いだせるのではないかと思い，1897年3月に愛蔵のもとに嫁いだ。愛蔵は26歳，黒光21歳だった。翌年2人の間に，長女・俊子が，1900年には長男・安雄が誕生した。

しかしながら，相馬夫妻の信州での生活は，約4年間でピリオドを打つことになった。黒光が，信州の風俗習慣と平穏な田園生活にどうしてもなじむことができず，体調を崩したからである。愛蔵は，黒光のためにも上京することを決心し，1901年9月に長兄夫婦の許しを得て信州を離れた。そして東京市本郷区（現在の文京区）千駄木に家を借りて生活を始めると，黒光の体調は日ごとに回復していった。それゆえ，相馬夫妻は東京に永住することを決意したのだった。

2. 商人としての道

(1) 中村屋の開業

東京での永住を決めたものの，相馬夫妻には何らかの生活手段が必要だった。前述のように，愛蔵は人に雇われるのが嫌いだったため，「月給取り」以外の途を模索していた。考えた末，彼が選んだのは「商売」だった。月給取りになれば，自分の良心に背くことでも給料のためにやらなければならなくなる。むしろ正しく商売をすることで，自分たちの良心を傷つけることなく，かつ社会にとって何かためになる生き方をしたほうが立派であると思っ

たからである。商売に決めたことに関して，愛蔵は以下のように述懐している。

「明治のはじめ，福澤諭吉翁が唱えていた『独立自尊』という言葉ですが，私は大体あの気持で商売をやって行きたいと思ったのです。政治家が政治をするのも国家社会のためであるだろうが，商人が商売をするのも国家社会のためでなければならぬ。同じく国家社会のために，政治家となり，商人となっているのだとすれば，政治家が身分が高く，商人は卑しい者などということはない筈である。」（相馬愛蔵［1956］，1～2ページ）

さらに愛蔵には，どのような商売を行うのかに関して，次のような考えがあった。

「昔からある商売では，玄人の中へ素人が入るのだから，到底肩をならべて行かれそうもない。むしろ冒険のようには見えても，西洋にあって日本にまだない商売か，あるいは近年ようやく行われてきたが，まだ新しくて誰も行っても先ず同じこと，素人玄人の開きの少ないという性質のものを選ぶのがまだしもよさそうである。」（相馬愛蔵［1938］，9ページ）

「新しい商売を…」ということを条件に，愛蔵が最初に思いついたのが，住んでいる本郷という場所柄ゆえ，学生をターゲットにした喫茶店だった。繁盛しそうに思えたが，自分たちが店を始めようとしていた場所のすぐ近くにミルク・ホールができたため，出店を断念せざるを得なかった。

つぎに相馬夫妻が考えたのが，パン屋だった。生活様式の洋風化が進展していた当時の日本では，パンは日本人の生活に入り込みつつある段階だった。それゆえ，パンが一時のハイカラ好みに終わるのか，一般家庭の食品として広く普及していくのかの見通しを立てるため，相馬夫妻は，1日3食のうち2食をパン食とし，これを3カ月間続けてみた。その結果，パンは将来性があるのではないかという結論に達した。

愛蔵は，早速当時の有力新聞・万朝報の三行広告欄に「パン店譲り受けたし」と出した。数カ所から譲渡の申し込みがあったが，その中で本郷区森川町の中村屋を選んだ。中村屋は，愛蔵らが3カ月間毎日パンを買っていた店

だった。愛蔵は早速中村屋の主人と会い，商品，かまど，製造道具など，一切居抜きのまま700円で譲り受けた。そして屋号，5名いた従業員もそのままに，1901（明治34）年12月30日，相馬夫妻による「中村屋」が開業したのであった。

本郷で開業した中村屋
出所：『中村屋100年史』

　中村屋は開業したが，愛蔵はそもそも中村屋主人がどうして店を手放したのか不思議に思っていた。中村屋は売り上げが悪かったわけではなく，むしろ繁盛していたからであった。それゆえ，従業員や近所の人たちに聞いてみるなどして中村屋が売りに出された理由を調べてみた。その結果，主人は，商売そのものには熱心だが，米相場に手を出して損失を被っていたことがわかった。それでいて生活はかなり享楽的で，従業員とは別の食卓で贅沢な食事を楽しんだり，毎月のように着飾って商売繁盛の祈願をしたりしていた。それゆえ原料の仕入れはすべて掛け買いであり，さらに支払いも延び延びになったので問屋から1割ぐらい高く買わざるを得なくなっていたこともわかった。相馬夫妻は，前の主人の"失敗"を戒めとし，「五カ条の盟」を定めた。

　　営業が相当目鼻のつくまで衣服は新調せぬこと。
　　食事は主人も店員女中達も同じものを摂ること。
　　将来どのようなことがあっても米相場や株には手をださぬこと。
　　原料の仕入れは現金取引のこと。
　　最初の3年間は親子3人の生活費を月50円と定めて，これを別途収入に仰ぐこと。

　5つ目の「別途収入」というのは郷里における養蚕事業の収入のことであ

る。愛蔵は中村屋を開業してからも1年のうち約半分は長野に戻って養蚕事業に従事していたのだった。

相馬夫妻は,「五カ条の盟」を忠実に実行した。従業員たちもこれらを理解し,一生懸命働いた。製品の質はすぐに向上し,売上も着実に増加していった。近くにある東京帝国大学や第一高等学校の学生の間にもおいしいと評判になった。「五カ条の盟」の5つ目は,わずか1年にして必要なくなった。

(2) 新商品の開発

先に述べたように,愛蔵と黒光は商売に関する経験が全くなかった。それゆえ商売の方法について,他の店から学ぶなどして自分たちの商売を確立していかなければならなかった。ただし2人は慣習にこだわらず,創意工夫を重んじて,他店のやり方をそのまま模倣することを良かれとしなかった。しかしながら,2人が自分たちのやり方の方が正しいと思っても,実際にはなかなか理屈通りにいかないこともあった。いずれにせよ,試行錯誤の連続であり,その過程で彼らは自分たちなりの商売の方法を確立させていった。いくつかエピソードを交えながら紹介してみよう。

開店当初,中村屋は「書生上がりのパン屋」として珍しかったせいか,記者が来て談話を雑誌に掲載するなど世間の話題になった。パンの質の良さもあって大学や高校の学生を中心に客は日増しに増えていった。ある日,1人5銭で800人分の注文をした学生がいた。その後小使が中村屋を訪れ,40円の1割(コンミッション)を小使部屋へ渡すよう要求した。愛蔵はこれには応じられないと断ったが,小使は意外な顔をして,他の店では1割出す習慣になっているから払うべきだと言い放った。しかし愛蔵はこれを断固拒否し,むしろ学校に抗議しに行くと強気に出た。すると小使は驚いてあわてて逃げ帰ったのであった(後日小使頭の謝罪を受けた)。また,ある事業所に通っている時にも門番から当たり前のように物品を要求されることもあった。この当時は商人が下に見られ,かつ商人自身も卑屈になって,言われるままにコンミッションを要求されるという"悪しき因習"があった。これを

打破していくことは，愛蔵にとってある種の「闘い」でもあった。

　中村屋の近くに，ミルク，バター，ジャム，ビスケットなど中村屋と同じ商品をほぼ仕入れ値という格安で販売する食料品店が開店した。とても繁盛し，中村屋の客が奪われていった。卸売商に尋ねたところ，安く販売できる理由は，洋酒を卸値の2倍の価格で売ることで安く売っている分の損失を補っていたからだった。ミルクやバターなどはいわゆる「囮商品」だった。たまりかねた愛蔵は，かつて禁酒会を組織していた自分にとって良くないことだとわかっていながらも，卸売商の勧めもあって，ブドウ酒などの洋酒を取り扱うことにした。得意先にチラシを配ったが，その翌日にこれを目にした内村鑑三が店に駆け込んで来て，「中村屋が今度悪魔の使者ともいうべき酒を売るとは・・，私はこれから先交際ができなくなります」，「酒を売るようではあなたの店の特色もなくなります，あなたとしてもわざわざ商売を選んだ意義がなくなりましょう」（前掲，31ページ）などと愛蔵を批判した。愛蔵は自分に恥じて，すぐに洋酒の販売を中止した。改めて，自分自身が正しいと思う商法を貫いていくことを心に誓ったのであった。なお内村には，欧米では日曜日は休みであることを指摘され，その日に働くことを咎められた。しかし愛蔵は，客が来てくれるのだから欧米の習慣をうのみにするのは良くないと判断して休日も働くようにした。

　囮商品への対策もあってか，相馬夫妻は，売上を伸ばすためにどの店にも負けないような良質で斬新な品を揃えることに努めた。その結果，1903年に，従業員の創意工夫でフランスパンの品質向上に成功した。中村屋の常連客から，近くのパン屋で売っているフランスパンをつくってもらいたいとリクエストを受けたのがきっかけであった。なお，愛蔵は，このフランスパンづくりを成功させた人物に高価な銀時計を送った。だが他の従業員も「同じように努力したのになぜ彼だけが…」と不満を募らせていることを反省し，これ以後，1人の人物だけを褒めることはしないようにした。

　1904年には，クリームパンを創案した。愛蔵がシュークリームを食した際に，あんパン[5]の餡の代わりにクリームを用いたらお客様に喜んでもらえ

るのではないかと思い付いたものだった。発売したところ大好評で，「中村屋のクリームパン」としてまたたく間に広まっていった。さらに，ワッフルに入っているジャムの代わりにクリームを使ったクリームワッフルも発売した。常連客はもちろん，新たな客が次々と中村屋を訪れるようになった。

中村屋はパンの注文・配達も請け負っていたが，愛蔵は，わざわざ店に足を運んでくれる客をとくに大切にしなければならないと考え，臨時注文などでどんなに忙しくても店を閉めることはしなかった。中村屋の近くにある老舗の栗餅屋が大学の運動会に売店を出すために臨時休業して，来てくれた客に無駄足を踏ませてしまっているのを見て，あまりいい感じがしなかったからだった。

日露戦争時には，ある代議士に，軍用ビスケットを製造することを勧められた。魅力的な話ではあったが，他店との競合によって原料が値上がりするなどして，健全な経営ができなくなってしまうのではないかと考えてこの話を断った。すなわち，軍用ビスケットという大きな儲けのために，工場を拡大し従業員も増やしたりすることは，長い目で見ればリスクが高いと判断したのである。愛蔵は，堅実な商売を旨とし，前述したようにとくに店頭に来てくれる客を大事にすることを心掛けていた。前の主人から引き継いだ，注文を取るための箱車に書かれていた陸軍御用の文字を塗りつぶしたほどだった。

1906年，開業5周年を記念して，常連客への感謝の意をこめて割引券を進呈することを企図した。ところが，割引券の印刷が完了して間もなく，愛蔵は，松屋のバーゲンセールに行く機会があった。店は盛況だったが，このことがかえって愛蔵は大いに悩むところとなった。バーゲンセールの前後に買いに来る客が損をした気分になると思われたのである。愛蔵は，あくまで正価販売に徹することが大事であると思いを新たにし，割引券を焼き捨てた。なお，これ以後，中村屋ではバーゲンセールを一切しない方針を貫くようにした。

(3) 新宿へ移転

本郷の中村屋は，店頭商品の売上が順調に推移していた。年間売上高は1902年の5万4000円から5年後の1907年には13万2000円に上昇した[6]。

この間，愛蔵と黒光は，さらなる発展を期し，中村屋の店舗（支店）を増やすことを企図した。黒光の著書『黙移』によれば，当時の税金の徴収に関して，たいていの店は売上高を実際より下げて報告し，税務署はそれを見越して上乗せして税額を定めるという"慣習"があった。だが黒光はこれを知らず，中村屋の売上げを正直に答えたために多額の税金をかけられて店のやりくりが苦しくなったという。そこで売上高を伸ばす方法を考えた末，支店を立てるという結論に達したのであった。ただ黒光が「たとえ税金の問題が起こらなくとも，私共の力がこの店以上に伸びてくれば，早晩よりよき場所への移転の説が起こらずにはいないところでありました」（相馬黒光［1936］，244 ページ）と述べているように，税金の問題は"引き金"であって，遅かれ早かれ何らかの経営の拡充策を実施していたと考えられる。

愛蔵は綿密な立地調査を行うべく，まずは従業員を，現在の西新宿・北新宿にあたる大久保，淀橋，角筈，そして千駄ヶ谷など，目星をつけたところに行商に出した。結果も上々で，1年後には1人では1日に回りきれないほどの得意先を抱えるまでに至った。行商の範囲も順調に広がり，むしろ早急に支店を出す方がいいと感じられるほどになった。行商の担当者は得意先が多い千駄ヶ谷駅付近を勧めていた。しかし愛蔵は，将来的に発展する可能性が高いのは，市内電車（東京市街鉄道）の終点でもある新宿ではないかと考え，同地への出店を決意した。そして

現在の新宿の地に移転した中村屋（1909年）
出所：『中村屋100年史』

1907年12月，角筈に間口4間の貸家を借り受け，新宿に支店を開設した。
　2人の思惑通り初日の売上高は本郷の本店のそれを上回った。出だしが好調ゆえ，すぐに店の狭さが問題になった。すなわち，販売するパンは本郷の本店で作って箱車で運んでいたので，それだけで重労働であり，かつ運んでいては間に合わないくらいの注文を受けるようになったのである。新宿の支店の奥行きもパンを作れるほどの広さはなかった。愛蔵はただちに同じ新宿で広い場所を探した。知人からの紹介もあって，現在の中村屋の地でもある新宿三丁目に借地260坪を取得し，工場を完成させた。愛蔵らは，1909年8月に新宿支店を移転させ，そこを本店としたのであった。

(4) 和菓子を手掛ける

　愛蔵は新宿移転を機に和菓子を作ることを企図し，歳末の「賃餅」（新兵衛餅）の製造・販売を開始した。これが成功し，1年後には売上高でパンと並ぶほどになった。中村屋の売上げは倍増し，さらに愛蔵は，食パンや洋菓子製造にも着手した。結果，店頭にはバラエティあふれる商品が並ぶようになった。和菓子の製造について，愛蔵は以下のように語っている。
　「最初に私の店で製造をはじめたのは，各種の味付パンであった。ところがいうまでもなく味付パンなるものは，春から夏へかけて沢山に売れるけれども，秋から冬にかけては著しくその売行を減ずるのである。従って春夏の候はやゝもすれば不足し勝ちであったその製造能力は，毎年きまり切って秋冬の候に至ってありあまることゝなり，同期間の損失空費は頗る少くないのを例とした。そこで私は，これではならぬ，何とか商売の繁閑を平均して，一ヶ年常に全能力を発揮する工夫はないかと考え，丁度開業六年目に当る秋の初めから，新しい設備を整えて，餅菓子を売出すことにした。餅菓子は同じ菓子類であっても，パンとちがって，秋から冬にかけて沢山売れ，春から夏にかけて著しくその売行を減ずるのであるから，パンとは全く反対で，これを兼営するに至ってこゝに初めて一年を通ずる商売の繁閑平均を求め得，また製造販売の全能力を十分に挙げ得るを得たの

である。」（相馬愛蔵［1956］，136 ページ）

　和菓子を手掛けることは，愛蔵にとって単に新たな商品分野に進出することではなかった。上にあるように，製造・販売能率を年間通して平均化するようにすること，かつ操業率を高い次元に保つ意図があった。
　さらに愛蔵は，商品の評判を落とさないよう，良い品を安く売るために多くの工夫を試みた。パンや生菓子は時間とともに質が落ち，その商品価値が低下していくのは言うまでもない。そのためにも常に内輪な見積もりを立てて，商品が売れ残るのを極力避けるようにした。愛蔵は以下のように語っている。

　「たとえば今日は百円位の売行きはあろうと思っても，夕立その他万一の故障に備えてその八掛八十円だけの製造に止める。従って毎日早く売り切れてしまうから，中村屋の品は新しいということがお得意にも判り，あの店のものならばと期待してもらえるのである。しかし，遅く見えたお客に『今日はもう売切れました』と言って断るのはまことに辛いことであるし，また確かに惜しい，そこでつい余分に製造するのが人情である。その余分に製造したのが売り切れれば結構だが，三日に一度位は売れ残り，これを捨てるのは惜しいといふわけで，翌日蒸し返し，或ひは造り直して売る。如何に精選した原料を用ひてあっても，蒸し返しや造り直しでは味が死んでしまっていて，出来立ての品とは較べものにならぬ。客は失望し，その店の信用は漸次失墜する。」（相馬愛蔵［1938］，85〜6 ページ）

　愛蔵は同一品種のパンなら1日に数回分けて仕込みして，できる限りその日に売り切るように努めた。もし売れ残っても絶対翌日に売ることはせず，近所の福祉施設などに理由を話して寄付することもあった。だが前日に仕込むパンの材料などは手堅く押さえていても，翌日が悪天候の場合はすべて売り捌くことが不可能なこともある。寄付ばかりだけでも結局はコストがかさむことになる。それゆえ愛蔵は，余ったパン（食パン）を「ラスク」にして

販売するようにした。

　ラスクは当時高級菓子として1斤70銭で売られていた。愛蔵の調査によれば，ラスクの原価は原料費35銭，製造費15銭，卸売費5銭で合計55銭だった。これに小売店の販売差益15銭を加えて70銭で売っていた。愛蔵は"パンの過剰処分"であるとし，原料費35銭と雑費の5銭を加えた，利益なしの40銭で売り出したのだった。これが評判となり，かえってラスクのみを求めて店頭に来る客もいたという。

　そもそもこのような「良い品を廉く」（良品廉価）の考え方は，愛蔵が，健康運動推進者として著名な岡田虎二郎から教わったものだった。岡田は日暮里にある日蓮宗本行寺で静坐道場を開設し，毎日多くの人たちが通っていた。黒光もその1人であり，中村屋でも時々岡田を招いて会を催してもらっていた[7]。愛蔵も岡田と話をする機会があり，彼から「商売を繁昌させるのは難しいことではない，良い品を廉く売ればよろしい」と諭されたのであった。「良い品を廉く」という考え方は，言葉に表現しないまでも，愛蔵が日頃から実践していたものだった。だがともかくその言葉が彼のなかで強く印象に残り，以後，中村屋の標語（モットー）としたのである。

(5) 中村屋サロンの形成

　中村屋の新宿進出後の1908年4月から，かつて愛蔵と禁酒運動を行った荻原守衛（碌山）が，中村屋に出入りするようになった。碌山は，油絵画家になることを志して欧米で学んでいたが，フランスで見たロダンの彫刻「考える人」に感動して彫刻家の道へ転じた。そしてフランスで修行を重ねた後，1908年3月に帰国して新宿にアトリエを設けて制作活動に励んでいた。すると碌山を慕う多くの芸術家たちが彼のアトリエに集まり，碌山が中村屋に通えば彼らも中村屋に足を運ぶようになった。そのなかには彫刻家の戸張孤雁，中原悌二郎，高村光太郎（詩人としても有名），洋画家の柳敬助，中村彝，鶴田吾郎らがいた。相馬夫妻も碌山を慕って中村屋に集まってくる様子を見守り，支援した。「中村屋サロン」のはじまりであった。「中村屋サロ

ン」という言葉は戦後になってうまれた。碌山をきっかけに明治の終わりから大正・昭和初期にかけて中村屋に芸術家たちが出入りした様子が「ヨーロッパのサロン」に例えられたからだ。ここからすぐれた絵画や彫刻作品が続々と誕生した。

中村屋に集った芸術家たち
出所：『中村屋100年史』

　また，黒光はロシア文学に関心を示していたので，中村屋の2階でロシア語を学び始めた。すると早稲田大学の教授らもこれに加わり，いつしかロシア語の研究グループが形成された。ときにはプーシキン，トルストイ，ドストエフスキーなどの作品を朗読した。1917（大正6）年にロシア革命が勃発すると，ロシアからの亡命者らが，ロシア語を話すことができる黒光のもとを訪れてきたこともあった。1916年にはロシア人の盲目の詩人ワシリー・エロシェンコが中村屋に身を寄せるようになった。エロシェンコにはボルシェヴィキの嫌疑がかかり，日本退去の命令が下されていた。エロシェンコ逮捕のために中村屋に踏み込んだ警察官を逆に愛蔵が告訴したこともあった。

　黒光はロシア以外の外国文学にも接するようになり，外国の名作を日本の演劇に取り入れるべきであるとの考えを持つようになった。そこで，早稲田大学教授島村抱月が主催する「芸術座」のメンバーである中村吉蔵，秋田雨雀，松井須磨子らと親交を結び，翻訳劇や近代劇の普及に尽力するようになった。

　中村屋に集ったのは，芸術に関係する人物だけでなかった。1915年にインド独立の志士，ラス・ビハリ・ボースが日本に亡命したとき，相馬夫妻は彼を保護した。このことが機縁になり，ボースは愛蔵の長女俊子と結婚し，独

立運動を続けながらも中村屋の一員として働いていた時期もあった。1924 年には，インドの詩聖ラビンドラナート・タゴールが来日した際，相馬家の人々は彼を中村屋に招いて，日本とインドの親善に力を尽くした。

こうした「中村屋サロン」のさまざまな"活動"は，相馬夫妻の「己の業を通して文化国家に貢献したい」という気持ちを具現化したものであった。そしてそのような芸術性，さらには国際色豊かな雰囲気は，後述する中村屋の商売にも映し出されていったのであった。

(6) 中村屋の発展

1923 年 4 月，愛蔵は黒光と相談のうえ，中村屋の株式会社化を実施した。ただしそれは経営規模の拡大を企図したものではなかった。愛蔵は堅実な発展を旨とし，長男安雄から店舗の拡大や満州に支店を開設する提案を受けても，これらを拒絶していた。動機は個人商店ゆえに税金の負担が大きいことであった。商号を株式会社中村屋とし，愛蔵は社長，黒光は専務にそれぞれ就任した。資本金を 15 万円とし，全株の半分を「中村屋発展の最大功労者」[8]である黒光の名義にした。残り半分を愛蔵，ボース，息子や娘，店員 10 名の間で分配した。

同年 9 月 1 日に発生した関東大震災では，中村屋は幸運にも惨禍を逃れた。焦土と化した東京では，人々は食糧難に陥った。それゆえ愛蔵は「地震パン」「地震饅頭」「奉仕パン」の 3 品を急いでつくって原価近くで販売した。人々が中村屋の店頭に押し寄せ，半日かけてつくったこれらの製品がわずか 1 時間も経たないうちに売り切れてしまった。製品の補充のために昼夜を徹して働き，2 日ほどで原料の砂糖と小麦粉を切らしてしまうほどであった。原材料を焼け残った製糖工場や製粉工場から確保したが，もはやパンを焼いている暇もないほど多くの人が中村屋に殺到したので，小麦粉と砂糖を原価で分け与えることにした。この"奉仕の精神"が人々の印象に残ることになり，震災の混乱が終わった後も，中村屋にパンを買いに来る人が後を絶たなかったのであった。

1927（昭和2）年6月には中村屋に喫茶部を新設した。そのきっかけは，1925（大正14）年10月の三越の新宿店開店だった。新宿一帯が活性化される一方で，地元の商店街は三越に客を奪われて大きな打撃を受けていた。もちろん中村屋も例外ではなかった。1923年に17万7700円，24年に25万9800円，25年に28万7900円と順調に推移していた売上高は，26（昭和元）年に27万9900円と前年割れした[9]。

愛蔵は，「今日の百貨店は文明の利器を極度に利用し，最も進んだ方法を採り，商品の仕入の如きも世界的に広く求めて居ります故，これに対抗する個人商店も，彼れにおくれないだけの研究，否，更に一歩進んだ研究をしなければ」（相馬愛蔵［1956］，222ページ）と意を新たにし，百貨店対策の方途として，「個人商店はその専門の立場に於て自身の長所を発揮し，仕入の事に於ても，各は，各自の連絡共同の方法をとり，世界のありとあらゆる最も進んだものを取り入れる事を怠らず，又改良すべきことは改良して，お得意を満足させる様にすれば，個人商店が百貨店に対抗」（同前，223ページ）できると考えた。そこで愛蔵が打ち出したのは，喫茶部を設置して，三越にはない中村屋独自のポジションを築くことだった。

喫茶部では，中村屋サロンなどでの文化人や外国人との交流や相馬夫妻の海外視察を通じて得たものを積極的に利用していった。ボースが伝えた純インド式カレーライス，エロシェンコとの出会いがきっかけとなり，ロシア式スープボルシチ・ピロシキ・ロシアチョコレート，その他中華饅頭，月餅，朝鮮の松の実を使ったカステラ等，国際色豊かな，他の店には見られない商品を提供し，評判になった。同時に，店員の制服をエロシェンコが愛用したロシア風のルパシカにしたのも話題を呼んだ。カレーライスについては，原材料に徹底的にこだわり，例えば江戸期に将軍の御用米だった埼玉在の白目米を使用したり，鶏肉に関しては鶏舎飼では上等な肉はとれないと山梨県に食用鶏自給用の飼育場を自ら開設したりした。さらに純インド式カレーではあるが，最上のうま味を追求すると同時に日本人の舌に合うように改良を重ねていった。

中村屋の売上高は 1928 年には 50 万 6800 円に急上昇した[10]。中村屋は, 愛蔵の目論み通り, ハイカラで国際的な雰囲気をもつパン屋として, 異色の存在となった。

3. 相馬愛蔵の企業家活動の特徴

(1) 相馬愛蔵と黒光の人物像

相馬愛蔵と黒光の人物像についてまとめておこう。愛蔵の中学校同級生で生涯にわたって親交していた木下尚江は, 著書『病中吟:木下尚江遺稿』(1937 年, 51〜2 ページ) のなかで, 相馬夫妻について以下のように記している。

　　　相馬君夫妻
　相馬愛蔵君　鋤を投じてそろばんをとる
　曰くこれわが　宗教伝来の法
　君の居るところ　春風常に駘蕩
　然かも正義を取って　一歩もゆずらず
　用意周到　頓才泉のごとし
　今は「新宿の中村屋」

　黒光女史　もと詩性の女
　自ら求めて　田園の婦となる
　観察鋭利　批評深刻
　年中なかばは　病床の客
　還暦を過ぎて　孫一人
　然かも深所に　処女の風が吹く

愛蔵については, おおらかで懐が深いこと, それでいて正義感・批判的精神が強いこと, 研究熱心で創意工夫を重んじること, 徹底した合理主義者で

あること，慎重かつ緻密な性格の持ち主であること，いわゆる「誇り高き人間」であること，そして店員をはじめ周りの人たちへの配慮を忘れない繊細な心の持ち主であること，などがあげられる。

　黒光については，自らの真実の生き方を求め続けた"アンビシャス・ガール"であること，時代を見抜く敏感な感覚を有していたこと，何かに熱中していなければ生き甲斐を感じられない激しい気質の持ち主であること，創意工夫を重んじること，道徳感をとても大切にすること，そして中村屋サロンに集う人たちにも匹敵するくらいの文人であったこと，などがあげられる。

(2) 「商人道」の実践

　愛蔵の「商人道」ともいえる企業家活動の特徴について述べる際に，中村屋開店時に彼が掲げた「五カ条の盟」について今一度触れておこう。

　　営業が相当目鼻のつくまで衣服は新調せぬこと。
　　食事は主人も店員女中達も同じものを摂ること。
　　将来どのようなことがあっても米相場や株には手をださぬこと。
　　原料の仕入れは現金取引のこと。
　　最初の3年間は親子3人の生活費を月50円と定めて，これを別途収入に仰ぐこと。

　先述したように，「五カ条の盟」は前の中村屋主人の失敗を分析して，その轍を絶対に踏まないという思いをもって掲げられたものである。5つ目の「最初の…」を除いた4つは，その後の中村屋の経営における「行動規範」でもあり，愛蔵にとって実践すべき「商人道」ともなったのである。

　1つ目の「営業が…」は，節約の精神をもって何事にも常に合理的な考え方をもって臨むことを誓ったものだった。2つ目の「食事は…」は主人と従業員の間で差別待遇をすることは人道上の問題でもあるゆえ決してあってはならないという，"平等の精神"を表している。3つ目の「将来どのような…」は決して浮利を追わず本業に専心することの意義を説いている。愛蔵と黒光

にとっての本業とはパン屋であり，顧客に質の良いパンを安価に提供することであった。そして4つ目の「原料の…」は原料のコストを下げるという節約の精神に加え，そのための経営の効率化を常に意識することが重要であることを表している。先の「良品廉価」の発想にも繋がる。

以下にこれらを土台とする愛蔵が実践した「商人道」についてみていこう。

① 人間性尊重と良好な人間関係

愛蔵は，従業員の待遇を良くすることで，愛蔵と従業員および従業員間の人間関係を円滑なものにし，従業員に喜びをもって働いてもらうように努めた。そのために愛蔵は，店員に対して常に細心の注意を払って接するように心掛けた。もちろんそれは決して従業員に「迎合」することではなく，お互いにとって「正しき道」を模索・実践しながらひとつひとつ信頼関係を積み重ねていくことであった。このことは顧客に対しても同様で，コンミッションの要求を拒絶したことや割引券を焼き捨てたことなどからも伺える。

愛蔵は，給与，労働時間，休暇制の整備等の人事に関する一切を全て彼の直属の事項とした。そのうえで，住宅手当・夕食手当・子ども手当・老人手当などの各種手当制度の充実，福袋制度（売上奨励の配当金）の設置，1人当たりの労働時間短縮と定期休暇制度の採用，従業員の福利厚生施設の整備などあらゆる改善策を次々に実施していった。従業員の誕生祝いも行った。先述の銀時計をある従業員にだけに与えて反省したように，褒めることひとつにしても全従業員に対して無差別平等待遇で接した。勤務時間については，新宿移転後に閉店時間を平日19時，日曜と祭日17時としたが，三越の新宿進出後は営業時間を22時までに延長したのに伴い三部制（7時～17時，9時～19時，12時～22時）とした。これに月2回の全員定休日のほかに交替でさらなる休みを取らせるようにした。

愛蔵は店則をあえてつくらなかった。店則を定めると従業員はそれに縛られて，潜在能力を発揮できないのではないかと懸念したからであった。むしろそのような形式は整えなくとも，従業員1人ひとりが自らの能力を十分に

第 4 章　キリスト教倫理と商業道徳　　139

発揮し，かつみんなで団結して働いてくれるという自負があったといえる。ただし，賭博と鉄拳制裁だけは厳禁とした[11]。

　従業員とのコミュニケーションを図るために，愛蔵・黒光と店員全体の定例懇談会も開いた。愛蔵からしてみれば，店員はまさに「家族」のような存在であった。このような内容について，愛蔵は以下のように語っている。

　「私は常に店員のために繁昌しているのだという感謝の念を忘れたことはない。故に待遇も雇人扱いをせず，凡て家族並みである。例えば食事にしても，主人たちと同じものを食べさす。否，それ以上のものを食べているとも言える。というのは，家族の者が時々店へ行って店員達と食事を共にすることがあるが，どうも内のより美味しいと言っている。それもその筈店では専門の料理人がつき切りで世話をやくのに，自宅の方はなれぬ女中がつくるのであるから……夏になると家族は行かなくても，店員達は全部二度づゝ鎌倉の別荘へ海水浴にやることにしている。この往復電車賃も凡て店主持ちである。（中略）

　芝居も年に二度づつ見せていたが，凡てこれは一等席で見せることにしてある。昨年から相撲をも見せる事にしたが，これも上等桟敷を買うことにした。何か御祝いの機会には，一緒に御飯を食べる。これも最高とまでは言わぬまでも粗末にならぬ程度，西洋料理なら二円五十銭（中略）のところにしたいと思っている。（中略）また三度のところが二度であっても，第一流のところに招待する機会をつくってやると，自然に品性をつくり，行儀もよくなり，誰にも退けをとらぬという自信を持ち紳士としての修養にもなるようである。」（相馬愛蔵［1956］，169 〜 171 ページ）

　また，1930 年に社内報「中村屋」を発刊したのに続いて，1937 年には従業員のための修養機関である研成学院を開校した。従業員に十分な休日を与えることとともに，従業員のための修学機関を設立することが相馬夫妻の悲願でもあった[12]。研成学院は，愛蔵が視察に訪れたデンマークの国民高等学校をモデルに，商売上の知識以外の基礎学問を教えることを目的とした。すな

わち，従業員の実務教育ではなく，人間練成をねらったものであった。なお，「研成学院」の名は，愛蔵の母校である穂高学校の前身であった研成学校に由来している。

② 顧客志向と堅実経営の徹底

愛蔵と黒光は，中村屋の経営において顧客志向と堅実経営に徹したことが特筆される。第2節(4)項で述べたように，自分たちの利益追求を第一義的には考えず，「良品廉価」をモットーに，顧客に良い品を確実に売ることを重んじた。必ずしも多売ではないが，それでいて売上の増進を否定しているわけではない。堅実な商売を行い，顧客と良好な関係を構築することによって，売上も着実に増えるという考え方だった。

そもそも愛蔵は，顧客の信用を得て，彼らとの信頼関係を築くことを何よりも重んじた。"顧客を裏切る行為は絶対にしない"というのは当然の行為ではあるが，このことをどんなに経営が苦しいことがあっても忠実に守っていけば，自然と顧客の信用を得ることに結びつくと愛蔵は信じていたのであった。

そして愛蔵は，顧客の信用を得るためには，「正札主義の販売法以外に道なし」（相馬愛蔵［1956］，97ページ）と断言している。すなわち，「一物一価」（一個の商品に二様の価なし）を遵守すると同時に，すべての顧客に平等の礼遇をすることを旨とした。無理を強いるような顧客には毅然とした態度で接し，そうすることでかえって信用が高められる。正札主義について，愛蔵は，百貨店経営との比較において以下のように語っている。

「私の正札は，これ等（百貨店経営 ※筆者注）と全く異り，正真正銘の正札でありまして，福引も，特売も一切致しません。歳暮，中元に景品を添えることもありません。また，一度も多量の御買上があっても少しの値引も致しません。親疎遠近に拘らず一切の顧客に対して，全く平等なるサービスを致すのが真の正札主義の原則であり，また，私が開店以来，終始一貫して来た信念であります。」（同前，99ページ）

第4章　キリスト教倫理と商業道徳　*141*

　正札主義は一度定めた値段を頑固に値引きしないことだけではなく，あくまでも良品を廉価に提供し，顧客に対して誠意をもって販売することが重要であると愛蔵は強調している。「良品廉価」が前提となって，真実の価（適正価格）があり，はじめて正札となる。愛蔵は，そのためにも経営の合理化を図りつつ，品質と価格の両方で他の店の追随を許さないほどの研究とそれに対する熱意が欠かせないと説いている。突き詰めていえば，正札主義を完遂するためには，まずは商人自身が表裏のない正直な人物にならなければならない，正札の商売をして初めて模範的商人になれるのだと結論付けている。

　「研究」に関していえば，愛蔵は，模倣を好まず，店の特色を引き出していく姿勢を大事にした。「クリームパン」や「クリームワッフル」をはじめとする新たな商品を開発し，喫茶部では外国人との親交や海外視察で得たものを積極的に取り入れていくなど，素人であるという気持ちを忘れず，独創性を発揮し独創的な商品を次々と提供していった。

　さらに愛蔵の「研究」は，無駄な経費の削減と，経営効率の上昇にも及んだ。前者については，広告費の抑制に努めた。後者については，和菓子の項に象徴されるように，製造販売能率を年間ひいては日々を通じて平均的なものになるようにした。過剰な設備投資を決して行わないようにし，支店をむやみに開設することなく，経営の質を重視して着実に成長していくことを良かれとした。「間口を広くして奥行の浅い行き方よりも，間口を狭くして奥行を深くといった方がはるかに安全にして且つ合理的である」（同前，124ページ）と愛蔵が語るように，「一人一業」ならぬ「一人一店」を貫いたのだった。

　以上のように，「良品廉価」を前提とした「正札主義」の実践とそのための経営努力の積み重ねによって，商売を通して社会に貢献するとともに自身の商人としての地位を確立すること（誇りとすること）が真の商人であると愛蔵は主張している[13]。愛蔵は以下のように語っている。

　「私は僭越ながら自家の製品を日本一というモットーを掲げているが，日本一たらんとするには，須らく世界一の優良品と競走せねばならぬ。商人と

中村屋の商標
出所:『中村屋100年史』

雖も理想を高く掲げて，奮闘努力してこそ自らその途も開拓されるのであって，政治家，教育家，宗教家と何等異るところがない筈である。
　商人が社会のために良品を供給し，繁栄して行き得るならば，是れ即ち本懐というべきではなかろうか，しかもそれは決して行い難いことでないのである。以て新商人道を提唱する所以である。」（相馬愛蔵 [1956]，7ページ）

　中村屋の商標（1937年商標登録）は，ここまでみてきたような愛蔵と黒光の理念が端的に表現されている。上半分の2匹の馬は「双馬」すなわち「相馬」を意味し，それぞれ愛蔵と黒光をあらわしている。右下の碁盤目はチェックといい，欧米で貨幣をかぞえる時に用いた盤を表示するので「商売」を意味している。左下の天秤は「正確」「正直」を示すものである。一方が顧客，もう一方が店をあらわし，店の利益と同等の喜びを顧客に与えるというものである。すなわち，商売とはひたすらに利益を追求することでなく，顧客によい品物を格安に売ることであり，またそれが人に対する厚意であるという。

(3) 相馬愛蔵の経営思想

　愛蔵と黒光が出会ったきっかけともなったキリスト教の精神は，常に2人の拠りどころとなった。それが中村屋の経営理念にも反映され，事業を遂行するうえでの彼らの行動規範となった。
　ところで土屋喬雄は，著書『続日本経営理念史』のなかで，経営理念について，「『社会的責任』を自覚し，あるいは社会に対する『道義的責任』を自覚し，これを実践せんとする信念をバックボーンとするもの」とし，「このバックボーンがあってはじめて，その主体において知恵・才覚も仕末・禁欲も創意・工夫も，勤勉・努力も根性も，すべてが社会の前進・進歩に貢献するという目的を達する手段として体系づけられ，はじめて『経営理念』と称

し得るものとなる」と説いている（土屋喬雄 [1967], 7 ページ）。そして，著書では，経営理念の特質によって，明治期から昭和期の経営者を，① 儒教倫理を基本とする経営理念（渋沢栄一，金原明善，佐久間貞一，矢野恒太，小菅丹治）と ② キリスト教倫理を基本とする経営理念（森村市左衛門，波多野鶴吉，武藤山治，相馬愛蔵，大原孫三郎）に分類し，それぞれの事跡を述べるとともに経営理念について解説している。

後者のキリスト教倫理とはキリスト教の信仰とその倫理のことで，それを基本とする経営理念とは，「キリスト教の信仰をもち，それに結びつく道徳・倫理・モラルを行動の指針として有し，それを経営理念の基本とする」（前掲，157〜8 ページ）ことである。キリスト教は愛（隣人愛）の宗教であり，人道主義（ヒューマニズム），すなわち人間愛を根本に置いて人類全体の福祉の実現を目指すもので，かつ平和主義的な思想"慈善"を根幹としている。幕末に，複数の宣教師が来日してプロテスタント・キリスト教伝道の準備を進めた。その結果，文明開化の風潮の中，「宗教として」のキリスト教もさることながら，「思想としての」キリスト教が広まり，多くの若者が感化され，彼らの生きる上でのバックボーンとなったのである。愛蔵もその一人で，学校よりも教会の教えに感化され，後に自らキリスト教伝道の担い手となり，郷里の長野で禁酒会を設立して青年たちを教育・指導した。

そして，この当時のキリスト教，とくにプロテスタント（清教徒）は，職業労働を尊重していた。職業は神の召命とし，労働は神に奉仕する行為であり，職業に生きることつまり神聖な労働に従事することが，神のしもべとして生きる道であるということを説いていた。そしてそれは道徳的であると同時に，一般の福祉に貢献すべきであり，そうすれば自然に利得があるものとしたのであった。愛蔵は，「商売の基本は何処にあるかということになると，手数というものを成るべく少くして，お客様には良い品物を格安に売るということであり，同時に人に喜ばれる原因で社会奉仕である」（相馬愛蔵 [1956], 126 ページ）と語っているように，商人としてもキリスト教倫理を実践していったのであった。

ただし，愛蔵にはキリスト教倫理以外にももう 1 つの側面（倫理）があった。愛蔵が正義を重んじ，真剣に勇気をもってそれを実行する誇り高き精神と，ときには物ごとを批判的に捉えながら，自主独立，独創（創造）を重んじる精神を有していたことである。すなわち土屋が指摘する日本の伝統である儒教道徳的な考えが愛蔵のなかに根付いていたのであった。

　このことは，生家である相馬家が，平安時代以来の武家であり，江戸時代は代々庄屋を務めるような地元でも名の知れた名家だったことに起因する。加えて，愛蔵の養父となった長兄は，「正義感が強く，剛直な気骨のある人物」であり，愛蔵は少なからず長兄の影響を受けたと考えられる。そのような気質をもった愛蔵が，当時，進歩的なキリスト教に情熱を注ぐようになったのは，ある意味自然な流れだったのかもしれない。

　このことに関して，土屋によれば，① 儒教倫理の仁・義・礼・智・信といった徳目は，キリスト教倫理においても美徳とされているので，儒教倫理とキリスト教倫理は根本においては同じであるかもしれないとしている（前掲，158 ページ）。また，愛蔵に大きな影響を与えた人物の 1 人である内村鑑三も，「愛」だけではなく「義」が「愛」にともなわなければならない，つまりキリスト教の博愛・平等・自由といった精神の受容は，江戸期以来の伝統思想に立脚し，正直・誠実・勤勉などと結びついたものであると説いている。

　いずれにせよ，日本の伝統的な「義」を重んじる精神とキリスト教倫理である人道主義（ヒューマニズム：人間的良心）や博愛の精神，さらには自主独立・創造を尊ぶ精神と結びついているところに，愛蔵の哲学の根本があったといえよう。

4. おわりに

　社内報「中村屋」第 5 号（1937 年 12 月刊）には，次のような，愛蔵が考える"商売の奥義"について書かれている文書がある（出典は土屋喬雄

[1967]，293〜4ページ)。

　「商売の目的は有無相通じ人生を幸福に導くにある。真の商売は利を求むるところなく，商うことそれ自身がよろこびであり，幸いであり，困難を乗り切り，乗り切り進むところに，男子として恥じざるものがあるのである。更にまた，有無相通ずる働きより一歩進めて製品の完全を期し，経営を合理化して世の人の生活を豊かにし，その天職を全うし，"己れまた人と共に楽しむ"の域に達するならば，商業の秘奥ここに極まれりというべきである。この境地こそ一種の芸術と言えるのではなかろうか。」

　愛蔵は，青年時代から正義と仁義を重んじ，自らが良かれと思うことを，ときには勇気をもって実践せずにはいられない性分だった。彼の誠実なキリスト教的ヒューマニズムの精神は，商人としての哲学の基盤となった。すなわち，一生の伴侶である黒光とともに，自主・独立と独創・創造の精神を常に持ち，中村屋でその経営哲学を実践したのであった。先の「商売の目的は有無相通じ人生を幸福に導く」や「己れまた人と共に楽しむ」との言葉に表されているように，自らが商人であることを誇りとし，良い品物を格安に売る「良品廉価」と「正札主義」という正しい商売道を貫き通した。さらには従業員や顧客に対しても人間性尊重と平等の精神でもって接したのであった。

　愛蔵は「商人として理想と現実とが一致し得るものなりやの問題に対し，私は自分の体験上『商人と雖も理想を高く掲げて，相当の利益を挙げて立ち行き得るものである』と確信を以て答えることが出来る」(相馬愛蔵[1956]，3ページ)と語っている。すなわち，顧客だけでなく自らも幸福に導くことが愛蔵と黒光の商売の真の目的であった。そのような商売を社会奉仕ととらえる2人の企業家活動は，中村屋を今日の発展へと導く礎となったのである。

注
1)　新宿中村屋の現在 (94期：2014年4月1日〜2015年3月31日) の売上高構成比は，菓子事

業 71.3％，食品事業 17.1％，飲食事業 7.1％，不動産賃貸・その他 4.5％である。奇しくもこの公開講座が行われた直前の 2014 年 10 月末に商業ビル「新宿中村屋ビル」が開業され，中華まんや月餅など中村屋の商品を提供するショップ，インドカリーなど中村屋の伝統料理を味わえるレストラン，中村屋ゆかりの作品などが展示されている美術館などが置かれ，新宿の新たな名所の 1 つになっている。

2） 伊藤一隆は，札幌農学校（現在の北海道大学）の最初の卒業生の 1 人で，同校教頭のクラーク博士に頼んで洗礼を受けた札幌ではじめてのキリスト教徒である。1882 年に札幌独立教会を設立，禁酒運動を指導し，北海道禁酒会会頭をつとめた。また，北海道庁初代水産課長に就任して，千歳鮭鱒孵化場の設置や巾着網などの漁具の開発・改良を行うなど，北海道の水産業の発展にも力を注いだ。

3） 『女学雑誌』は，1885 年に創刊された日本初の本格的な女性向け雑誌である（1904 年に廃刊）。キリスト教思想を背景に，女性の地位向上や女子教育の普及などを主張した。編集は主に巖本善治が担当した。巖本は，評論家であり教育者，とくに女子教育に尽力した人物で，黒光も通うことになる明治女学校の発起人にもなった。ペンネーム「黒光」の名付け親でもある。

4） 明治女学校は，1885 年に現在の千代田区に設立された私立の女学校である。キリスト教主義に基づく自由主義的な教育が行われ，島崎藤村，北村透谷，津田梅子，吉岡弥生らが教壇に立った。1909 年に閉校された。

5） 餡（あん）パンは，木村屋（現在の木村屋總本店）を創業した木村安兵衛と彼の次男英三郎が考案し，1874 年に発売した。なお，ジャムパンも同じく木村屋で 1900 年に発売したとされる。

6） 中村屋社史編纂室編・刊［2003］318 ページ。

7） 岡田虎二郎は，1872 年に愛知県で生まれた。若い頃は農業に従事し，農業改良の研究に没頭した。その後紆余曲折を経て，心身病弱者の救済に着手するなかで，静座姿勢と腹式呼吸による健康法を考案した。1910 年から郷里で指導していたが，評判も高く全国に流行した。1912 年には『岡田式静坐法』が実業之日本社から出版され入会者は数十万人を数えたという。だが 1920 年に尿毒症で死去した。黒光が岡田のもとに通うようになったのは，木下尚江が，1910 年に次男襄二（当時 4 歳）と荻原守衛（碌山）を立て続けに亡くした影響で体調を崩していた黒光のことを心配したからであった。

8） 「五カ条の盟」の 5 つ目のところで触れたが，愛蔵は養蚕事業にも従事していたため，中村屋の経営に専念したのは 1918 年からだった。それゆえ黒光への措置は愛蔵だけでなく誰しもが納得のいくものであったと考えられる。

9） 前掲［2003］，318 ページ。

10） 同前。

11） 平等主義を掲げる愛蔵は，徒弟制度にも"挑戦"した。すなわち徒弟制度を採用せず，働きに応じた待遇をし，のれん分けもさせなかった。徒弟制度ではないから，各店員が独立し，新たな働き場を求めるなど退店も自由だった。

12） 研成学院は，創業当初は夜学を奨励したが，仕事が多忙になり，仕事と勉学の両立で体調を崩す従業員が現われたため夜学に通うことを禁止していた。時差出勤制を導入してからは時間に余裕のある従業員が増え，講師を店内の講堂に招いて講演の機会を設けたりしていた。

13） 愛蔵のもとで働きあるいは直接教えを受けて，その後経営者として大を成した人物もいる。例えば，同郷の愛蔵に勧められて 1913 年に岩波書店を開業した岩波茂雄は，愛蔵の教えに従って従来定価のなかった古本の正札売りを実施した。これに成功した後に新刊本の定価売りも実施した。また 1949 年に山崎製パンを開業した飯島藤十郎は，少年時代に中村屋で修行したときのことを，「中村屋での修行時代は，私にとって得がたい勉強の場でありました。大旦那の，商売に対する考え方，店の方針というものを私は身をもって体得したからであります。それは何

かと申しますと『安くてよい品を自分でつくって売る』という方針であります。……のちに私が商売をはじめるに際しましても，その基本の心がまえとして，あやからせていただきました。」と回想している（山崎製パン株式会社編・刊［1984］『ひとつぶの麦から』21 ページ）。

参考文献
安達巌［1976］『商人の矜持と倫理』陽樹社。
石田一良・石毛忠編［2013］『日本思想史事典』東京堂出版。
井出孫六［1978］「相馬愛蔵―独自の「商人道」をつらぬき通した中村屋主人」青地晨（著者代表）
　　ほか『人物昭和史 2・実業の覇者』筑摩書房。
生島淳［1999］「信念を貫いた企業家活動―御木本幸吉と相馬愛蔵―」法政大学産業情報センター・
　　宇田川勝編『ケースブック　日本の企業家活動』有斐閣。
相馬愛蔵［1938］『一商人として』岩波書店。
相馬愛蔵［1956］『小売商一路・私の小売商道』高風館。
相馬黒光［1936］『黙移』女性時代社。
土屋喬雄［1967］『続　日本経営理念史』日本経済新聞社。
中村屋編・刊［1968］『相馬愛蔵・黒光のあゆみ』。
中村屋社史編纂室編・刊［2003］『中村屋 100 年史』。
パンの明治百年史刊行会編・刊［1970］『パンの明治百年史』。

（生島　淳）

第 3 部
社会貢献とビジネスの融合を目指して

第5章
社会貢献の経営思想とその実践
―米山梅吉（三井信託株式会社）―

はじめに

　米山梅吉は，1909年10月三井銀行の株式会社への改組に伴い池田成彬と共に常務取締役に任じられ，以降1923年8月に55歳で退任するまでの14年間に亘り三井銀行の発展に貢献し，池田と共に全盛期の三井銀行の最高責任者として活躍した（写真1）。

　文才に優れていた米山は，1914年常務取締役在任期間中働き盛りの46歳の時に「新隠居論」を発表し，実業界の長老に対して隠居後においては公共的役割を果たすべきことを説き「人間は自分の稼業以外職掌以外に何か社会公衆の為に奉仕する所が無くては，まだ人間としての義務を充分に果たしたとは言へない」と述べている[1]。

　米山は1920年10月に，日本で最初のロータリー・クラブである「東京ロータリー・クラブ」を創設し，初代会長に就任している。米山がロータリー・クラブの存在を初めて知ったのは，1917年10月日本帝国政府特派財政経済委員会委員の一員として渡米した時であった。米山がロータリー・クラブに興味を持ち，日本におけるロータリー・クラブ創設のきっかけと

写真1　米山梅吉
出所：米山聰『人物寫眞集　米山梅吉翁』

なったのは，この米国での出会いがあったからである。とりわけロータリー・クラブの「奉仕の精神」は米山が発表していた「新隠居論」の理念にも合致しており，米山が「新隠居論」を実践するきっかけとなった。

米山は，三井銀行常務取締役を退任した翌年の1924年3月には前年1月に施行された信託業法に基づく最初の信託会社である三井信託会社を設立し初代社長に就任している。創立後，米山は精力的に信託の理念である「奉仕の精神」を説きその普及に努めた。米山が，三井銀行常務取締役退任後即座に信託会社の創設に動いたことは，「新隠居論」を発表していたこととは無縁ではなかったと推察される。

その後，1934年4月には米山は財団法人三井報恩会の理事長に就任した。米山は，ハンセン病患者のために全国の療養所を慰問する等フィランソロピストとしての活動を精力的に行っている。また，母校青山学院の校友として拡張募金委員長を引き受けて以降，校友会会長として関東大震災の被害復興のために復興募金委員長として母校を支援していたが，1937年には私財を投入して青山学院初等部となる緑岡小学校および幼稚園を創設した。これらの米山の事業活動を俯瞰すると，米山の信念ともいえる一貫した思想があることがわかる。

本章では，米山の事業活動のなかから「新隠居論」の実践の場となり奉仕活動のきっかけとなったロータリー・クラブおよび三井信託会社の創設経緯における米山の活動に光を当てる。米山の理想主義的な考え方は，彼を一銀行家に留まることにはしなかった。その一生を跡付けることによって，米山の企業家としての事業活動を検証すると共に思想的背景がどのように醸成されていったのかについて見てゆくこととしたい。

本章の構成は，第1節以降以下のようになっている。第1節では，米山の一生を概観する。第2節では，米山の事業活動に関わる考え方の原点ともいえる「新隠居論」の発表の背景を考察し，ロータリー・クラブと三井信託株式会社の創設とその経緯を記述する。第3節では，金融制度調査会普通銀行制度特別委員会における米山の発言から三井信託会社創業時における米山の

信託業務に関わる考え方を検証する。第4節では，米山の信託協会での演説およびラジオ放送での発言から米山が志向した信託会社像を検証する。第5節では，財団法人三井報恩会理事長としての米山の活動状況と青山学院への支援を概観する。そして最後に本章のまとめとして米山の社会的事業活動における経営思想とその形成過程について総括する。

1. 米山の生い立ち

米山は1868年2月，大和郡山・高取藩藩主植村家家中和田竹造と伊豆三島神社神官日比谷氏の息女うたの三男として東京・芝田村町に生まれた。1872年に父が没すると一家は母の郷里である三島に移り住み，米山は尋常高等小学校である映雪舎に入学した[2]。米山は，映雪舎を抜群の成績で修了すると，養父の配慮で1881年沼津中学校（沼津兵学校[3]の後身）に入学した。沼津中学校では，高給を払って外国人教師を招聘して英語教育を行い，また各人がその長所や実力に応じて自由に科目を選択して，和，漢，洋，数学の各組で学ぶことができるシステムを採っていた[4]。生徒が多くなかったことから，子弟との接触が緊密で，特に米山は初代校長江原素六[5]や教頭の名和謙次らに大いに啓発され，生来の好学の志と一生を支配した文学的傾向が培われた（写真2）。当時，青少年の憧れであり青少年が全国各地から競って投書していた全国誌『頴才新誌』に米山も投書していた。米山は「此の投書家の中には後の漱石たるを知る由もなかったが夏目金之助などもゐた。好評をみることでもあれば，鬼の首でも取ったように喜び勇んだ」と述べている[6]。当時の沼津中学校の校風について，米山は次のように記述している[7]。

写真2　江原素六
出所：沼津市明治史料館所蔵

「寄宿舎には消燈就眠の時刻を過ぎて尚ほ談論風発を事としたと云ふように，何等の拘束なく従て窮屈といふことを知らず，全く校長以下教師の人格と其根柢よりせる武士的精神に薫陶され，生徒は真に能く活機に学ぶことを得たのであった。」

米山は，沼津中学校で学ぶ間に，旧家で地主として一生を過ごすことに疑問を抱き始め，西洋の学問を学ぶことの必要性を感じると同時に，英語教育を重視した教育環境も手伝って，留学への思いを駆り立てる精神的土壌が作られた。

文才に富み新聞記者に憧れていた米山は，一地方の沼津中学校に満足せず無断で退学すると，1883年養父の家業へ専念して欲しいという希望を振り切って米山家を出奔して上京し，1887年米国へ留学するまでの間に4つの学校で学んでいる。

最初に入学したのは銀座二丁目にあった江南学校という学舎であった。しかし，江南学校は沼津中学校以下の私塾小学校であることがわかり，米山は早々に退学し芝にあった土居光華塾に書生として入っている[8]。土居は高名な漢学者であったが，米山としては洋学志向に傾いていたことから，当塾も一年ほどでやめている。1885年，米山は生活の糧を求めて東京府の採用試験を受験し下級役人となっている。しかし，一旦は職の道を志した米山であったが，やはり進学を諦めきれず，吏員にとどまることは無かった。学校の紹介があれば渡米して日本人経営のメソジスト派福音会を拠点に大学で学ぶ道があると知ると，米山は1887年メソジスト監督教会の宣教師たちによって設立された東京英和学校（のちの青山学院）に入学した。同校を退学すると東京銀座福音英語学校に入学して留学のための英会話を学んでいる。米山は，渡米を決めると，たまたま上京していた養父とはる（のちの梅吉夫人）に会いに行き，養家との和解を果たしている。そして，1887年米山家に入籍した翌年に東京英和学校の紹介で渡米し，1895年に帰国するまでの約8年間米国の大学で学ぶことになった（写真3）。

米山は，サンフランシスコに到着するとまず日本人が経営するメソジスト派の伝道機関であった福音会宿舎に身を寄せた。米山は福音会宿舎で新島襄と並び日本におけるキリスト教会の巨星であった東京英和学校教授（のちの青山学院二代目院長）本多庸一およびウェスレアン大学への進学を推薦したメソジスト教会監督メリマン・C・ハリスと対面している。米山は武士道精神の持ち主であった本多から多大な影響を受けている[9]。（写真4)

その後，それぞれの大学に何年在学したのかは不明であるが，米山は養家と和解していたものの財的援助を断たれていたことから皿洗い・通訳等アルバイトをしながらオハイオ州ウェスレアン大学，ニューヨーク州シラキュース大学などにおいて法学・政治学・文学を修学した。後に，ウェスレアン大学からはマスター・オブ・アーツの学位を得ている。米山は在米中の様子について次のように述べている[10]。

写真3　若き日の米山梅吉
出所：米山梅吉記念館所蔵

写真4　本多庸一
出所：青山学院ホームページより

「私に取ってはオハイオ・ウェスレヤン大學が母校であるが，在米中の私は流浪苦学の身であったので，處々の學校を覗き廻はり，初めはカリフォルニヤでベルモント・スクールにゐたことがあり，オハイオに赴き，ニューヨークではロチェスター大學にも行って見たが，之といふ専門の勉強もせず，撰んで採った科目は政治を嚙り文學を味ひ，帰朝の上は新聞に従事して見ようといふ希望

から，多少その方向に用意をしたのであった。」

　米山は，在米中も帰国後は新聞記者になることを期して日本の新聞雑誌に投稿することを怠らなかった。帰国後，米山は在米中に書き上げていた処女作『提督彼理』を世に問うために，当時最も大きい出版社であった博文館から 1896 年に上梓している[11]。

　米山は，福澤諭吉が主催する時事新報に入社したいと考えていたが，1896 年 10 月の結婚を控え俸給が安いのには失望している。当時のことを次のように記述している[12]。

　「ところで新たに帰朝した私には先ず新聞記者になれるかなれないかが大事なことであった。土屋元作が『時事新報』にいたので尋ねて行って相談して見たところが，新聞記者の月給といふものが甚だ少い上に，何処へ入社するにしてもさう容易のことではないのを知った。（中略）時正に勃興してこようとした実業界の方が身を置くのに宜しからうと思って，此に転向の途を見出さうとするやうになった。」

　米山は，旧友の紹介で英語ができる人物を求めていた日本鉄道会社に入社する。しかし，給料は期待に反して充分ではなく内職で原稿稼ぎをしなければならず，また同社では技術家が重用され米山は時々翻訳を頼まれるくらいで暇であり面白くなかったこともあり長くは続かなかった。米山は，その時のことを次のように記している[13]。

　「日本鉄道会社は，当時日本一の大会社であったが，固と鉄道の事業であるから勢ひ技術家が重用され，事務の他の部門には之といふ余り面白いことがないやうで，私は運輸課といふのに置かれたが，時々の反訳又は通弁のことを頼まれる位で閑散であった。此の時私は既に結婚して家庭をもったのであったから，生活上基本的な一定の収入の必要性を感じてゐた。最初鉄道会社より受ける給料の少ないことは覚悟の上で，ただ将来の計を立てるのに実業界が宜いだらうと考へたのであるが，事志に反し予想を裏

切ったものが多かった。私は内職に矢張り原稿稼ぎをしなければならなかった。」

　米山は，日本鉄道会社在職中も勝海舟の家などに出入りして新聞記者になるチャンスを窺っていた。しかし，1897年米山が29歳の時，旧友藤田四郎の岳父井上馨の口添えで合名会社三井銀行の専務理事中上川彦次郎に会い，採用されて以後1923年に常務取締役を退任するまで26年間同行に在籍することになった。米山が最初に配属された部署は本店貸付係であったが，9カ月後神戸支店次席となって転勤，その2カ月後には中上川から欧米銀行業務調査を目的とする欧米出張を命じられている。この出張報告書は同行した池田成彬と丹幸馬と共にまとめられ，1901年4月『合名会社三井銀行欧米出張員報告書』と題して刊行された[14]。この報告書は，他行からの購入希望も多く我が国銀行業務の近代化に大きな役割を果たすこととなった。以降，大阪支店長代理を皮切りに大津・深川・横浜・大阪の各支店長と支店中心の銀行生活を送り1909年に池田と共に41歳で常務（外為・人事担当）に昇格している。

　米山は，1914年三井銀行常務取締役在任中の46歳の時に「新隠居論」を発表し，実業界の長老に対して次世代経営者への禅譲と隠居後における公共的使命を果たすべきことを主張している。そして，具体的には西洋人のように自分の仕事を早く壮年者に譲って，市町村自治団体の世話や学校・病院その他公益のために尽くすべきことを主張した。

　米山がロータリー・クラブの存在を初めて知ったのは，1917年10月日本帝国政府特派財政経済委員会委員の一員として渡米した時であった。社会への奉仕に関心を持っていた米山がロータリー・クラブに興味を持ち，ロータリー・クラブ創設のきっかけとなったのは，この米国での出会いがあったからである[15]。米山は1920年10月に，日本で最初のロータリー・クラブである「東京ロータリー・クラブ」を創設し，初代会長に就任している。とりわけロータリー・クラブの「奉仕の精神」は米山の思想にも合致し，その実践

は信託の理念にも通じるものであった。

1923年8月三井銀行の常務取締役を最後に退職すると，翌年3月には日本で最初の本格的信託会社である三井信託会社（のちの三井信託銀行）を創設し社長に就任した。1925年2月には初代信託協会会長に就任して日本の信託業の黎明期を支えることになった。

1934年3月には，池田成彬が主導した三井「改革」（いわゆる「財閥の転向」）の一環として「三井報恩会」が設立されると，米山は三井合名会社理事（1932年3月就任）の傍ら理事長に就任し1944年9月に退任するまで社会・文化事業，福祉事業に尽力し企業フィランソロピーとしての活動を行った[16]。

1936年2月，米山は三井「改革」の一環である停年制の導入に伴い三井合名会社理事を退任した。1938年には貴族院議員に勅撰されたが，病身をおして三井報恩会の活動を精力的に行っている。米山は，三井銀行常務時代の1922年から青山学院理事・校友会会長に就任しており青山学院の震災復興を支援していたが1937年2月，のちに青山学院初等部となる財団法人緑岡小学校を創立し初代校長・理事長に就任した[17]。1943年3月には最初の卒業生を送り出している。1944年頃になると戦局は苛酷の度を加え学童疎開が始まったが，緑岡小学校の児童200名は，伊豆湯ヶ島の落合楼に疎開し米山は病苦を押してこれを見送っている。晩年の米山は入退院を繰り返していたが，1946年4月疎開先の郷里静岡県駿東郡長泉村（現在の三島市）の別邸にて患っていた持病により逝去した。享年78歳であった。

2. 米山梅吉の思想と活動

(1) 「新隠居論」の発表とその背景

既述のように，米山は日本におけるロータリー・クラブを創始し，我が国最初の本格的信託会社である三井信託会社を創設したほか，三井報恩会理事長として公益活動に従事し，また青山学院の支援活動を行う中で，私財を提供して初等部を創設している。本節では，米山の事業活動の方向性を規定し

たと思われる 1914 年 8 月 15 日付の『実業之日本』に発表された「新隠居論」から米山の考え方をみてゆきたい。

「新隠居論」の冒頭，米山は 46 歳の経営者としては大胆にも「余は独り我が実業界と謂はず社会各方面の老人株に向つて，御隠居なさいとお勧めしたいのだ。」という書き出しで，世の古参の企業経営者に対して警鐘を鳴らしている。米山は，明治維新当時の成功者が残存して勢力を張って閥をなしている間は後進の者は育たないとして，老人跋扈の弊害についてさらに次のように述べている。

「判断の根拠を理屈に求めずして，老人株の指図に待たざるを得ない場合が多くある。仕事をする困難は其力量の如何よりも，先づ老人株の同意を得て行かなくてはならぬと云ふ事在る斯んな風であるから，各個が職務上の持分さへ守れば宜いと云ふ譯には行かぬ。従つて責任の観念が乏しくなる。且夫れ人には経験と云ふものは最も貴ぶべきものであるにも拘らず，充分に人を働かさぬために大切な経験も積む事が割合に少く，亦之を積むも充分に利用実施することの出来ない事情にある。如此は実業界に取ては特に大なる損害を持来すもので有る。」

米山は，永くその地位に留まることなく，後進に道を譲って隠居すべきであると主張する。隠居については次のように述べている。

「欧羅巴人(ヨーロッパ)の隠居は隠居すると共に世の中と没交渉になるのではなくて隠居は隠居として為すべき幾多の仕事がある，即ち今まで職務に忙しく遂はれて出来なかつた處の人間として盡すべき義務を盡すのである。人間は自分の稼業以外，職掌以外に何か社会公衆の為めにする所が無くては，まだ人間としての義務を十分に盡したとは言へない。（中略）西洋では自分の仕事を早く壮年者に譲つて，市町村自治団体の世話又は学校病院その他公益の事に盡す人が多いのみならず，さう云ふことをするのが紳士の理想と云つても宜い程のものである。」

米山は，日本の公共事業がうまくいっていないのは，衣食に汲々としている者が経営しているからだとして，元老の同分野への貢献に期待して隠居者が為すべき事業について次のように述べている。

「茲に於て余は特に我が実業界の元老に向つて其の名誉と信用とに加ふるに貴重なる経験を以てして，大に各種公益事業の世話を焼いて貰ひたい。看来れば日本の社会は改善を要する事が澤山ある，公徳は頓と重んぜられず，乱暴狼藉の事が少なくない，社会の弊風を矯正すると云ふ様の事には最も観察注意の行届く，世の所謂隠居者にして始めてやり得ることである。」

米山が，三井銀行常務取締役在任時に，なぜ「新隠居論」を発表したのかは不明であるが，米山が数回にわたって欧米出張をしていること，そして文面にも西洋事情についても触れられていることから，彼が見た西洋の実業人の実態から多分の影響を受けていることが推察される。翻って日本の実情を鑑みると慈善博愛を標榜する公益的事業が，実態は不適当な人達によって不正に経営されていることへの憤りが米山にはあったものと思われる。その後の米山の事業活動を見てゆくと，世に問うたこの論文がその後の米山の事業活動の指針であり，自身の信念の表明であったことが判明する。

(2) 東京ロータリー・クラブの創設とその経緯

ロータリー・クラブは，米国人弁護士ポール・ハリスによって1905年シカゴで誕生した。当時のシカゴは，急速な経済発展の陰で商業道徳が乱れていたといわれる。ロータリー・クラブは，ポール・ハリスがお互いに信頼できる公正な取引をし，仕事上の関係がそのまま親友関係となるような仲間を増やしたいとの思いで異なった商売の人達に声をかけて定期的な会合を持つクラブを作ったことに始まった（写真5）。

米山がロータリー・クラブに関心を持つ契機となったのは，1917年10月三井銀行常務取締役時代に日本帝国政府特派財政経済委員会委員であった

頃，目賀田財政問題調査団の一員として米国に出張した時であった。三井物産ダラス支店長福島喜三次を訪問した際，福島が会員となっていたロータリー・クラブにゲストとして米山が出席したことがきっかけであった。日本人最初のロータリアンであった福島が帰国する際に，国際ロータリー・クラブ連合会会長が福島に対して東京にロータリー・クラブを設立すべく特別代表に委嘱した。そして，福島がその権限を米山に与えたことがきっかけとなって米山がロータリー・クラブ設立に関わるようになった。米

写真5　ロータリー・クラブの父ポール・ハリス
出所：国際ロータリーのホーム・ページより

山には，当時の実業界の商道徳に鑑み，日本の経済社会も倫理的，道徳的な経済社会を創らなければという思いがロータリー・クラブを設立する動機となったのではないかとされている[18]。

　第一世界大戦後の反動恐慌の中，ロータリー精神が容易に受けられるような状況ではなかったが，米山のロータリー・クラブ創設の熱意は衰えることはなかった。米山と福島が中心となって唱道し，日本における最初のロータリー・クラブである東京ロータリー・クラブの設立総会は，1920年10月東京銀行集会所で開催された。総会では，米山が初代会長に福島が幹事に就任し，理事には伊東米次郎（日本郵船），小野英二郎（日本興業銀行），樺山愛輔（日本製鋼所）が選ばれた。設立当初の会員は，深井英五（日本銀行），佐野善作（東京商科大学），和田豊治（富士紡績），牧田環（三井鉱山）等24名であった[19]。国際ロータリーのシカゴ本部に加盟申込書が送られ国際ロータリー直轄のクラブとして翌年4月承認された。

　米山はロータリーのバイブルともいうべきポール・ハリス著『ロータリーの理想と友愛』(『This Rotarian Age』米山梅吉全訳）の緒言でロータリーについて次のように記している。

　「各々其の祖国に忠良なる臣民にして，種々職業を異にせる実業人が広く

友愛の主義によりて結合し，先づ其の道徳水準を高めて自己の利益を第一とする態度を改め，専ら国家社会の福利に貢献する所あらんがために奉仕の精神を基調として会同し，政治・宗教の外に立ち国際の親善，靦ては世界の平和を庶幾するロータリー運動の理想と，其の組織の真相を周知せしむるため此書を得たるは誠に倖である。」

日本のロータリー・クラブの発展に拍車をかけたのは，1923年9月1日に発生した関東大震災であった。被災状況が世界に伝わると国際ロータリー・クラブからは見舞電報と共に見舞金・救援物資が送られてきた。東京ロータリー・クラブは東京・横浜の焼失した小学校へ備品を贈呈したほか，孤児のために東京市の孤児院の中に家を新築し寄贈する等の救済活動を行った結果，会員はロータリー活動の重要性を再認識することとなり会の発展を推進することとなったのである。

社会奉仕と友愛の精神を理念とするロータリー・クラブとは何かについて，米山は次のように述べ，奉仕活動の実行が大切であることを力説している[20]。

「交わりを広くして奉仕の機会を得ること。実業及専門職業の道徳水準を高め，有用なる業務の価値を認めて，その尊厳を保ち以て社会に奉仕すること。個人としての業務関係並びに社会共同生活の上に，常に奉仕の理想の実現を期待すること。奉仕の理想を以て結合し，実業及専門職業として，世界的和合親善延いて国際平和の促進を期すること。（中略）このロータリーの精神は徒に道義を説いて之を心意状態に止めるだけでなく，其の実現を期するためサービス・アボーブ・セルフ即ち奉仕を標榜するのである。」

米山にとって，ロータリー・クラブとの出会いは「新隠居論」で抱いていた米山の思想をより強固なものとし，事業活動に方向性を与えることになった。ロータリー・クラブにおける実践活動が，のちに三井が信託業務に進出

する際に，米山が主導的役割を果たすことになったこととは無縁ではないと思料される。

(3) 三井信託株式会社創設とその経緯

わが国における近代的な信託制度の導入は，1900年日本興業銀行法が制定され，その業務の1つとして「地方債証券，社債券及株券ニ関スル信託ノ業務」という規定が設けられ，法文上はじめて「信託」という文字が使用されたことに始まる。日露戦争以後，資本主義の発展期を迎えて信託業を名乗る各種の業者が現れていた。但し，信託会社と称してはいたものの根拠法規も存在せず，実態は地方の無尽会社，貸金業者が看板を塗り替えたものに過ぎない数多くの小資本が雑多の業務を営み，ごく少数のものを除けば一般に不健全なものが多く弊害の発生も見られた[21]。特に，当時信託の業務観念が曖昧だったこともあり，信託会社と称するものが名は信託を唱えながらも実質的には金融業を営むものが多かったため，政府は法的規制を加えることにより信託会社の健全な発達を企図した。政府は，当時存在していた多くの信託会社の内容を不適当であるとし，これに代わって巨大な資本を背景とした公共性を持った信託会社の育成を図ろうとしたのである。

1905年には担保付社債信託法が制定され，日本興業銀行や有力大銀行が免許を受けた。その後，1906年4月に設立された東京信託株式会社[22]をはじめ信託会社が続々設立され1922年末には488社を数えるに至った。しかしながら，地方の無尽会社や貸金業者が信託という看板を掲げたものが大多数であったのが実態で，営業内容も雑多であり経営内容は一部の優良会社を除き不健全な会社が多く弊害の発生も見られた[23]。

このような状況下，政府は，当時存在していた信託会社の内容を不適当であるとし，これに代わって巨大な資本を背景として社会的信用も厚く公共的性格をもった，いわゆる固有の信託業務を行う信託会社の誕生を期待した。英米で行われている信頼性に足る信託会社制度を導入するために慎重な議論を経て1922年4月，信託法および信託業法を公布し信託法制の整備を行っ

た[24]。翌 1923 年 1 月から施行されたこの信託二法によって，弱小な群小信託会社は，そのほとんどが転業乃至は廃業に追い込まれた一方で，大資本による有力信託会社の設立が促進されたのである。

　信託業法の下で営業の範囲は狭められ，また政府は信託会社に財産管理業務中心の公共機関的性格を期待していたことから，当初信託会社に高収益の実現，高率配当を期待することは困難とみられ，信託事業が果たして企業として成り立ちうるかどうか慎重な見方が多かった[25]。このような信託業にいち早く設立に動いたのが三井財閥であり，1924 年 3 月三井信託会社が設立された。

　その設立の社会的意義を説き三井家の了解を得て会社設立に動いた中心的人物が予てより信託の理念と米国における発達状況を認識していた米山梅吉であった。米山が，信託会社設立に動いた動機を直接確認できる史料は，管見の限りにおいては存在しない[26]。米山は三井銀行を退職し三井信託会社の初代社長になったが，なぜ米山が三井銀行を一般行員の停年と同じ 55 歳で常務取締役を退任することになったのか，その理由は不明である。米山の常務退任を評して，世間では池田との不仲説を言い当時の一部の新聞は「両雄並び立たず」と称したが，常務退任および信託会社創設について米山は誰よりも先に池田と協議したこと，信託会社創立後も池田が協力している事実に鑑みて不仲説を否定している[27]。信託法制が法制審議会で審査されていたころから調査に着手し，1921 年 9 月頃には設立構想を抱いており退任直後に信託会社を創設していることから，米山の意志は固まっていた可能性は強い。米山の三男であり慶應義塾大学教授であった桂三氏は，「父が銀行を辞めました理由の 1 つは，金融業とても，人間不在の金利計算をするばかりが能ではなく，金融業を通しての社会奉仕も可能なはずだと前々から考えていたからであります。そこで金融機関であっても預金者の立場に立って預金者の財産管理から遺言の執行に至るまでのお世話をすることができるという信託業に着目して，大正 12 年から日本で最初の信託業法にもとづく三井信託会社の創立に努力を傾注することになった。」と記している[28]。米山が，最初に

「信託」の存在を知ったのは，おそらく約8年に及ぶ米国留学中であったと思われる。しかし，実際に信託業をつぶさに調査したのは，前述した三井銀行入行当初の欧米出張時であった。米山は，以前から信託業務には興味を持ち，特に「公益信託」には深い関心を持っていた[29]。1921年には，団琢磨を団長とする英米訪問日本実業団に参加し，米国の最新信託事情を調査したことは信託会社設立の事前調査として大いに役に立ったものと推察される。

米山は，米国における信託業の発達状況を見聞していたこともあり，日本においても信託業に対する要望が強くなることを確信して信託会社を興すことを目論んでいた節がある。当時，日本の資本蓄積は英米に比して低いものであり，信託業が成り立つ素地があるかどうかは定かでなかったことから，三井銀行常務取締役であった米山は幾度かの海外視察で信託業に興味を持ちながらも積極的に創設するところまでは至っていなかった[30]。しかし，三井合名会社理事長団琢磨もまた米国の事情に精通していたことから，早くから「信託」に深い関心を持ちその必要性を認めていた。

米山は，信託理念である「奉仕の精神」を説き，新しい信託会社を三井の事業とせず，全財界の支持，協力を得て基礎強固な経営を行いたい意向であった。しかし，その後三井信託の順調な立ち上がりを見て他の財閥系を中心とする大資本による信託会社の設立が促進されていったことは，必ずしも米山の構想どおりにはならなかった[31]。また，わが国の信託会社の性格は政府が望んだ社会奉仕的な財産管理運用機関というよりも，現実は金銭信託中心の長期金融機関として発達を開始したことは，政府の予想と異なるところでもあった[32]（表5-1）。

麻島は，黎明期の日本信託業の業界事情をはじめ信託業成立過程における業法・信託制度の議論および業法成立後の本格的信託会社創業の背景・経緯並びに経営特質について詳細な研究を行っている。麻島は，三井財閥が米山構想を承認し設立を決断した経済的動機として，資料的制約から推測の範囲を出ないとしながらも次のように述べている[33]。

「第一に，三井は1906年に東京信託の設立を援助し，三井家の土地建物

166　第3部　社会貢献とビジネスの融合を目指して

表 5-1　三井信託会社信託財産内訳

(単位：千円)

期別	金銭信託		金銭信託以外の金銭の信託	有価証券信託		金銭債権信託	不動産信託	合計	対信託会社比率
		構成比			構成比				
1924年5月期	4,516	67%	0	2,689	33%	0	0	7,205	6.2%
11月期	31,038	79%	520	7,884	20%	10	20	39,472	25.3%
1925年5月期	47,389	69%	5,238	15,633	23%	37	289	68,586	33.9%
11月期	73,734	68%	3,606	27,690	26%	2,270	997	108,297	33.1%
1926年5月期	117,583	70%	4,152	42,085	25%	2,558	2,218	168,596	34.9%
11月期	137,137	72%	3,140	45,496	24%	2,116	2,865	190,754	31.1%
1927年5月期	170,456	74%	2,562	52,829	23%	1,830	2,816	230,493	30.8%
11月期	206,395	78%	1,183	53,675	29%	1,809	2,877	265,939	28.9%
1928年5月期	250,603	80%	680	60,663	19%	945	3,052	315,943	29.0%
11月期	292,963	80%	166	68,123	19%	612	3,120	364,984	28.8%

出所：『三井信託銀行六〇年のあゆみ』15頁より筆者作成。

の全部の管理を同社に任せ，三井関係者の多くが同社の株主に名を連ねて密接な関係にあり，信託業について知る機会があったこと。第二に，定期預金と類似した金銭信託についての収支見通しは比較的容易に見当がつくことから，三井首脳としては，信託会社の経営が金銭信託中心になんとか採算が取れるという見通しを持っていたこと。」

　また，業法成立後の戦前の信託会社経営の特質については次のように述べている[34]。

　「理念として社会奉仕，公共性を謳っても，営利資本である以上，現実には金銭信託を中心とすることで営利性を貫徹した。長期大口の金銭信託に限定することによって，外に対しては銀行資本と投資性資金の分割で一種の均衡をつくりだし，内に対しては効率的経営を実現することで，収益的にもすぐれた企業となりえたのである。」

　1922年4月に公布された信託二法は，信託制度の確立による不健全な経

営の信託会社への取締まりと信用強固な大資本による新たな社会奉仕的財産管理運用機関の設立への政府の意向が反映されたものであった。信託二法を審議した第45回帝国議会で当時の高橋是清首相兼大蔵大臣は次のように述べている[35]。

「株主タル者モ純然タル営利ノ目的ニアラズシテ，所謂資本家ナルモノガ社会ニ貢献スルノ考ヲ以テ富豪資本家ガ社会ニ対スル義務ト心得此会社ニ利害ノ関係ヲ持ツテ呉レルト云フコトガ，政府ノ最モ望ンデ居ル所デアリマス。」

信託二法の審議に関心を持って注目していた米山は，同年秋三井銀行常務取締役時に信託会社創立を決意し，片山繁雄の協力を得て翌年初めに設立趣意書・定款等の準備を整え，三井家および関係各方面の了解を得て会社設立に向け動き出した[36]。その矢先に関東大震災に遭遇して計画も一旦頓挫することとなった。しかしながら，震災によって家財を失った悲惨な実例を見て，米山は財産管理を使命とする信託会社の必要性を一層痛感し，計画の再現に奔走した結果1923年12月18日の三井合名の会議で正式に決定され，1924年3月三井信託会社が新設信託会社の第1号として設立されたのである[37]。

設立趣意書には，理財上の顧問として法律上および経済上安全な信託会社としての公共的使命が謳われている[38]。当初，米山の意図するところは三井のみの信託会社ではなく，広く日本全体を基盤とする信託会社の設立にあった。米山は，多角的な信託業の性格上，全財界で協調して総力で開拓すべきであるという考えを持っていた。即ち，信託会社が乱立して利益追求のためにひたすら金銭信託の増加のみに集中して互いに競争すれば，煩雑な業務が伴う信託本来の使命が疎かになるので，理想的な経営ができなくなる懸念があると考えていたのである[39]。

当初，団琢磨はこの米山の計画を支持していたが，米山が信託会社を三井だけの事業としないで全財界の協力によって設立しようと構想したことに対

しては，団琢磨は三井の手によって実行するのが適当と主張した。米山は，三井が主体となった場合でも自分の基本構想が保持されることを条件に譲歩したのである[40]。その結果，設立の中心は三井となり社名も「三井」を冠したが，発起人には財界その他各方面から有力者を網羅した（表5-2）。

三井信託会社の設立当初の役員構成においては，米山の考え方の実現をみることができる。取締役会長に団琢磨，代表取締役社長に米山のほか三井銀行以外の三菱，安田系など非三井系の者が役員に就任している。これらの役員は米山社長を除いては非常勤で，業務の執行には社長および役員でない副社長などが経営陣としてその任に当たることとした（表5-3）。彼ら取締役は株主総会で選任されており，米山は信託会社の活動が大株主たる財閥の意向に制約され公共的業務の遂行に支障をきたすのを恐れたのである[41]。「所有と経営の分離」を明確にしたことは当時としては画期的な機構であり，米山の創造的精神の一端を示すものであった[42]。

日頃三井とは利害の対立が想像される他の財閥が大株主として資本参加し

表5-2　発起人氏名および引受株数表

氏名	職名	引受株数	株式比率
三井八郎右衛門	三井合名会社社長	140,000	80.0%
門野幾之進	千代田生命保険相互会社社長	10,000	5.7%
各務鎌吉	東京海上火災保険株式会社社長	10,000	5.7%
安田善四郎	共済生命保険株式会社社長	5,000	2.8%
藤山雷太	大日本精糖株式会社社長	2,000	1.1%
大橋新太郎	博文館社長	2,000	1.1%
団　琢磨	三井合名会社理事長	1,000	0.6%
原　嘉道	東京第一弁護士会会長　法学博士	1,000	0.6%
有賀長文	三井合名会社常務理事	1,000	0.6%
福井菊三郎	同　上	1,000	0.6%
池田成彬	三井銀行常務取締役	1,000	0.6%
米山梅吉	元三井銀行常務取締役	1,000	0.6%
合計		175,000	100%

出所：『三井信託銀行五十年史』8頁より筆者作成。

表 5-3　最初の取締役名簿

役職		氏名	
取締役会長		団　琢磨	三井合名理事長
代表取締役社長		米山梅吉	元三井銀行常務取締役
代表取締役		池田成彬	三井銀行常務取締役
同		有賀長文	三井合名会社常務理事
同	男爵	三井高精	三井物産株式会社取締役
取締役		原　嘉道	法学博士　東京第一弁護士会会長
同		大橋新太郎	博文館社長
同		門野幾之進	千代田生命保険相互会社社長
同		各務鎌吉	東京海上火災保険株式会社社長
同		矢野恒太	第一生命保険相互会社社長
同		馬越恭平	大日本麦酒株式会社社長
同		松本健次郎	明治鉱業株式会社社長
同	男爵	藤田平太郎	合名会社藤田組社長
同		藤山雷太	大日本精糖株式会社社長
同		結城豊太郎	安田銀行副頭取
監査役		二宮峰男	三井銀行監査役
同		福井菊三郎	三井合名会社常務理事
同		広岡恵三	加島銀行頭取
同	男爵	毛利五郎	毛利公爵家財産主管

出所：『三井信託銀行五十年史』10頁。

た理由はなぜか。その理由について麻島は次のように述べている[43]。

「第一に，広く財界（他財界を含めて）の協力をえておくことは，三井独力で設立するよりも一層信用を高め，効果が絶大であったと思われる。第二に，三井としても，業法の制限規定が厳しく，信託会社の新法下の経営に十分の確信をもてず，危険分散を図ったのではないか。第三に，三井は，信託会社は社会奉仕的使命をになうものという意識をもち，利害本位の同業者間の競争は好ましくないと考え，新設の可能性をはらむ有力資本をできるだけ味方にひきいれ，競争会社の出現を防止しようとしたのではあるまいか。第四に，参加した他の財閥，銀行資本にとっても，三井の計

画に対する好奇心から，利害関係人として信託事業経営に接触をもつことも悪くはないと考えたにちがいない。」

　しかし，三井信託の指定金銭信託合同運用収益配当率が預金協定により制限されていた銀行定期預金の利率を上回ったことから，定期預金との摩擦が高まった[44]。銀行間の預金協定が破綻し金融界の混乱を招くことを懸念した大蔵省は銀行資本の強い圧力もあり，1924 年 12 月急遽浜口蔵相の裁断で信託業法施行細則を改正した。そして翌年 2 月から金銭信託の受託最低期間を 1 カ年以上から 2 カ年以上へと変更し実施することになった。ところが，信託期間の延長の影響は三井信託にはなく 1925 年下期，1926 年上期は前期比較それぞれ 55.6％，59.5％という著しい増加となった[45]。1928 年 11 月，三井信託はこのような状況を鑑みて銀行との摩擦を緩和するために，金銭信託受託最低額を当時の我が国の定期預金 1 口当たり平均額より高めて 500 円から 3000 円に引き上げている[46]。

　その後，財閥資本の対抗意識から財閥系の信託会社が設立されてゆくこととなり，米山が理想とした財界の総力を結集した超財閥的性格の信託会社ということには必ずしもならなかった[47]。金銭信託中心に三井信託が急速な発展に成功すると，1926 年には任期満了となった三井信託の重役改選に当たって取締役各務鎌吉は三菱信託の創立計画を理由として辞任を申し出たほか，取締役藤田平太郎，監査役広岡恵三が退任することとなった[48]。三井財閥は，新設当初は不採算を覚悟していたが，三井信託によって金銭信託中心の信託会社経営が必ずしも不採算でないこと，金銭信託が銀行定期預金に重大な脅威を与えることが実証されると事情が一変したのである。他の財閥・大銀行資本は傘下銀行の定期預金流失を防止する意図から連鎖反応的に信託会社設立へと走った。特に，1927 年における金融恐慌後に信託会社が急激に資金を吸収するのを見た時，有力銀行資本は傍系信託会社の必要性を痛感した。傘下に信託会社を新設することによって，自らの銀行から他の信託会社に資金が流出するのを防ぎ，また信託会社を持たない他の銀行からの預金を

傘下の信託会社に吸収することを考えたのである。麻島は，非営利的社会奉仕機関といった性格が前面に押し出され，三井以外にも財閥系信託会社が設立されていった背景には財閥の自衛策があったとみている[49]。

3. 金銭信託問題をめぐる論争にみる米山の対応

　金銭信託制度は信託業法によって正式に認知されたが，制度運用の施行細則をめぐっては金銭信託の受託期間に関して銀行側から突き上げがあった[50]。さらには，金銭信託を中心業務とした信託会社の成長をめぐって銀行の信託会社に対する抗争は激しいものがあった。両者の攻防は1926年の金融制度調査会普通銀行制度特別委員会における銀行出身委員である第一銀行頭取佐々木勇之助と信託出身委員である三井信託社長米山梅吉の間のやり取りで確認することができる[51]。本節では，そのなかから特別委員会（第三回，第六回）における米山の発言の一部を取り上げ米山の信託業務に対する考え方を検証する。

(1) 第三回特別委員会（10月25日開催）における米山発言
　佐々木委員は，信託会社が営む金銭信託は実質的には銀行の定期預金であるとして次のように批判した[52]。

　「信託会社ノ広告ヲ見マシテモ，金銭信託，其下ニ括弧ヲシテ『信託預金』トアリマス，サウシテ其傍ニ，若クハ其附記ニ『此利廻リ標準ハ七分何厘』トカ（中略）サウ云フ風ニナツテ居リマス，而已ナラズ此ノ信託会社ノ営業案内ヲ見マスルト，定期預金ト同ジ様ナモノデ利廻カモツト多イ，斯ウ云フ事ガ皆記載シテアリマス」

　これに対して米山は，金銭信託と定期預金は異なるものであるとしながらも，広告の記載方法については信託側の非を認め，世間の誤解を招くとして改めるべきであると次のように答えている[53]。

「今日ノ金銭信託ハ明カニ法律上一ツノ性質ヲ持ツテ居ルモノデアル，唯其金銭信託ヲ信託預金ト云フヤウナ，其處ニ括弧ヲ附ケテアルヤウニ解釈シテ世ノ中ニ出スト云フコトハドウモイケナイ，サウ云フヤウナコトハ成ルベク信託会社モ廃スガ宜イト思ヒマス，サウ云フコトガ銀行ノ誤解ヲ招キ，又世間ヲ誤解サセルカモ知レヌ」

(2) 第六回特別委員会（10月28日開催）における米山発言

　金銭信託の合同運用について佐々木委員は，指定と言いながら具体的な指定もなく，また合同計算されて社債・株式・不動産等何にでも運用できるということであれば銀行の定期預金と同じであると批判した。これに対して米山は，社会が進歩して信託の観念がもう少し普及し，委託者の信託についての知識水準が上がるまでは委託者が運用指定の判断をすることは難しいと述べた。金銭信託の指定合同運用について1口の受託金額が現状小口であることから，日本の経済力が高まって将来1口の金額が多額になるまでは，已むを得ないとして次のように述べている[54]。

「我国ノ現状ニ於キマシテハドウシテモ合同運用ト云フコトガ必要デアル，他日個別運用ト云フコトガ出来ルト云フマデ進歩発達ヲ見タ時ニハ，即信託ト云フコトハ総テ特定信託ニ限ルト云フ時節ガ到来スルマデハドウシテモ合同運用ト云フコトハ已ムヲ得ナイ，何シロ経済力ノ弱イ日本デアル，小サイ日本デアル，隋テ金額ナドモ五百圓ナドト云フ非常ニ小サナ金高ニ限ツテアルノデスガ，（中略）ソレヲ一ツ一ツニ運用ト云フコトハ到底出来ナイコトデアル，故ニドウシテモ之ヲ合同シテ運用シナケレバ一向効果ガ現ハレナイ，斯ウ云フコトニナル」

　また米山は，信託会社に銀行部門があれば小口の資金であっても運用可能となるまで預金としてプールしておくことが可能となることから，信託会社として銀行業兼業のニーズは高いという意見を述べた。
　佐々木委員は，また指定金銭信託合同運用を高利の定期預金とみなし，こ

れを放置しておくことになれば銀行の預金協定をつぶすことになるとして次のように批判した[55]。

「銀行ノ預金ノ大部分ヲ占メテ居ル定期預金ト同ジモノデ，（中略）ソレヲ七分若クハ其以上ノモノモ大分アルヤウデアリマス，サウ云フ風ナコトデアリマシタナラバ，銀行ノ定期預金ニ脅威ヲ受クルト云フコトハ少クナイノデアリマス，（中略）預金協定ヲ守ラセルト云フコトガ無理ニナル」

これに対して米山は，預金協定は金銭信託制度ができる以前からいろいろな問題があるのであって，協定維持困難の原因を信託会社に押し付けるのは当たらないと次のように反論した[56]。

「此預金協定ハ信託会社ガ出来ヌ前カラ行ハレテ居ルノデアツテ，其協定ニ伴フ色々ナ面倒ハ一ニ之ヲ信託会社ノ実現ニ帰スルト云フ譯ニハ行カヌ事情ガ多々アルト思ヒマス，（中略）一モ預金協定，二モ預金協定ト言ウテ之ヲ唯一ノ武器トシテ，サウシテ攻撃スルト云フコトハ多少御考ヲ願ヒタイコトデアルト私ハ思ヒマス」

このように，米山は佐々木委員から追及を受けながらも，金銭信託の定期預金とは異なる商品性を説明すると共に指定金銭信託合同運用については委託者である国民の経済力が十分ではないことに伴う過渡的な対応として理解を求め信託会社の正当性を主張したのである。

4. 米山が志向した信託会社像
　　―ラジオ放送・信託協会での発言等から―

　米山は，信託業務を行う上でその理念である「奉仕の精神」の実行をしきりに説いた。第一期入社組でのちに三井信託銀行社長となった林賢材は，米山について「『信託銀行というものは普通の金融機関とは違うんだ，世間一般に奉仕しなきゃならない機関だ』そういう意味のことはたびたび言われま

したね。」と述べている[57]。また，第三期入社組で元三井信託銀行社長杉谷武雄は，米山について「"He Profits Most Who Serves Best" というロータリーの標語を引用されて，信託会社はサービスが仕事で，サービスさえすれば会社は自然に成り立つんだから，諸君は一所懸命お客様にサービスしなさい。これがロータリーの精神と合致するというお話を反復されました。」と述べている[58]。

米山は，1925年2月には初代信託協会会長に就任すると，信託思想の普及に尽力している。米山は，1925年3月に発行された雑誌『インヴェストメント』に「信託会社は社会奉仕の公益機関」と題した一文を書いている。その中で，米山は次のように述べている[59]。

「信託会社の業務は利益を唯一の目的とする営利的業務と異なって，純然たる社会奉仕的の公益機関である。従って是に従事する者亦た奉仕的観念を以て事に当たらねばならぬ。惟ふに将来は法人若くは個人が単に自己の財産保護に止まらず博愛慈善を目的とする事業に対する寄付行為などは信託会社に委託するのが最も理想的で当を得たものである。欧米殊に米国の信託会社が年々寄付者の希望と其の契約の条件に基き信託会社の手を経て慈善団体等に分配される資金と云ふものは実に驚くべき数字に達して居る。尤も右は其の元本の受益者に対する分配であるが，斯の如く其の利益は利用せられ，元本は永久に確実に残って行くのである。希くは我が国民の経済思想も叙上の如く堅実に発達して行くことを望んで已まぬ。」

また，1926年4月17日の開局間もない愛宕山東京放送局からのラジオ放送では，米山は一般には馴染みのなかった信託の思想，制度および遺言信託，生命保険信託等の公益的利用を説明して次のように述べている[60]。

「私益信託であっても同時に又之れによりて社会に有益な事業の資金を提供する方法ともすることが出来るのでありまして，例えば育英，救貧等の事業を行はうとする時には，此等の目的のため資金と分配額と及び其の期間等を，委託者の欲する通りに然るべく定めて，之を信託するのでありま

第 5 章　社会貢献の経営思想とその実践　175

す。」

　1927 年 4 月 26 日の大阪での第二回信託協会定時総会の席上では，米山は信託業務の公共的性質に触れ次のように述べている[61]。

　「凡そ営業として信託業務に従ふ信託会社が其の損益を度外視する能はざるは論なしと雖も，斯業は他の一般営利的事業と趣を異にし多分に公共的性質を具有するを以て，業務の執行に当たりては能く其の公共の機関たることを認識し，凡て判断の標準を社会的及道徳的基礎に求め，十二分の権威と確信とを以て信託の面目を張ることに志さざるべからず。」

　また 1928 年 4 月 9 日に東京で行われた第三回信託協会定時総会では，銀行類似業務に偏った金銭信託中心の金融機関であってはならないとし，信頼されて財産管理を任されることが信託本来の公共的使命であることを忘れてはならないと信託業界に対して反省を促し，信託の本来業務へ向けて次のように述べている[62]。

　「(前略) 信託会社に遺言執行者たり得べき資格を認められむことは最も重要なる問題に属す。由来遺言の執行と信託とは其の性質上不可分の関係を有するやに拘らず，我が法制不備の為め信託会社は遺言執行者たることを得ざる実情にあり，斯の如きは信託の本領を発揮せしむる所以にあらず。是を以て協会は法令の改正を促して之を可能ならしむべく既往に於て最善の努力を致せりと雖も，未だ実現を見るに至らず，尚将来に於ても此の目的に向つて全力を傾注せむことを期す。」

　米山は，金銭信託残高の順調な伸びに依存し，銀行類似会社に堕することに警鐘を鳴らすと共に，信託の理念の実行のための法改正を唱え自らその実現に向けて努力してゆくことを宣言した。米山は，金銭信託が伸張する一方で，あえて遺言信託等社会奉仕的な信託業務という当時としては不採算が予想される信託の本来業務の推進を図ったことは，米山が信託業務を単に新たなビジネスとするだけではなく，社会奉仕の 1 形態として捉えていたことの

証左であることを意味する。信託業務に対する米山の理想主義的姿勢がわかる。1929年5月信託業法が一部改正され財産に関する遺言の執行と会計検査が併営業務として許可されたが，米山の従前からの主張が認められることになったのである。

5. 財団法人三井報恩会理事長としての米山の活動状況と青山学院への支援

「財閥の転向」の一環として池田成彬の立案で1934年4月財団法人三井報恩会は，「我邦社会ノ福利増進並ニ文化ノ向上発展ニ貢献スル事業ヲ経営助成スル」ことを目的にして設立され，米山が理事長に就任している。三井報恩会の募金3000万円を寄付することがうたわれ，具体的にまず行われたのは，100万円でラジウムを購入し，癌研究所への寄付であった。1932年3月から1936年5月までの4年間に三井が行った寄付金は，三井報恩会の3000万円を加えて総額6000万円に上ったと推定され，それらは失業救済資金や東北飢饉義援金といった社会事業，慈善事業への寄付金を中心に行われた。

米山は理事長として，青森から沖縄に至るまで病苦を押してハンセン病等療養所をくまなく慰問に訪れたほか，緬羊を輸入し飼育技術指導を行った岩手県紫波郡彦部村等農村へ訪問する等農村振興にも尽力している。彦部村支援のきっかけは，当時の村長，村会議員，産業組合長等彦部村挙げて岩手県知事に対して三井報恩会の指定村となるべく熱望し，具申書を提出したことに基づく。彦部村への支援活動の記録を見ると，1935年に始まり乳牛増殖改良奨励を中心に肥料増産改良施設の建設，産業組合の拡充等5年間に亘って実施された[63]。三井報恩会設立の狙いは，当初何よりも財閥批判の鎮静化にあったのであり，その活動についての評価には諸説がある。しかし，米山の理事長としての活動の足跡を見ると，1944年9月に退任するまでの間，社会・文化事業，福祉事業に尽力しており，純粋に米山の信念に基づいた行動であったと思われる。

また，米山が青山学院の支援活動に関わるようになったのは1913年，青山学院財団理事会の初代理事に三井銀行の間島弟彦らと共に任命されたことに始まる。そして，米山は三井信託会社設立を計画していた頃の1921年，青山学院校友会長間島弟彦が亡くなった後を引き受けることになった。1923年には関東大震災後，全米メソジスト教会からの寄付金を基礎として，米山は校友の復興運動の委員長として校友会員の中から財界の有力者を中心に協力を取り付け，学院の基本金募集を率先して行った[64]。創立50周年を機として石坂正信院長が引退した時，その後任として米山を推す動きもあったが，米山は謝辞して阿部義宗を推薦し，阿部新院長を後援した[65]。

　青山学院の主義や精神の教育を初等教育の段階から始めたいという阿部院長の意向を受けて，米山は小学校の設立を決意する。また青山女学院出身の米山夫人はるからは，自分が幼稚園を建設して寄付しようという申し出がなされた。理事会で承認された後，青山学院付属小学校及び幼稚園として認可申請を行ったが，宗教学校である青山学院が小学校設立の認可を得ることは難しかった。そこで，青山学院とは別の『青山学院小学財団』を設立し，東京府，文部省からの認可を得て1937年2月，ようやく青山学院緑岡小学校が開校することになった[66]。米山校長が朝礼で児童に繰り返し説いた校訓は，「人からされて嬉しかった事は，人にもそのようにしなさい。人からされていやであった事は，人にもしてはいけない。」という利他の精神であった[67]。同年4月には緑岡幼稚園が開園され，園長には米山はるが就任した。

おわりに

　本章のまとめとして米山の社会的事業活動における経営思想とその形成過程について総括したい。米山は，働き盛りの46歳の時に「新隠居論」を発表した。米山のその後の活動状況を見てくると，ロータリー・クラブの創設，三井信託の創業，三井報恩会での公益福祉活動そして母校である青山学院への支援および青山学院初等部・幼稚園の創設といった活動の考え方の原点が

この「新隠居論」にあって，その思想は「奉仕の精神」で一貫していることが判明する。とりわけ，ロータリー・クラブとの出会いが思想に留まらず，実践へと導いてゆく契機となった。

米山の人生を築く基礎となった理想主義的な考え方は，大正デモクラシーを背景として沼津中学時代に叩き込まれた東洋思想の教育と談論風発の自由な校風が原点となった。米山の思想の根本を生涯にわたって支えた「奉仕の精神」の醸成は，米国苦学中に本多庸一と出会いキリスト教精神の感化を受けたことによって醸成されていったものと思われる。「新隠居論」にみる「奉仕の精神」は，このような精神的土壌の上に生まれたものと推察される。

米山は，「新隠居論」に著したように公益事業を通しての社会的貢献を説き，自らその実践としてロータリー・クラブを創設したほか，米国で発展していた信託業務に同様の精神を見出すことによって本邦初の本格的な信託会社の設立をもたらした。米山は，三井信託会社の経営を実践するに当たって信託の理念をとりわけ重視した。米山の理想主義は，設立当初企図した株主構成・役員構成および奉仕の精神を唱え社員に対する教育を重視した米山の姿勢に現れている。信託業は信頼関係を基礎として成立するだけに，経営者の力量・信用も重要な要素となるが，信託会社が経営者難のために挫折した例も少なくない中にあって，三井信託会社の場合は順調に推移した。その要因は，米山が理想主義的経営理念に基づいた経営を志向しながらも，不安定な創業時の収益面を意識したバランス経営にあった。

米山は，信託会社が乱立して利益追求のために競争すれば，信託の理念である奉仕の精神の遂行が困難になると考え，広く日本全体を基盤とする信託会社を構想した。先駆的な三井信託会社においては，米山の構想を反映して設立動機に社会奉仕的な財産管理運用機関としての公共性が強く意識されており，創業目論見書では金銭信託のみならず有価証券信託も大きな比率で見積もられている[68]。財産管理機能を中心とした信託契約には複雑な契約書の作成，手続，管理等銀行業務と比較し手間のかかる実務が伴うことから収益性を求めることは困難とみられた。それにもかかわらず，米山が遺言信託等

金銭信託以外の信託業務の受入れを主張し実現させたことは，米山が信託業務の公益性に対する使命感を強く持っていたことの現れである。米山は収益確保という経済合理性を維持しつつも，一方では信託固有の財産管理業務による社会貢献を志向していたのである。信託理念である社会奉仕的精神に基づいた財産管理業務の普及を志向し，社員に対しては社会貢献を訴えた米山の活動には理想主義的姿勢が看て取れる。

昭和期に入ると日本を襲った不況が深刻化し国民生活に大きな打撃を与えた。三井合名常務理事であった池田成彬は財閥の利益独占批判を受けて1934年3月「財閥の転向」を主導した。その一環で「三井報恩会」が設立されると，米山は理事長に就任し1944年9月に退任するまで社会・文化事業，福祉事業に尽力し企業フィランソロピーのパイオニア的活動を行った。また，米山が晩年において，阿部青山学院院長の要請に賛同し自ら財産を投じて緑岡小学校を創設し，校長となって青山学院の主義と精神の教育に尽力したことは，短期間ではあったが多大な影響を受けた青山学院の教育あるいは本多庸一等キリスト教にまつわる人々からの恩恵への感謝の念からであった。

これら米山の活動は，純粋に米山の信念に基づいた行動であった。隠居後の社会貢献を「新隠居論」において老人株に説いた米山は，ロータリー・クラブと出会うことによって，その精神である「各自の職務を通じた社会貢献」を三井信託会社において実行した。また，隠居後においては三井報恩会での福祉活動及び青山学院への支援を通してその理念を実践した。米山の一連の活動は，彼が一貫した経営思想を持ち続けて活動したことの証左であり，「新隠居論」は自身への実行宣言だったとも言えるのである。

注
1) 「新隠居論」は，『実業之日本』1914年8月15日号に掲載された。米山梅吉『銀行行餘録』日本評論社，1927年，256〜265頁にも所収されている。
2) 米山は，1879年に土地の旧家・米山家の養子にと懇望されている。米山家にはのちに米山の妻となるはるがいた（青山学院大学編『青山学院大学五十年史』2010年，89頁）。米山が正式に米山家に養嗣子として入籍したのは渡米直前の1887年10月である（米山梅吉先生伝記刊行会編『米山梅吉傳』青山学院初等部，1960年，30頁）。

3) 明治維新後，徳川家は駿府に封じられた。幕臣の洋学者が集結され設立されたのが徳川兵学校（のちに沼津兵学校と改称）であり，初代校長は西周。この沼津兵学校の伝統を引継ぎ高度な教育を行ったのが沼津中学校で，当時駿東郡唯一の最高学府だった（米山梅吉先生伝記刊行会編『米山梅吉傳』青山学院初等部，1960年，19頁）。
4) 米山梅吉『幕末西洋文化と沼津兵学校』自費出版，1934年，110～113頁。
5) 江原素六は，昌平坂学問所，講武所に学び，維新後は静岡県下で殖産興業と教育事業に取り組み県議会議員，沼津中学校校長を務めた。東洋英和学校校長，麻布学園を創設し校長を務めるなど終生教育家として活躍した。
6) 米山梅吉『常識関門』実業之日本社，1952年，99頁。
7) 米山梅吉『幕末西洋文化と沼津兵学校』自費出版，1934年，117頁。
8) 米山が土居光華塾で学僕藤田四郎（その後の井上馨の娘婿）と懇親を結んだことが，のちに井上馨の紹介で三井銀行に入行するきっかけとなった（米山梅吉先生伝記刊行会編『米山梅吉傳』青山学院初等部，1960年，52～53頁）。
9) 同上，33～34頁。本多から多大な影響を受けたことは，米山がのちに青山学院を支援する要因となっている（米山梅吉『看雲録』千倉書房，1938年，175～179頁）。
10) 米山梅吉『常識関門』実業之日本社，1952年，106～107頁。
11) 「提督彼理」は勝海舟の題字，藤田四郎（当時，農商務省農務局長）の序文で出版された。米山は，博文館の大橋新太郎とは初対面であったが，これが縁でその後財界人となった大橋とは親しい関係となった（米山梅吉先生伝記刊行会編『米山梅吉傳』青山学院初等部，1960年，44～46頁）。
12) 米山梅吉「帰朝と新聞記者志望」米山梅吉先生伝記刊行会編『米山梅吉選集　下巻』青山学院初等部，1960年，157～158頁。
13) 米山梅吉「日本鉄道に入る機縁」同上，159頁。
14) 調査項目は業務取扱上の改善の観点から取引台の取付方，客溜の模様，重役以下支配人席の位置，行内の分課職掌，貸付手続，諸帳簿，信用調査機関，人事等50余項目に及んでいる。その付録第七には信託会社についての調査報告が記載されている。
15) 米山梅吉先生伝記刊行会編『米山梅吉傳』青山学院初等部，1960年，75頁。
16) 1934年6月には三井信託社長を退任（会長に就任）している。
17) 青山学院附属小学校および幼稚園として認可を申請したが，宗教学校である青山学院が小学校設立の認可を得ることは難しかった。そこで，青山学院とは別の「青山学院小学財団」を設立し，東京府，文部省から認可を受けた（青山学院大学編『青山学院大学五十年史』2010年，93～94頁）。
18) 社団法人信託協会編『信託』211号，2002年，12～13頁。
19) その後，1922年11月に大阪ロータリー・クラブが創設されたほか神戸・名古屋・京都・横浜でも結成されたが，戦時色が強まる中軍部や右翼からの圧迫が加えられたことから1940年には日本のロータリー・クラブも国際ロータリーを脱会している。戦後1949年には国際ロータリーに復帰した。
20) 坂本豊美編『米山梅吉先生語録抄』財団法人米山梅吉記念館，2002年，112～113頁。
21) 公称資本金が25万円未満のものが329社を占めて圧倒的に多く，公称資本金1,000万円のものは僅かに6社に過ぎなかった（三井信託銀行五十年史編纂委員会編『三井信託銀行五十年史』1974年，2頁）。
22) 1904年岩崎一が個人経営で信託業を営む東京信託社設立し，岩崎が三井銀行地所係長を務めた経歴を持つことから三井家所有の土地建物全部の管理を任されていた。信託業務の基礎が固まるおよび1906年に三井の有力者早川千吉郎，波多野承五郎などの支援を得て東京信託株式

第 5 章　社会貢献の経営思想とその実践　　*181*

　　　会社が設立された。三井家の土地建物管理信託が業務の大部分だった（麻島昭一『本邦信託会社の史的研究』日本経済評論社，2001 年，21 〜 24 頁）。
23）「資本金三千万円の大信託会社設立」1924 年 3 月 6 日付『大阪毎日新聞』。
24）三井信託銀行五十年史編纂委員会編『三井信託銀行五十年史』1974 年，6 頁。
25）政府としては信託会社に対して金銭信託の受入れを許可しないとなると，営業が成り立たなくなるという理由からこれを許可することとした（明石照男「我国の信託会社に就て」『法学協会雑誌』第 48 巻第 11 号，1930 年）。
26）のちの三井信託銀行社長林賢材は「（前略）米山さんが信託を創められた動機の中には，このロータリーの奉仕の精神の影響が確かにあったものと私は思っている。」と述べている（米山梅吉先生伝記刊行会編『米山梅吉傳』青山学院初等部，1960 年，347 頁）。
27）米山梅吉先生伝記刊行会編『米山梅吉傳』青山学院初等部，1960 年，227 頁。
28）米山桂三「父・米山梅吉とそのロータリー観」『ロータリーの友』1968 年，12 月号。
29）公益信託とは，個人や企業等が自らの資産を信託会社に信託し，信託会社は定められた公益目的に従い，その財産を管理・運用し公益のために役立てようという制度。
30）米山は 1921 年 10 月の英米訪問日本実業団に参加の際には信託会社を視察している。
31）米山は，三井合名理事長団琢磨の意見を受入れ，会社名も三井の名を冠することとなった（三井信託銀行六〇年史編纂委員会編『三井信託銀行六〇年のあゆみ』1984 年，9 頁）。
32）麻島昭一「信託業法施行後の信託会社新設事情」金融経済研究所『金融経済』1967 年，19 頁。尚，金銭信託の信託財産総額に占める割合は 1928 年下期末時点で 79％に及んだ（三井信託銀行株式会社五十年史編委員会編『三井信託銀行株式会社五十年史』1974 年，14 頁）。
33）麻島昭一『日本信託業発展史』有斐閣，1969 年，186 〜 187 頁。
34）麻島昭一「戦前における信託会社経営の特質」『経営史学』第 9 巻第 3 号，16 頁。
35）「信託法規ノ成立」日本銀行調査局編『日本金融史資料明治大正編』第 25 巻，1961 年，930 〜 931 頁。
36）設立趣意書等は，米山の協力者で朝鮮銀行理事であった片山繁雄の手で完成された。米山は三井銀行時代片山とは外国課創設の時，その準備のため一緒に欧米視察旅行をして懇意であった。片山は外国業務を通じて外国の信託会社も観察しており，米山は信託研究の適任者として協力を依頼した（米山梅吉先生伝記刊行会編『米山梅吉傳』青山学院初等部，1960 年，229 〜 230 頁）。
37）米山梅吉先生伝記刊行会編『米山梅吉傳』青山学院初等部，1960 年，231 頁。
38）三井信託銀行株式会社三十年史編纂委員会編『三井信託銀行三十年史』1955 年，51 〜 52 頁。
39）米山梅吉先生伝記刊行会編『米山梅吉傳』青山学院初等部，1960 年，232 頁。
40）三井信託銀行株式会社五十年史編纂委員会編『三井信託銀行五十年史』1974 年，8 頁。
41）杉山和雄「三井信託銀行の生みの親　米山梅吉」『金融ジャーナル』1975 年 12 月号，63 頁。
42）三井信託銀行株式会社五十年史編纂委員会編『三井信託銀行五十年史』1974 年，10 〜 11 頁。この制度は，1934 年に廃止されている。尚，土曜日半休制も米山の発案で 1927 年三井信託において実行されている。日本銀行では先行して行われていたが，民間では最初の導入事例であった。
43）麻島昭一『日本信託業発展史』有斐閣，1969 年，185 頁。
44）指定金銭信託合同運用収益配当率とは，委託者から受け入れた信託金を合同して運用し，その収益金の配当率をいう。尚，金銭信託の期間延長問題をめぐる銀行と信託会社の対立の構図は，麻島昭一「本邦信託業の集中過程」金融経済研究所『金融経済』第 57 号，1959 年，239 〜 257 頁に詳しい。
45）三井信託銀行株式会社三十年史編纂委員会編『三井信託銀行三十年史』1955 年，95 頁。信託

業界は，期間延長の代償として神社・仏閣・学校等の法人および保険会社に課せられていた資金運用制限の緩和を獲得したことで，銀行からの資金流入を促進することとなった（麻島昭一『日本信託業発展史』有斐閣，1969 年，253 〜 254 頁）。

46) 三井信託銀行株式会社六〇年史編纂委員会編『三井信託銀行株式会社六〇年史』1984 年，17 頁。
47) 1925 年 5 月に共済信託株式会社（のちの安田信託株式会社），同年 7 月に住友信託株式会社，1927 年 3 月に三菱信託株式会社が設立されている。
48) 「各財閥の信託計画と信託業界の堕落」1926 年 12 月 12 日付『国民新聞』。
49) 麻島昭一「本邦信託業の集中過程」金融経済研究所『金融経済』第 57 号，1959 年，64 頁。
50) 施行細則決定後，銀行側の突き上げによりわずか 1 年で金銭信託の受託期間は，1 年から 2 年に改正された（麻島昭一『日本信託業発展史』有斐閣，1969 年，239 頁）。
51) 日本銀行調査局編『日本金融史資料　明治大正編』第 18 巻，1956 年。尚，調査会のメンバーは，大蔵大臣片岡直温を会長とし，官界 11 名民間 39 名計 50 名で構成された。特別委員会は井上準之助を委員長とする 15 名で構成され 10 月 14 日から 11 月 10 日まで 9 回開かれた（麻島昭一『日本信託業発展史』1969 年，259 〜 263 頁）。傍系信託を設立した銀行とは異なり，第一銀行は信託会社設立の意志はなかったことから，その後も金銭信託の脅威に対して攻撃をし続けた（同上，267 〜 268 頁）。
52) 日本銀行調査局編『日本金融史資料　明治大正編』第 18 巻，1956 年，128 〜 129 頁。
53) 同上，256 頁。
54) 同上，247 頁。
55) 同上 262 〜 263 頁。
56) 同上，265 頁。
57) 麻島昭一編著『日本信託業証言集　上巻』専修大学出版局，2008 年，76 〜 77 頁。
58) 同上，82 頁。
59) 米山梅吉「信託会社は社会奉仕の公益機関」『インヴェストメント』第 1 巻第 3 号，インヴェストメント社，1925 年，45 頁。
60) 三井信託銀行株式会社三十年史編纂委員会編『三井信託銀行三十年史』1955 年，付録 .42 頁。
61) 社団法人信託協会『信託』1936 年，48 〜 49 頁。
62) 同上，53 〜 54 頁。
63) 財団法人三井報恩会『特定振興村彦部村の実績』1940 年，4 〜 5 頁。
64) 青山学院大学編『青山学院五十年史』2010 年，93 頁。
65) 米山梅吉先生伝記刊行会編『米山梅吉傳』青山学院初等部，1960 年，107 頁。
66) 青山学院緑岡小学校は，1941 年 4 月に青山学院緑岡初等学校と改称され，1946 年 4 月には青山学院へと引き継がれて青山学院初等部と改称されている（青山学院大学編『青山学院大学五十年史』2010 年，94 〜 95 頁）。
67) 青山学院大学編『青山学院大学五十年史』2010 年，95 頁。
68) 三井信託銀行三十年史編纂委員会編『三井信託銀行三十年史』1955 年，付録 10 〜 14 頁。

参考文献

青山学院大学編［2010］『青山学院大学五十年史』。
麻島昭一［1969］『日本信託業発展史』有斐閣。
杉山和雄［1975］「三井信託銀行の生みの親　米山梅吉」『金融ジャーナル』12 月号。
三井信託銀行六〇年史編纂委員会編［1984］『三井信託銀行六〇年のあゆみ』。
米山梅吉先生伝記刊行会編［1960］『米山梅吉傳』青山学院初等部。

米山梅吉先生伝記刊行会編［1960］『米山梅吉選集　上・下巻』青山学院初等部。

（堀　峰生）

第6章
スチュアードシップに基づく相互扶助の社会経済システムの構築を目指して
――ウィリアム・メレル・ヴォーリズ（近江兄弟社）――

はじめに

　ウィリアム・メレル・ヴォーリズ（William Merrell Vories）（以下，ヴォーリズと表記）が帰天して半世紀が経過した。彼の精神は，いまも近江兄弟社グループに受け継がれ，企業活動，教育活動，医療・福祉活動，社会奉仕活動など多彩な分野で生き続けている。
　コロラド大学在学中に参加したYMCAや海外宣教学生奉仕団を契機に，ヴォーリズは建築家への夢を捨て海外宣教を志すこととなった。カルヴァン派の流れを汲む典型的なピューリタン信仰を持つ家庭環境で育ったヴォーリズは，プロテスタンティズムの精神を受け継ぐ模範的なキリスト教徒である。彼の目指した伝道活動は，世俗社会におけるキリスト的生活の実践を通じて，人々の生活基準となる精神的規範を築くことであった。英語教師として赴任した滋賀県立商業学校（現・滋賀県立八幡商業高校）の教え子らを中心に近江基督教伝道団を組織し，地域に根ざした伝道活動を展開している。この近江基督教伝道団は後にOmi Mission（近江ミッション）と呼ばれた。
　ヴォーリズの指導理念の中核をなすのは，スチュアードシップに裏打ちされた相互扶助の精神であろう。彼は利己主義がこの世における最悪の罪であると述べ，個人，企業，国家が金儲けを動機として利己主義の傾向を強めたことが，あらゆる対立の根深い原因になったと指摘する。

第6章 スチュアードシップに基づく相互扶助の社会経済システムの構築を目指して

「すべて自分が持っているものは，金銭や土地や家屋や道具や工場や店やその他すべて金と代えられる品物ばかりか，自分の身体も学歴も時間もすべて神の所有なのだと考える。そして，自分は神の家令または執事として，これを自分の利益のためにではなくただ神の国のご用のために使うべく委託されているに過ぎないと考える。この考え方に徹すれば，もはや外面に現れた人間社会の不平等ということは問題ではなくなる。なぜなら，私たちは多く所有すればするほど神から多くを委託されており，それを公共の利益のために用いまた働かせる責任が増大するからである。だから慈善事業や社会事業，教育事業などに若干の金品を寄付したと言って得々として自ら安んじている傲慢不遜の富者の連中は，実はその委託された財産を冒涜しているにほかならない」(ヴォーリズ［2014］，195～7頁)。

土屋(1964)は，キリスト教の信仰を基盤とする道徳意識・倫理観を行動指針として持ち，それを経営理念の中核においた企業家として，森村市左衛門(森村財閥)，波多野鶴吉(郡是製糸)，武藤山治(鐘淵紡績)，相馬愛蔵(新宿中村屋)，大原孫三郎(倉敷紡績)を挙げた。彼らに共通するのはキリスト教信仰に基づく利他の精神と，企業家としての社会的責任を自覚し遂行した点であろう。図表6-1は，これらキリスト教倫理を基盤とする経営理念を持つ企業家とヴォーリズの活動時期を示したものである。彼らとヴォーリズを直接結びつける資料は確認できなかったが，わが国においてほぼ同時期にキリスト教的倫理観に基づき，極めてユニークな経営を実践した企業が存在したことは感慨深い。

本章の目的は，キリスト教倫理に基づき，企業経営，教育事業，医療事業，社会事業等の領域で，人々の生活と地域社会のサステイナビリティの実現に邁進したヴォーリズの活動を振り返り，その現代的意義を再評価することにある。

186　第3部　社会貢献とビジネスの融合を目指して

図表 6-1　キリスト教倫理を経営理念とする企業家の活動期間

企業家名	1840年	1850年	1860年	1870年	1880年	1890年	1900年	1910年	1920年	1930年	1940年	1950年	1960年
ヴォーリズ [1880〜1964]						—————————————————————							
森村市左衛門 [1839〜1919]	—————————————————————————												
波多野鶴吉 [1858〜1918]				————————————————									
武藤山治 [1867〜1934]				———————————————————									
相馬愛蔵 [1876〜1955]						———————————————————							
大原孫三郎 [1880〜1943]						—————————————————							

注：図中点線はヴォーリズの来日時点（1905年）を示す。
出所：筆者作成。

1．生い立ちと思想形成

(1) 両親のこと

　ヴォーリズは，1880（明治13）年，アメリカ合衆国カンザス州レヴンワース（Leavenworth）で生まれた。父方の祖父ヘンリー・モンフォード・ヴォーリズは，ミズーリ州最高裁判所の判事を務めた。祖父は法律家たちの人格に不満を感じ，子供たちが法律家になることに反対したという（一柳［1970］，57頁）[1]。ヴォーリズの父ジョンはミズーリ州の商業学校を卒業後，レヴンワースに移住しこの地で職に就いた。母親がバプテスト派[2]の信者だったこともあり，父はレヴンワースの第一プレスビテリアン教会（Presbyterian Church）[3]の信者として活動した。ヴォーリズの両親は，教会活動を通じて知り合うことになる。

　母方のメレル家はピューリタンであり，母方の祖父はレヴンワースのプレスビテリアン派教会で長老として活動していた（一柳［1970］，10頁）。母

ジュリアは，学生時代に宣教師として外国での伝道活動に携わることを志していた。彼女の夢は叶わなかったが，子供が宣教師となって自分の夢を実現してくれることを妊娠中に祈り続けていたという（一柳［1970］, 58頁）。敬虔なキリスト教徒である母の信仰心が，ヴォーリズの人生に与えた影響は計り知れない。

1914（大正3）年，ヴォーリズの両親は日本に永住するために来日し，終生ヴォーリズと近江兄弟社の活動を支えた。1925年に亡くなった父ジョンの葬儀の弔辞を紹介しておこう。「当地の人々は故人をファーザー・ヴォーリズという名前で呼んでいました。（中略）これは故人の呼び名として，最もふさわしいものだと思います。故人ほど理想的な父は想像できません。そのわけは，故人はいつも息子のライフワークを助けて，これを推進しようと努力し，決して自分のことを念頭におかず，快楽すらも考えられなかったからであります」（一柳［1970］, 61頁）。

William Merrell Vories
出所：公益財団法人近江兄弟社提供

ヴォーリズ自身も父ジョンの道徳観や社会的良心は，いかなる誘惑をもってしても曲げることは出来なかったと評している。

(2) 幼少期から高校入学まで

ヴォーリズは幼少期を振り返って，「私の心に深くはいった最初の印象が，音楽・宗教・自然の3者であったということは，なんとしても幸福なことであった」と回想している（一柳［1970］, 19頁）。宗教については敬虔な信仰心を持つ両親の影響が大きく，音楽と自然との結びつきは，腸結核で生死の境をさまよう程の虚弱体質が関係していた。ヴォーリズは病気の再発に怯え，自分では何もせず，いつも周囲の人から世話をしてもらうことが当たり前となった。彼自身も不精，遅鈍，怠惰などの悪癖が第二の天性となったと

語っている（一柳 [1970]，12 頁）。

　幼いヴォーリズの友は音楽と自然であった。家庭で聞いたブラームスやメンデルスゾーンの曲，教会で聞くパイプオルガンや聖歌隊の合唱は，ヴォーリズにとって神聖な言語となったのである（一柳 [1970]，12 ～ 3 頁）[4]。

　1888（明治 21）年，ヴォーリズ一家はアリゾナ州フラグスタッフに転居する。ヴォーリズの健康を案じた父の決断によるものだった。フラグスタッフは，ヴォーリズの精神と健康に大きな恩恵をもたらした。彼は「私の生涯のために不可欠なものとなり，肉体的な健康を与えてくれた。その上，荘厳にして，美しい自然を通じ，精神的な健康をも授けてくれた」と回想している（一柳 [1970]，25 頁）。

　フラグスタッフの学校では，先生や友人に内緒でオルガンに親しむようになった。その後，偶然にも俸給付きで学校のオルガン奏者となり，同時にフラグスタッフのプレスビテリアン派教会のオルガン奏者にも任じられた。

　フラグスタッフ時代のヴォーリズは絵画にも強い興味を抱いた。レヴンワース時代から絵を描いていたが，14 ～ 5 歳の頃，絵の先生について本格的な勉強を始めている。後に建築家を志すヴォーリズにとって，絵画の素養は大きな力となった。1896 年，ヴォーリズの精神と肉体に多大な恩恵を与えたフラグスタッフに別れを告げ，ヴォーリズ一家はコロラド州デンヴァーへ転居する。

(3) 高校から大学卒業まで

　ヴォーリズはイーストデンヴァー高校に入学した。学業成績は優秀であったが，席次を争うことが学問の本質ではないと考え，音楽と美術に傾倒していった。

　高校時代のヴォーリズには，社会の不条理に対して敢然と立ち向かう正義感が芽生えていた。それを象徴するエピソードを 2 つ紹介しておこう。1 つ目のエピソードは，新聞配達のアルバイトをしていた時の出来事である。当時，デンヴァー市内の酒場は日曜日の営業を禁じられていた。ヴォーリズは

朝刊を配達中に，ある酒場が日曜日も営業していることに気づいた。その地区を担当する警察官が客として来店していたのである。彼はその事実を警察本部に告発した。暫くすると，新聞社の上層部からヴォーリズの仕事は新聞配達であって，市政改革ではないと釘を刺されてしまう。ヴォーリズが抱いていた新聞社や警察への期待は完全に裏切られてしまった（一柳［1970］，30〜4頁）。

次のエピソードは，えんどう豆の水耕栽培実験である。実験はえんどう豆を発芽させて最初の葉が出来るまでを観察するものであった。この実験に興味を持ったヴォーリズは，土壌がないので花が咲いても実は出来ないという指導教員の言葉に疑問を抱いた。ヴォーリズが栽培を続けたところ，指導教員の予想を覆して初代えんどう豆は実をつけたのである。彼は二代目えんどう豆を同じく水耕栽培によって発芽させ，三代目えんどう豆を結実させることに成功した。ヴォーリズは「たいていの発明は，素人によってなされることがわかってきた。専門家はあまり多くのことを知りすぎているので，彼らは，自分たちの理論や原則によって，そういうことはできないと容易に判断する」と述べている（一柳［1970］，37〜9頁）。常識にとらわれない素人の愚直な情熱が，時としてイノベーションや社会変革を生み出すことを学んだのであった。

1900（明治33）年，メレルは建築家を目指してマサチューセッツ工科大学（MIT）に合格した。MITは1年次をコロラド大学[5]で履修し，2年次から転学することを認めていた。ヴォーリズは正規生としてコロラド大学に進学した。正規生の身分があれば，そのままコロラド大学を卒業することも可能であった。

学業以外の活動では，YMCA（Yong Men's Christian Association，キリスト教青年会）とSVM(Student Volunteer Movement for foreign Mission，海外宣教学生奉仕団)[6]に所属した。後者での活動は，メレルの人生を決定づける大きな役割を果すことになる。

1902年，カナダで第4回SVN世界大会が開催され，ヴォーリズはコロラ

ド州代表として出席した。YMCA での活動が評価され，SVM 大会に派遣されることになったのである（一柳［1970］，67 頁）。

　ヴォーリズは外国での伝道活動に強い関心を抱いていたが，建築家を志していたため，自ら伝道活動に献身するつもりは無かった。彼にとっての奉仕活動とは，建築家として事業に成功し，外国での伝道活動に従事する宣教師を支えるために多額の寄付をすることであった（一柳［1970］，69 頁）。

　しかし，SVM 大会で聴講したテイラー夫人の講演（中国での伝道活動）が彼の人生を大きく変えることとなった（奥村［2005］，44 頁）[7]。彼女の講演に衝撃を受けたヴォーリズは，建築家を志望することが神の召命に逆らって，自分の意思や考えを押し通そうとしているに過ぎないと考えるようになった。彼は「キリストの弟子だということを捨てるか，絶対無条件でキリストに従うか，どちらかを選ぶより道はなくなった」（一柳［1970］，71 頁）と述べている。

　SVM 大会では，海外での伝道活動に参加する意思を確認するため，決心カードが配布された。彼は自身の信仰と今後の人生について冷静に考え抜いた末，決心カードに署名した。さらに，これまで宣教師が行ったことのない国（地域）に赴き，自給主義で神の国の細胞を作りたいと書き添えたのである（一柳［1970］，71 頁）。

　建築家を諦めたヴォーリズは，3 年次から大学での履修課程を変更し，1904（明治 37）年，哲学士（Ph.B.）の学位を取得してコロラド大学を卒業した。卒業後はコロラド・スプリングスの YMCA で副主事として奉仕活動に従事し，宣教師としての赴任先が決まるのを待ったのである。

(4) ピューリタンの信仰心と宣教師の使命

　大学卒業後，ヴォーリズは神学校で宣教師として必要な知識を学ぼうと考えていた。その後，自身の宣教師としての使命が「種々な職業を通じて，人間の生活基準となるような，キリスト的生活の徹底的な実践にある」（一柳［1970］，72 頁）と考えるようになった。彼は「世の多くの実業家や，農，工，

その他に従事する人々は、ある特殊な職業は別として、自分たちのような仕事の中で、キリスト教精神にしばられては、とても満足な世渡りができないということを考えたり、語ったりしているが、はたしてキリストの精神が一般生活に適用できないか、自分が一つ実験してみたい」（一柳［1970］、72頁）と述べている。

彼自身は、ピューリタン信仰を持つ家庭環境や教会活動を通じて、神は絶対的な主権者であり、キリスト教信者は教会や聖職者に従うのではなく、神のみに従うべきであるという信念を強く抱いていた。ヴォーリズの父方はオランダ出身であり、信仰はオランダ改革派（Dutch Reformed Church）であった。一方、母方はイギリス出身のピューリタンである。両者に共通するのはカルヴァン派の思想（Calvinism）である。

カルヴァンは、神は絶対的な主権者であり、キリスト教信者は教会や聖職者に従うのではなく、神のみに従うべきであると説いた。カルヴァン派にとって大切な概念は職業召命観であり、全ての職業は神から与えられた神聖なものと位置づけられた。召命とは罪深き者が神から呼び出されて救いを与えられることを意味する。カルヴァン派では、神から与えられた職業労働に励むことが神の意志に応えることとされ、職業に励むことで救いを得られると考えた。

カルヴァン派は金儲けを目的とした行為を強く否定した。しかし、職業労働に禁欲的に打ち込むことで富を得ることは否定しない。むしろ、神から与えられた職業労働に励んだ「結果としての富」は神聖なものであり、社会にとって価値のある製品やサービスを提供した証であると考えられた。世俗内において信仰と労働に禁欲的に励むことによって得られた「結果としての富」は、隣人愛を実践した証とされたのである。

マックス・ウェーバーは『プロテスタンティズムの倫理と資本主義の精神』[8]において、職業労働を重視する世俗内禁欲を説いたカルヴァン派の理念が資本主義の精神を生み出したと指摘した。プロテスタンティズムとは、ある目的に向かって生活態度を厳しく律し、怠惰や放漫を抑え、行動を組織

図表6-2　欧州におけるカルヴァン派改革運動の展開

カルヴァン派改革運動（スイス）	地域	カルヴァン派信徒の呼称
	イングランド	ピューリタン
	スコットランド	プレスビテリアン（長老派）
	フランス	ユグノー
	オランダ	ゴイセン

出所：筆者作成。

化する能動的な禁欲主義である。キリスト教精神を一般生活に適用するというヴォーリズの試みは，プロテスタンティズムの倫理を実生活に適用しようとしたことに他ならないのである。

　ヴォーリズが近江での宣教活動を通じて目指したものは，ピューリタン的な禁欲主義を体得した人を創ることであった。彼の活動の中心となった Omi Mission（近江兄弟社）[9]は，目的に向かって生活態度を厳しく律し，怠惰や放漫を抑え，行動を組織化する能動的な禁欲主義の実践の場であったといえよう。

2.　滋賀県立商業学校での布教活動

(1)　バイブル・クラスの開講

　1905（明治38）年，ヴォーリズの日本での生活がスタートした。当時の日本は日露戦争の最中にあり，ロシア軍旅順要塞が陥落した直後であった。ここでは，Omi Mission の結成に至るプロセスを振り返ってみよう。

　ヴォーリズは，青年会英語教師として滋賀県立商業学校に赴任した。奥村（2005）によれば，当時は官公立学校を中心に外国人英語教師に対するニーズが高まっていたようである。青年会英語教師の採用条件は次のように定められていた（奥村［2005］，60頁）。

　① 日本語に関する知識がなくても英語を教授する機会が与えられる。
　② 希望する生徒がいる場合，授業時間以外であれば自由に聖書を教えて

第 6 章　スチュアードシップに基づく相互扶助の社会経済システムの構築を目指して　　193

　　も構わない。
　③ 旅費は支給されない。旅費相当額を借り入れた場合は，支給される俸給の中から適当な時期に返済すればよい。[10]

　県立商業学校では，外国人教師に月額 200 円の俸給が支払われていた。日本人教員俸給の月額平均 45 円と比較しても，破格の水準だったといえよう。
　近江八幡に到着すると，ヴォーリズは英語科助教諭の宮本文次郎の訪問を受けた。彼はヴォーリズの前任者たちが主宰したバイブル・クラスを通じてキリスト教に帰依し，同校で唯一のキリスト教徒であった。宮本はヴォーリズが敬虔なキリスト教徒であることに安堵し，早速バイブル・クラスの開講を希望している。宮本との出会いがヴォーリズに大いなる希望を与えたことは想像に難くない。
　キリスト教に対する好意的な反応に意を強くしたヴォーリズは，着任早々，バイブル・クラスへの参加を生徒に呼びかけている。バイブル・クラスには，Omi Mission の結成にかかわった村田幸一郎（商業学校 5 年生）[11]と吉田悦蔵（同 4 年生）[12]，桜美林学園の創設者となる清水安三（膳所中学 1 年生）らが参加した（木村［2010］，27 頁）。バイブル・クラスでは商業学校英語科主任雨田忠左衛門教諭と宮本文次郎助教諭が通訳を担当した。
　吉田の回想によれば，ヴォーリズはバイブル・クラスに集った学生に 1 冊 50 銭もする英語の新約聖書を惜しげなく与えていた。そのため大勢の学生が聖書目当てにバイブル・クラスに押し寄せた。初回のバイブル・クラスは，予想をはるかに上回る 45 名が参加し，回を重ねるごとに参加者は増えていった（吉田［1923］，18 〜 9 頁）。
　ヴォーリズは，バイブル・クラスを低学年と高学年の 2 クラスに分け，週 2 回，夜間に開講することとした。[13]バイブル・クラスは，委員会組織による自治制度によって運営された。委員会は選挙によって選出された委員 3 名と各学年から選出された代表者 1 名で構成されていた。委員会では入会者の審査，欠席者に対する対応等が審議された。ヴォーリズは，こうした民主的

な組織運営が学生たちの入会意欲を高めたと分析している（一柳［1970］，113頁）。

バイブル・クラスの受講生の中で，純粋にキリスト教に関心を抱く者は決して多くなかった。むしろ，英文聖書をテキストにして，英語力向上を目指す者が大半を占めていたといってもよい。聖書の教えについての理解を深めるため，講義では毎回英文と和文の両方で聖句を読んだ。聖句に対する理解が深まるにつれてキリスト教への関心も高まり，洗礼を受ける者が徐々に増えていった。ヴォーリズが出講していた膳所中学校と彦根中学校にもバイブル・クラスが開講された。

(2) 滋賀県立商業学校基督教青年会（YMCA）の発足

1905年10月，バイブル・クラスの生徒たちによって滋賀県立商業学校基督教青年会（YMCA）が結成された。大学や高等専門学校での設立事例はあったが，中等学校に相当する商業学校生徒によるYMCA設立は例がなかった。日本YMCA本部は，運営面および資金面で援助の必要性がないことを確認した上で設立を認めた（一柳［1970］，170〜2頁）。

YMCAはヴォーリズに学生35名，教師2名を加えた38名の会員（正会員・准会員）でスタートした。発足に際して，滋賀県立商業学校基督教青年会憲法と称する会則が採択された（吉田［1923］，38頁）。

一、われらは基督教主義により相互の身体，知識，霊魂の向上を図る目的を以て本会を組織す。
二、われら青年間の悪弊，飲酒，喫煙を是正するため，絶対に禁酒，禁煙を宣言す。
三、われらは聖書の研究会に毎週出席することを約す。

ヴォーリズが着任してから1年足らずで，学生の受洗者は19名を数えた。バイブル・クラスを通じたヴォーリズの感化力が短期間のうちに目覚しい成果を挙げたのである。ヴォーリズはこの要因として，① 腰掛的な気持ちで

はなく，近江八幡に永住する覚悟を決めたこと，② 学生たちとの年齢差が少なかったこと，③ 教師用のテニスクラブへの加入を断り，学生達とテニスをしたことの3点を挙げている（一柳 [1970]，115～7頁）。

　ヴォーリズが生徒の心を掴んだ最大の理由は，学生に対して全く人種的偏見を持たず，対等の人間として接したことであろう。他人から偏見を持ってみられることを人は好まない。仮に人種的偏見を持っていれば，それを隠し通すことは出来ないだろう。日本人に対して人種的偏見を持たなかったヴォーリズに生徒達が共感を抱き，彼の言葉を素直に受け入れたといえよう。

　キリスト教への過熱感が高まる一方で，こうした状況を快く思わない人々も少なくなかった。近江新聞は受洗者の氏名を紙上で公開し，「滋賀県立商業学校のやそ教信者と非やそ派」と題する次のような一文を掲載した。「同校に於ける耶蘇教信者たる職員ヴォーリズ氏は英語教授を以て任とす。その英語を教授するに当りては，極めて親切丁寧にして，各年級に対して平等的に通訳をなさしめ且つ愛情に切なるため，各年級を通じて自然に生徒間の敬慕を博しおれり。但し氏は平常教会に出入りし教会の事務に尽力しておれるはいふ迄もなし。偶々宮本文次郎氏は信者なるを以て二氏相提携しおれば，生徒も自然と感化を享けて教会に出入りするもの多数なるに至れり。（略）ヴォーリズ氏は自費にて新約全書百二十冊を購入し教会所に来集せし生徒に之を頒与せしことあり。是れ素より宗教を拡張するの一策なるに相違なし。而も外人としては多くは耶蘇教信者なれば同様の挙をなすもの敢えて珍しからず，殊に氏の自信によれば聖書頒布は学生が品性陶冶の一策に供したるやも亦知るべからず」（一柳 [1970]，39頁）。

　1907（明治40）年3月，メレルは伝道活動を理由に英語教師を解任されることになるが，その予兆はYMCA発足直後から現れていたのであった。

(3) 宣教活動への反発

　1906年1月，吉田悦蔵の同級生である商業学校3年生が下級生に対する

暴力事件を起こした。クラスで唯一のクリスチャンであった吉田自身も危うく鉄拳制裁を受けるところであった。学校側は首謀者たちに対して退学，無期停学という重い処分を科した。暴行に加担した学生たちは，こうした重い処分がヴォーリズやクリスチャン学生の策謀であると誤解し，YMCAに対する反感を強めていった。やや長文となるが近江新報に掲載された投書を紹介しておこう。「今回出来し事件につき同校長は曰く，何等の原因あるに非ず，只単に三年級が最早四年級に昇級するの期に臨み下級生に威力を張らんが為め只浅墓なる考へより出でしなりと。（略）乍併之が事実を探索するに実に意外なる原因あるを知れり。処分の不公平なること。主謀者と看做され退学を命ぜられし二名は決して主謀者に非ず，教師の訊問の冷酷にした只汝等は平素の行為良からず，今回の事も汝等が扇動したるならんと，是れを弁解せんとせば叱責せられ，殆ど其真実を言はしむるの時間を与えず，断定，否，認定せられたるものなり。（略）只二人は平素の行為余り良からざると「クリスチャン」生の誣言とにより彼等は「クリスチャン」攻撃の犠牲となれりと。又曰く一ヶ年停学を命ぜられたるものゝ如き，性極めて温柔人が打てと勧むるを恐れ居る位のものにして，手を下さゞりしに口訥なると僧侶の子弟なるとにより処分に遭ひしなり。又「クリスチャン」生中手を下せしものにて最も暴行ありしものが「クリスチャン」先生の援護により三日の停学にて済みしものあり，或は全く罪を脱れしものあり，要するに調査甚粗漏にして処分を受けし生徒より寧ろ免れた生徒の方非常に激し居れり。（略）斯かる事実あるを以て生徒間には自然，耶蘇派，非耶蘇派なる二派を生ずるに至れり。耶蘇派中には衣服を飾るもの，頭髪を長く分くるもの，チック美顔水等を用いるもの，眼鏡を掛くるもの等概して生意気なるもの多し，非耶蘇派生は常に之を攻撃し，殊に四年生某々を目指しつゝありしなり。（略）要するに今回の事件の原因は耶蘇派排斥より起こりしものと言ふべし。（略）然るに宗教的ならざる本県商業学校に於て，宗教の力により生徒を訓誨するの教師あるとは，奇怪千万なりと云うべし。我国憲法において信仰の自由は許されておるを以て，教師自身己が信ぜる宗教を信ずるは我輩の敢て容喙する所に非

ずと雖も，教師自身が信ずるの故を以て之を我が教育する生徒に及ぼすは我国に於て教師の徳義上許さざる所なりとす」(吉田［1923］，50～2頁)。

この投書にある3日間の停学処分を受けた学生とは吉田悦蔵を指しているが，吉田は暴行事件に関与せず処分も受けていない。吉田 (1923) によれば，この投書は完全なるねつ造記事であった (吉田［1923］，53頁)。

この記事以降，ヴォーリズとクリスチャン学生をターゲットとした怪文書が多数出回り，商業学校の生徒間で宗教熱が高まるにつれて，キリスト教の排斥運動も激しさを増していった。

仏教寺院は生徒に対するヴォーリズの感化力の強さに危機感を抱いた。東本願寺系の寺院が後ろ盾となって，YMCAに対抗して仏教青年会 (YMBA : Young Men's Buddhist Association) が組織されたのである。1906 (明治39) 年3月，熱心なクリスチャン学生の多くが卒業し，在校生のクリスチャンは僅か3名となった。また，クリスチャン教師の宮本もヴォーリズの母校に留学するため商業学校を去った (吉田［1923］，58頁)。

ヴォーリズに理解を示していた安場校長が転出し，後任には熱心な仏教徒である伊香賀校長が着任した。商業学校内外の情勢が厳しさを増す中で，ヴォーリズは健康を害し治療のため帰国を余儀なくされる。彼は幼少期に結核性の腸疾患を患ったが，1906年5月にこの病が再発したのである。当時の日本では，結核性疾患は不治の病と考えられており，ヴォーリズが再び日本の地を踏むことはないだろうと誰もが予想していた。

幸いにも短期の治療で健康を回復したヴォーリズは，同年8月に商業学校に帰任している。翌年3月に英語教師を解任されるヴォーリズにとって，商業学校での生活は残すところ7カ月余に過ぎなかった。

商業学校や地域社会におけるヴォーリズの影響力が高まるに連れて，仏教寺院を中心とした勢力が県当局や伊香賀校長に対してヴォーリズ解任を求める動きを強めていた。彼に対する批判は，地方新聞等の媒体を活用した煽動屋たちによって，ねつ造されて伝えられた (一柳［1970］，196頁)。

こうした外圧を受けて，伊香賀校長はヴォーリズに対して次のような要求を突きつけてきた（木村［2010］，34〜5頁）。
　一、今後はキリスト教の宣教活動を一切行わないと誓うなら，商業学校での教員を継続してもよい。
　二、キリスト教の宣教活動を辞さない場合は即刻辞職する。

　宣教活動をやめるという選択肢のないヴォーリズにとって，校長の要求は事実上の解任通告だったといえよう。当然ながら宣教活動を継続する意思を表明したヴォーリズは免職となった。解雇理由は次のように記されていた。
　「ウィリアム・メレル・ヴォーリズ氏は西暦千九〇五年二月より滋賀県立商業学校に於て英語科の教員であった。其教授振りと，学生の陶冶に関することは，全然，満足さるべきものであった。同氏が解職されたのは，県民の反対意志により，即ち聖書を教へて，学生たちをキリスト教に至る様に感化したる事を以て，県民の大部分なる仏教徒諸君の反対意志により解職したのであります」（吉田［1923］，72頁）。

　失職はヴォーリズにとっても大きな痛手であった。彼は，① 生活を支える収入の全てを失ったこと，② 自分に対する個人的信用を失ったこと，③ 宣教活動が頓挫することを危惧していた。
　教え子の吉田悦蔵は，卒業後は高等商業かコペンハーゲン商科大学のいずれかに進学する予定だった。しかし，ヴォーリズから近江での宣教活動のために命を捨てる覚悟であることを打ち明けられ，自分の将来をヴォーリズに託すことを決心する。進学を断念した吉田は，ヴォーリズとの共同生活に入った。2人の生活を支えたのは吉田の実母からの仕送りだった。全てを失ったどん底の状態から Omi Mission の歩みが始まったのである。

第6章　スチュアードシップに基づく相互扶助の社会経済システムの構築を目指して　　*199*

3. Omi Missionの創設

(1) Omi Mission誕生前夜

　商業学校での教員生活は2年余で終わりを迎えたが，ヴォーリズにとっては新しい発見もあった。来日前，彼は西洋とは異なる日本人心理なるものが存在すると信じていた。バイブル・クラスにおける生徒との交流を通じて，こうした考えが誤っていたと考えるようになった。外見や風習の違いはあるが，日本人もアメリカ人も人格を備えた個人であることに変わりはなかった（一柳［1970］，179頁）。

　日本人との交流によって，ヴォーリズは宣教活動に臨む姿勢を次のように改めた。①東洋人キリスト信者が道徳や倫理性に欠けていたとしても，後進国の段階にある東洋人に対して，同情心から寛大な態度を取ることは間違いである。②宣教師が外国で伝道する場合，地域社会の協力者と対等なパートーナーシップを組まなければならない。③宣教活動は大都市を戦略的中心と位置づけ，そこから周辺地域に活動を広げることは必ずしも常道とはいえない（一柳［1970］，179～81頁）。

　近江八幡での体験を経て，宣教師の使命が神と隣人との間に愛の架け橋を掛けることであり，愛はすべてを征服することを実感したのだった。ある商業学校生徒は受洗した理由を問われて，'He caught me by his love.'と答えている（一柳［1970］，184頁）。ヴォーリズの揺ぎ無い信仰心が強い感化力となって学生たちの魂を揺さぶったのであろう。

　反キリスト教活動が激しさを増す中，腸疾患のため病床にあったヴォーリズは，Omi Missionと英文活動報告誌「近江の芥子種（The Omi Mustard Seed）」を構想する（一柳［1970］，198頁）。商業学校を解任されたヴォーリズは，八幡基督教青年会館（YMCA）を活動の拠点として，近江におけるキリスト教の伝道教化に専心していった。

　この時期，ヴォーリズの活動は近隣教会のサポートや「近江の芥子種」を

執筆してアメリカの支援者に送付することだった。彼は日々，聖書の研究，詩作，製図の練習に費やしていた。1908 (明治 41) 年，ヴォーリズは京都基督教青年会館の建設に際して，現場監督を委嘱される。海外宣教のため，一度は諦めた建築家への夢を実現する機会が訪れたのである。

1910 年，ヴォーリズはヨーロッパ経由でアメリカに一時帰国した。この旅は，Omi Mission にとって 2 つの大きな意味を持つこととなった。それは，アルバート・アレキサンダー・ハイド (Albert Alexander Hyde) とレスター・グローバー・チェーピン (Lester Grover Chapin) との出会いである。ハイドはメンソレータム社の創業者であり，外国における自給伝道に深い関心を寄せていた (一柳 [1970], 240 頁)。ハイドはヴォーリズの自給主義の伝道活動に共感を寄せ，メンソレータムの販売代理権を提供したのだった。[14] チェーピンはコーネル大学建築科出身でメレルと同じく SVM に所属していた。1910 年，メレル，チェーピン，吉田悦蔵らはヴォーリズ合名会社を設立する。[15] 同社は自給主義を実践するため，伝道資金の獲得を目的としていた。

(2) Omi Mission (近江基督教伝道団) が目指したもの

後に Omi Mission[16] と呼ばれる近江基督教伝道団は，1911 (明治 44) 年 6 月に発足した。Omi Mission の設立によって，宣教活動はヴォーリズや吉田悦蔵らの個人的活動から組織化された活動へと発展していく。吉田悦蔵，チェーピンのほか，京都同志社宗教主任の地位にあった武田猪平牧師を伝道団に迎え，湖畔伝道を展開したのであった。Omi Mission の綱領 (Platform) は次のように定められた (吉田 [1923], 89 頁)。

　一、近江の国にて教派に関係なくキリスト教の福音を説く。
　二、教会は設立しない。伝道だけはする。
　三、日本人も外国人も風俗習慣の別，国家の別，人種の別などを区別せずに共同生活をなし，完全に一致する団結を実現する。
　四、他の福音宣伝事業をやっている処に行かぬ。

五、農村，漁村の伝道をやる。

六、指導者の育成。

七、酒とたばこは害悪と認める。健康の向上，体育と衛生の進歩を図る。貧乏問題の解決を図る。

八、キリスト教の宣伝については前人未到の地に行く。

ヴォーリズの信念は「神の国と神の義とを求めなさい。そうすればこれらのものは，すべて添えて与えられる（マタイによる福音書第6章33）」という聖句に示されている。彼が目指したのは，近江八幡を基点とする宣教活動によって琵琶湖畔に神の国を築くことであった。そのための方針が綱領で示されている。綱領の中核的要素は，超教派主義と農漁村中心の伝道にあるといえよう。ヴォーリズは複雑な教義で人を導くのではなく，御霊にいる生けるキリストを人々に紹介することが宣教であると述べている（一柳［1970］，236頁）。彼が唱えた超教派主義は，宗派心というセクショナリズムに陥っていた当時の教会活動に対する警鐘の意味が込められていたといえよう。

当時は常識となっていた大都市を中心とする宣教活動に対して，ヴォーリズは疑問を呈した。宣教活動の地が戦略的中心となるには，伝道者が他人の考えや意見に惑わされず，ひたすら聖霊に導かれているか否かにかかっていると語っている（吉田［1923］，181頁）。Omi Mission の設立に至る道のりは，肉体的，社会的困難の連続であった。そのプロセスは，人智を越えた導きによるという表現が相応しいといえよう。

4．Omi Mission の事業構造

(1) 事業組織の概要

Omi Mission の布教活動は，ヴォーリズ合名会社（1910年設立）を中核組織として展開していった。同社は布教活動を行う宣教部と宣教活動を財政的に支える産業部によって構成された。自給主義による宣教活動を標榜する

202　第3部　社会貢献とビジネスの融合を目指して

図表6-3　ヴォーリズ各合名会社設立後の主な事業展開

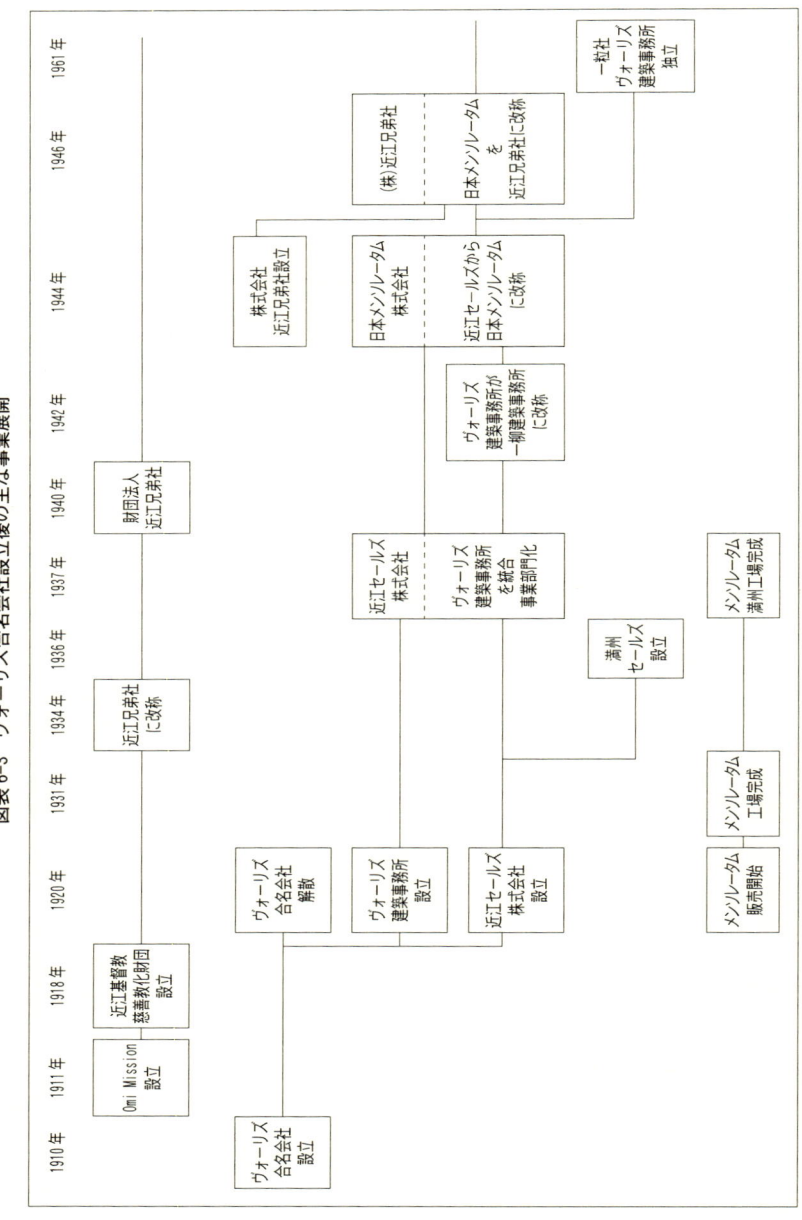

1910年	ヴォーリズ合名会社設立
1911年	Omi Mission 設立
1918年	近江基督教慈善教化財団設立
1920年	ヴォーリズ合名会社解散／ヴォーリズ建築事務所設立／近江セールス株式会社設立／メンソレータム販売開始
1931年	メンソレータム工場完成
1934年	近江兄弟社に改称
1936年	満州セールス設立／メンソレータム満州工場完成
1937年	近江セールス株式会社／ヴォーリズ建築事務所を統合事業部門化
1940年	財団法人近江兄弟社
1942年	ヴォーリズ建築事務所が一粒建築事務所に改称
1944年	株式会社近江兄弟社設立／日本メンソレータム株式会社／近江セールスから日本メンソレータムに改称
1946年	(株)近江兄弟社／日本メンソレータムを近江兄弟社に改称
1961年	一粒社ヴォーリズ建築事務所独立

出所：筆者作成。

第6章　スチュアードシップに基づく相互扶助の社会経済システムの構築を目指して　　203

図表6-4　Omi Missionの組織と構成員（1921年）

構成員	事業部門（37名）					宣教部門（15名）							医療(3名)		教育(3名)	兼務部門数
	建築事務所	近江セールス	産業部	事務部	出版部	広報宣教部	一般宣教部	八幡YMCA	鉄道YMCA	学生YMCA	ガラリヤ丸	近江療養院	プレイグラウンド	
W.M.ヴォーリズ	○	○			○									3
J.ヴォーリズ		○												1
吉田悦蔵	○	○				○	○							4
村田幸一郎	○	○												2
一柳満喜子													○	1
E.ボンタ	○													1
原仙太郎	○													1
原泰敏	○													1
K.林	○		○											2
柿元栄蔵	○													1
姜沉	○													1
笠井清一	○													1
片桐重次	○													1
川瀬忠一	○													1
M.神品	○													1
隈元周輔	○													1
林徳洙	○													1
M.宮川	○													1
佐藤久勝	○													1
佐藤正夫	○	○												2
S.菅	○													1
滝川健次	○													1
谷一東	○													1
豊田清次	○													1
S.上田	○													1
D.山本	○													1
T.吉村	○													1
I.並河		○		○						○				3
Y.若山			○											1
S.野島				○										1
U.高橋					○	○	○							3
T.富永						○						○		2
Y.西川												○		1
K.渡辺												○		1
I.武田							○		○		○			3
R.高橋夫人							○							1
T.山田									○				○	3
P.B.ウォーターハウス											○			1
S.山本												○		1
M.西澤												○		1
M.富永													○	1
部門別構成員数	25	6	2	2	2	2	3	2	2	2	4	3	3	58

注：J.ヴォーリズはメレルの実父、一柳満喜子はメレル夫人。
出所：山形［2002］、217頁を基に筆者作成。

Omi Missionにとって，経済的な自立は宣教活動の本旨にかかわる重要な課題であった。

設立当初，Omi Missionは産業部門と宣教部門が一体化した集団であった。しかし，1920年，ヴォーリズ合名会社が解散となり，新たに近江セールズ株式会社とヴォーリズ建築事務所が設立された頃から，産業部門と宣教部門の職務分担や構成員が明確に分かれていくことになる。

図表6-4はヴォーリズ合名会社解散直後（1921年）の組織とその構成メンバーを示したものである。事業部門では，新設されたヴォーリズ建築事務所と近江セールズ株式会社が中核組織であった。近江セールズの主力商品であるメンソレータムは，輸入販売が開始されたばかりであり，収益面での貢献度は高くなかった。一方，人員が25名と事業部門の約7割を占める建築事務所は，Omi Missionの活動を実質的に支える役割を担っていたと推測できよう。

(2) 建築設計事業

Omi Missionの活動を財政的に支えたのは，建築設計事業とメンソレータム製造販売事業であった。初期の活動を支えたのは，主に建築設計事業だった。1908（明治41）年，京都基督教青年会館建設[17]の現場監督を引き受けたことを契機に，ヴォーリズは建築関係の仕事に本格的に携わるようになる。免職後，アメリカに一時帰国していたヴォーリズは，建築家でありSVMのメンバーであるチェーピン[18]を伴って帰国。1910年，ヴォーリズ合名会社をメレル，チェーピン，吉田悦蔵の3名で設立している。後に建築実務の経験を積んだ村田幸一郎が加わり，本格的な事業活動を展開していくことになる。

ヴォーリズ合名会社は，社会的な名声と富を得ることを目的とせず，奉仕の精神に則した活動を展開した。住み心地がよく，住人の健康を促進する建物を提供する奉仕者となることが，彼らの事業理念であった。

1910〜45年に590棟を越える建築記録が残されている（山形[2002]，108頁）[19]。規模の大きい西洋建築から20坪程度の小規模住宅まで，建築設計の

第6章 スチュアードシップに基づく相互扶助の社会経済システムの構築を目指して

バリエーションは多彩である。ヴォーリズの建築スタイルは，1900年代初期のアメリカ建築と和風建築の意匠を巧みに融合したものであった。合理性と経済性に富む作品の数々は，多くの支持者を獲得していったのである。

ヴォーリズの役割はプランナーだったといわれる。建築設計の初期段階で建物のイメージを構想し，詳細な平面スケッチを作り上げるまでが彼の仕事であった。デザイン，トレース，構造設計等は事務所のメンバーに委ねられた（山形［2002］，120〜1頁）。

図表6-5は建築年別作品数の推移，図表6-6は分野別建築作品数を示したものである。この二表から，ヴォーリズ建築事務所の活動が1920年以降に本格化していく様子が看取できる。生み出された作品数は，1920〜1930年：514件（年平均46.7件），1931〜1941年：648件（年平均58.9件）である。活動初期から一貫して教会，学校，個人住宅の建築を主としながら，1920年代以降は銀行，保険会社，商店等の建築を幅広く受注している。[20]

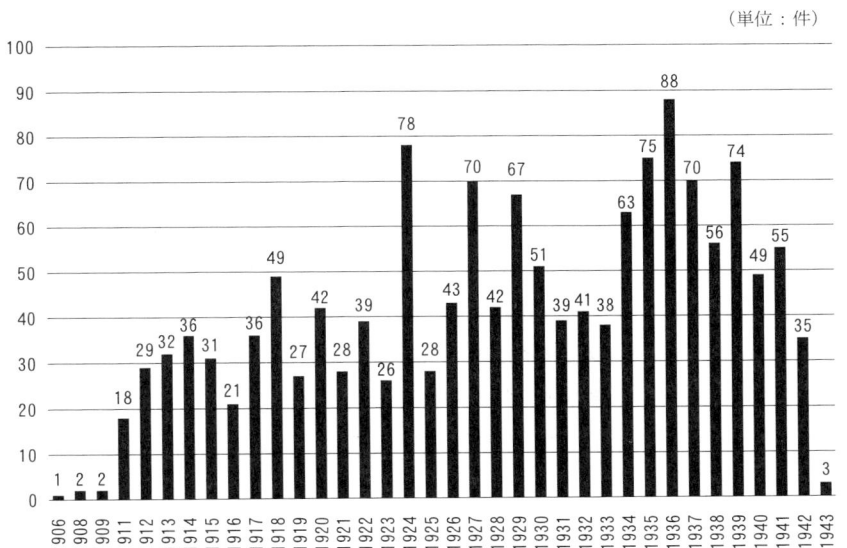

図表6-5 建築年別作品数の推移

（単位：件）

年	件数
1906	1
1908	2
1909	2
1911	18
1912	29
1913	32
1914	36
1915	31
1916	21
1917	36
1918	49
1919	27
1920	42
1921	28
1922	39
1923	26
1924	78
1925	28
1926	43
1927	70
1928	42
1929	67
1930	51
1931	39
1932	41
1933	38
1934	63
1935	75
1936	88
1937	70
1938	56
1939	74
1940	49
1941	55
1942	35
1943	3

出所：山形［2002］，235頁を基に筆者作成。

図表 6-6　分野別建築作品数

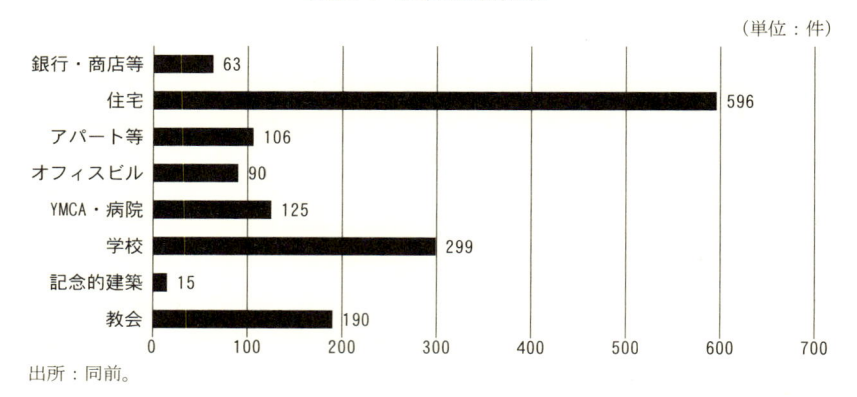

(単位：件)

分野	件数
銀行・商店等	63
住宅	596
アパート等	106
オフィスビル	90
YMCA・病院	125
学校	299
記念的建築	15
教会	190

出所：同前。

建築設計事業は Omi Mission を支える中核事業であった。しかし，それは単なる収益事業ではなく，そこに住む人々の健康と福祉を育むことを最大の目的としたキリスト教精神に基づくものであった。機能性と優雅さを併せ持つ作品は，現代に至るまで多くの人々を魅了し続けている。

(3) メンソレータム事業

1910 (明治 43) 年，ヨーロッパ経由でアメリカに一時帰国したヴォーリズは，Omi Mission にとってかけがえのない支援者の1人となった A.A. ハイド[21]と出会った。ハイドは外国における自給主義によるキリスト教伝道活動を支援しており，日本におけるメレルの活動にも強い関心を寄せていた。

1913 (大正 2) 年，病気療養のため一時帰国したヴォーリズとアメリカでの SVM 大会に出席するために渡米していた吉田悦蔵は，ハイドの招きを受けた。この時，ハイドから日本におけるメンソレータムの販売権の供与と伝道用モーターボート寄付の申し出がなされた。ハイドはヴォーリズと同じくカルヴィニストであり，人間の価値は富の大きさではなく，神への奉仕によって決まるという強い信仰心を持った人物であった。

ハイドは 1884〜5 年頃，不動産業で企業家として最初の成功を手に入れた。その後，不況に見舞われて財産の全てを失ったものの，苦心惨憺の末，

家庭薬として現在も愛用されているメンソレータムの開発に成功したのである。メンソレータムの原材料であるメンソール（薄荷）とカンフォール（樟脳）の主産地は日本であった。ハイドはメンソレータムを創業する際，収益の10％を宣教活動に捧げるという誓いを立てた。最終的には90％まで捧げたといわれる（奥村［2005］，99頁）。

メンソレータムは，近江セールズ株式会社を通じて国内販売が開始された。新聞広告などの積極的なマーケティング活動が功を奏し，1923年には満州や朝鮮半島にまで販路を拡大している。

近江セールズの定款には，「其利益ノ大部分ヲ近江基督教慈善教化財団ニ贈与スルヲ以テ目的トス」（第二条）に定められており，利益金の処分についても図表6-7に記載した内容が規定されていた。

収益の50％以上を近江基督教慈善教化財団（Omi Mission）[22]に対する配当金に充当していることが，同社の性格を端的に示している。株式会社は株主利益の最大化を目的として運営される組織であるという立場からみれば，同社の運営方針は株式会社のフレームワークを大きく逸脱しているといえよう。しかし，同社設立の発起人や出資者はヴォーリズ，吉田悦蔵，村田幸一郎らOmi Missionの中核人材に限られていたこと，ヴォーリズが収益獲得のみを目的とした外部からの投資を拒絶する姿勢を示したこと等から，このような特異な性格を持つ株式会社が誕生したのである（奥村［2005］，165・167頁）[23]。

ヴォーリズ建築事務所や近江セールズは，Omi Missionの活動資金を得る

図表6-7　近江セールズの利益処分規程

	利益金処分
①	近江基督教慈善教化財団贈与金　50/100 以上
②	法定積立金　5/100 以上
③	財産減損償却金　5/100 以内
④	株主配当金　以上の残額

出所：奥村［2005］，144頁を基に筆者作成。

図表6-8　Omi Missionと収益事業の関係

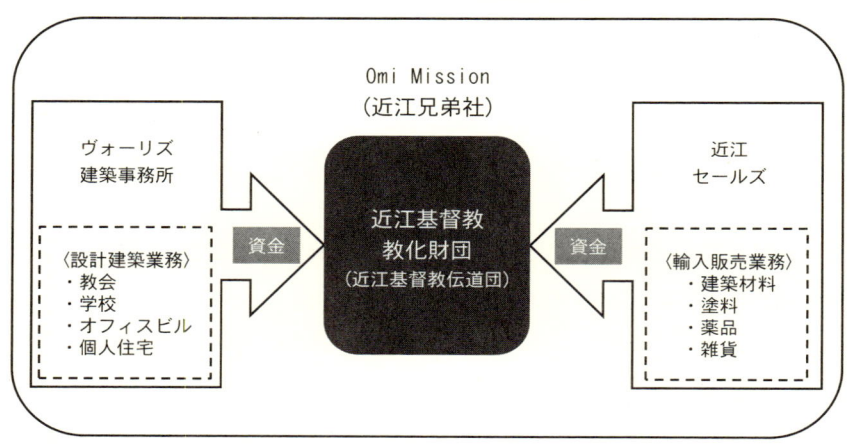

```
                        Omi Mission
                       (近江兄弟社)

  ヴォーリズ                                      近江
  建築事務所                                    セールズ

                     近江基督教
  〈設計建築業務〉  →資金→  教化財団  ←資金←  〈輸入販売業務〉
  ・教会                (近江基督教伝道団)         ・建築材料
  ・学校                                         ・塗料
  ・オフィスビル                                  ・薬品
  ・個人住宅                                     ・雑貨
```

出所：筆者作成。

ために事業を行っているに過ぎないという批判を浴びた。しかし，施主の立場に立った良心的な設計監理や公正な労働慣行によって生産された有益な製品の提供こそが，利他心に基づくキリスト教精神の発露だったと考えられる。彼ら事業理念が社会に受け入れられた理由は，キリスト教原理に基づく社会的公正さと経済的効率を融合させた点にあったといえよう。

ヴォーリズの事業理念の根幹には，カルヴァン派の職業召命観がある。カルヴァン派にとって職業は神から与えられた神聖な使命であり，労働によって得た利潤は正当なものと考えられていた。神から与えられた職業に励むことがカルヴァン派の求めた世俗内禁欲であり，職業労働によって得られた富を浪費することなく事業に再投資することが倫理的義務とされた。ヴォーリズにとって建築設計やメンソレータムの販売は神から与えられた天職であり，それに励むことが世俗内禁欲であった。ヴォーリズ建築事務所や近江セールズから得た富をOmi Missionに捧げて神の国を築くことは，彼にとって倫理的義務であったといえよう。

ヴォーリズは，ビジネスとは隣人との取引を内容とする社会制度であり，教育・医療・伝道と同じ社会奉仕活動であると捉えていた（奥村［2005］，

第6章 スチュアードシップに基づく相互扶助の社会経済システムの構築を目指して　209

図表6-9　近江兄弟社部門別要員構成（1934年）

	庶務部	教務部	建築部	薬品部	雑貨部	療養院部	合計
要員数	18人	50人	27人	148人	21人	34人	298人
構成比	6.0%	16.8%	9.1%	49.7%	7.0%	11.4%	100.0%

出所：沖野岩三郎編［1944］，276～277頁を基に筆者作成。

156頁）。すなわち，ビジネスとは自己利益の最大化を図るためではなく，ステークホルダー相互の共通利益の創出が目的とされたのである。近江商人が実践した経済倫理として三方よしがある。買い手よし，売り手よし，世間よしという思想は，Omi Missionが目指したステークホルダー相互の共通利益の創出に通じるものがあるといえよう。

1934（昭和9）年，Omi Missionは近江兄弟社と改称した。さらに，機構改革を実施し，①庶務部，②教務部，③建築部，④薬品部，⑤雑貨部，⑥療養院部の六部体制となった。

沖野（1944）には次のような記述がある。「今までは，普通に近江ミッション，稍四角張って近江基督教伝道団とも言ったが，病院も経営すれば建築もする。薬も売れば楽器やストーブや台所道具も売る。その利益で伝道するのだと言へば伝道団の名もふさわしいが，それだけでは言い尽くせないものがある。そこで近江基督教慈善教化財団とも言ったがあまりに長くて呼びにくい。近江セールズ株式会社・ヴォーリズ建築事務所・近江ミッション本部，近江療養院の4つの名がいつも並べられてゐるので，外部から其の中心がどこにあるのだかわからなかった」（沖野［1944］，269～70頁）。

吉田自身もOmi Missionの理念と構造を分かりやすく表現する名称の必要性を感じていたようである。「神の国建設」という，ヴォーリズの理念を実現するための事業体を近江兄弟社と名づけたのは，社会事業家の賀川豊彦であった（近江兄弟社学園史編纂委員会通信第5号［2014］）。

(4) メンソレータムブランドの喪失

1944年，近江セールズは株式会社近江兄弟社と改称し現在に至っている。

近江セールズが扱ったメンソレータムは，今の近江兄弟社にはない。1975年，ロート製薬株式会社が米国メンソレータム社より商標専用使用権を取得し，現在に至っている。

　1958年頃，米国メンソレータム社は近江兄弟社の経営への関与を強める動きをみせた。日本における独占販売権を持つ近江兄弟社の収益が，米国メンソレータム社に還元されないことに対する不満が背景にあったといわれる。近江兄弟社は売上げの5%をロイヤルティーとして支払っていた。しかし，米国メンソレータム社は広告料の名目で，20%の上積みを要求してきたのであった（日経BP社［1987］，65頁）。創業者ハイドは既にこの世になく，米国メンソレータム社経営陣とヴォーリズの個人的な信頼関係も薄れていた。

　1974（昭和49）年，オイルショックによる不況で経営が行き詰った近江兄弟社は，負債総額37億円余を抱え会社更生法を申請し事実上倒産した。同社は近江兄弟社グループの社会事業（宣教，医療，教育）の財政基盤を支える役目を担っていたため，利益の5%をグループ事業に拠出していた。これに米国メンソレータム社への支払いが加わり，同社は内部留保を蓄積できない構造的な弱みを抱えていた。さらに社会事業の不足資金は，同社が銀行から借り入れを行うことで賄っていたのである。こうした財務構造の脆弱さに加え，1960年代後半の日本列島改造ブームに乗じた不動産取引の失敗が倒産の直接的な原因となったのである。

　倒産を機に米国メンソレータム社は近江兄弟社との契約を打ち切った。翌年，ロート製薬は米国メンソレータム社から商標専用使用権を取得し「メンソレータム」および「メンソレータム薬用リップスティック」を発売する。メガブランドのメンソレータムを手に入れたロート製薬は，メンソレータムブランドによって外皮用剤分野の拡大を図ったのである。

　倒産直後，近江兄弟社はロート製薬に再建支援を依頼していた。ロート製薬の行動にショックを受けた近江兄弟社の岩原侑社長[24]は，ロート製薬本社に対して抗議行動を展開した。社会的な批判を恐れたロート製薬は，近江兄

第 6 章　スチュアードシップに基づく相互扶助の社会経済システムの構築を目指して　　*211*

弟社がメンソレータムの類似商品を販売することを認める和解案を受け入れた。1975（昭和 50）年，近江兄弟社は厚生省の認可を受けてメンタームを発売したのである（日経 BP 社［1987］，63 頁）。

図表 6-10 に示したように，成分構成における両製品の違いは僅かである。しかし，メンソレータムブランドを失った痛手は予想以上に大きかった。受注分を問屋に運ぶだけの殿様商売に浸りきっていた近江兄弟社では，多くの社員が退職し 314 名の社員は僅か 100 名程度に減った。

多大な広告費を投入する余力のない近江兄弟社は，これまでの姿勢を改めて徹底した小売店訪問作戦を展開した。社長以下，役員，営業社員，本社内

図表 6-10　メンソレータムとメンタームの成分比較

	メンソレータム（ロート製薬）		メンターム（近江兄弟社）	
商品名				
主成分	dl-カンフル	9.60%	dl-カンフル	9.60%
	l-メントール	1.35%	l-メントール	1.35%
	ユーカリ油	1.50%	ユーカリ油	1.30%
添加物	サリチル酸メチル 酸化チタン 黄色ワセリン テレビン油		サリチル酸メチル 酸化チタン 黄色ワセリン パイン油 白色ワセリン パラフィン	
価格	メンソレータム軟膏 c 75g	569 円	近江兄弟社メンターム 85g	336 円

注：価格は価格.com（http://kakaku.com/）の実勢価格データ（2015 年 5 月）による。
出所：各社ホームページを基に筆者作成。

勤スタッフ，工場の製造担当がチームを組んで，近江八幡を基点に半径150km圏内の小売店を自転車で巡回したのである。訪問した小売店は1万軒を越えていた。メンタームの小売店マージンをメンソレータムより20%高くしたことも功を奏し，1980（昭和55）年3月期決算では黒字転換を実現している（日経BP社［1987］，64頁）。

5. ソーシャルビジネスの萌芽

(1) 近江療養院の創設

　ヴォーリズは，日本の若者が肺結核に犯され命を奪われることを憂いていた。幼少期に腸結核を患った経験を持つヴォーリズは，来日後も2度にわたって病気治療のため帰国している。伝道活動を継続するためにも，彼にとって健康維持は切実な問題であった。

　1918（大正7）年，肺結核を治療するための近江療養院が完成した。本館[25]はアメリカ人ツッカー女史（Mary Tooker）の寄付（5,000ドル）によって建てられたが，敷地費用，人件費（医師・事務員），付属施設建築費等は，ヴォーリズ建築事務所の収益から賄われていた。また，伝道活動のための施設と近江療養院の事業を統括・管理する組織として，近江基督教慈善教化財団が設立された（吉田［1923］，123頁）。

　ツッカー女史とヴォーリズの出会いは1912年に遡る。近江八幡を訪ねたツッカー女史は，彼の活動に共感し2,000円を寄付している。ヴォーリズはこの資金で近江八幡市池田町に約1,000坪の土地を購入し，Omi Mission住宅（ヴォーリズ邸，吉田悦蔵邸，ウォーターハウス邸，近江ミッション・ダブルハウス）が建てられた。また，1923年，帰米中のヴォーリズが慢性盲腸炎で緊急手術を受けた際も，入院治療費全額をツッカー女史が負担している（吉田［1923］，98～101・105～111頁）。

　戦時中，近江療養院は陸軍に徴用されたが，戦後は近江サナトリウムとして治療を再開した。1971（昭和46）年，ヴォーリズ記念病院と改称し現在に

至っている。ヴォーリズが掲げたキリスト教の隣人愛と奉仕の精神を基本理念として，一般病床66床（一般急性期45床，ホスピス16床，地域包括ケア病床5床），療養病床102床（療養病床60床，回復期リハビリテーション42床）と外来で医療を行っている。2000年，結核病床はその役目を終え閉鎖されている。

(2) 教育事業

大正・昭和期にキリスト教社会運動家として活躍した賀川豊彦は，吉田悦蔵が執筆した『近江の兄弟』の序文で次のように述べている。「ヴォーリズのミッションで，一番の欠点は，教育事業のないことである。彼の肺病院（筆者註：近江療養院）もよいものであるに違いない。しかし，彼が近江を教化しようと思えば，どうしても宗教教育を基調にしなければならぬ。彼の今日あるは，全く彼の聖書研究会の会員が成長したからである。それで，彼がもし彼の理想をつぎこんだ中等学校なり，工業学校―これが，彼に最も適する―聖書学校なりを立てなければ，彼の事業は半分しかできあがっておらないと。わたしは思う」（吉田［1923］，序文9頁）。

1919（大正8）年，メレルは一柳子爵の令嬢満喜子と結婚する。満喜子の次兄広岡恵三（加島銀行頭取，大同生命社長）が自宅の建築設計をヴォーリズに依頼したことから2人は出会う。英語に堪能な満喜子は打ち合わせに参加し，その的確な判断と時宜を得た助言にヴォーリズは惹かれたのだった。華族が外国人と結婚して日本国籍を失うという事態は前例がなく，宮内省から結婚の許可が下りるまでには時間を要した。

近江八幡での新生活を始めた満喜子は，子供たちが劣悪で不衛生な環境で暮らしていることを気にかけていた。彼女はゴミ捨て場だった空き地を整備し，プレイグラウンドの試みをはじめた。満喜子の活動を支援するため，ヴォーリズは古民家を購入し，子供たちが雨天でも遊べる施設に改装した。1922年，清友園幼稚園の設立が認可され，園児4名を迎えて Omi Mission

の教育事業が産声をあげた。その後，吉田悦蔵が創設した近江勤労女学校を統合し，1942年に近江兄弟社学園となった。戦後は小学校，中学校，高等学校が順次設立され，1951年，私立学校法による学校法人近江兄弟社学園（幼稚園，小学校，中学校，高等学校）が発足したのである。

　一方，吉田悦蔵も素質に恵まれ向学心ある人材が，夜業まで含めると毎日8時間以上も働き，学ぶ機会を逸していることを不合理だと考えるようになった。吉田はドイツの労作教育（Arbeitserziehung）[26]にヒントを得て，人格育成と勤労を融合した近江勤労女学校を設立した。近江兄弟社の女子従業員を対象に「少人数教育と個性尊重，家庭的雰囲気，労作教育，自助の精神，自治協力の精神，宗教即生活」の実践を教育目的とした。1935（昭和10）年，近江兄弟社女学校と改称。1943年，文部省から高等女学校に指定された。戦後は近江兄弟社高等学校に統合されている。

　さらに，吉田はメンソレータム工場の女子従業員教育を実践する場として，向上学園を設立している。「工場」と「向上」の意味をかけて命名されたという。同学園では，修身・国語・地理・歴史・一般家事・育児・看護法・作法・自然科学・公民・料理・和裁・洋裁・体育・音楽等の多彩な教養教育が行われた。1934年，工場女子従業員教育と改称されたが，1937年に再び「向上学園」に戻った。1944年，女子青年学校と改称された。戦後は近江兄弟社高等学校の設立時に定時制部として改組され，1978年に定時制部の廃止とともに閉校となった。

　賀川が教育事業への更なる取組みを求めたのは，まさにヴォーリズ夫妻の教育事業が本格的に歩みだした頃であった。Omi Missionの教育事業は，ヴォーリズが県立商業学校においてバイブル・クラスやYMCA活動を行った1905年頃から始まったとみるべきであろう。吉田悦蔵や村田幸一郎をはじめとするヴォーリズの教え子たちが，良きパートナーとしてOmi Missionの活動を支えたように，教育の果した役割の大きさは計り知れないといえよう。

　従業員教育を重視した企業家として，郡是製糸の波多野鶴吉（1858～1918

第6章 スチュアードシップに基づく相互扶助の社会経済システムの構築を目指して　　215

図表 6-11　Omi Mission における教育事業の展開

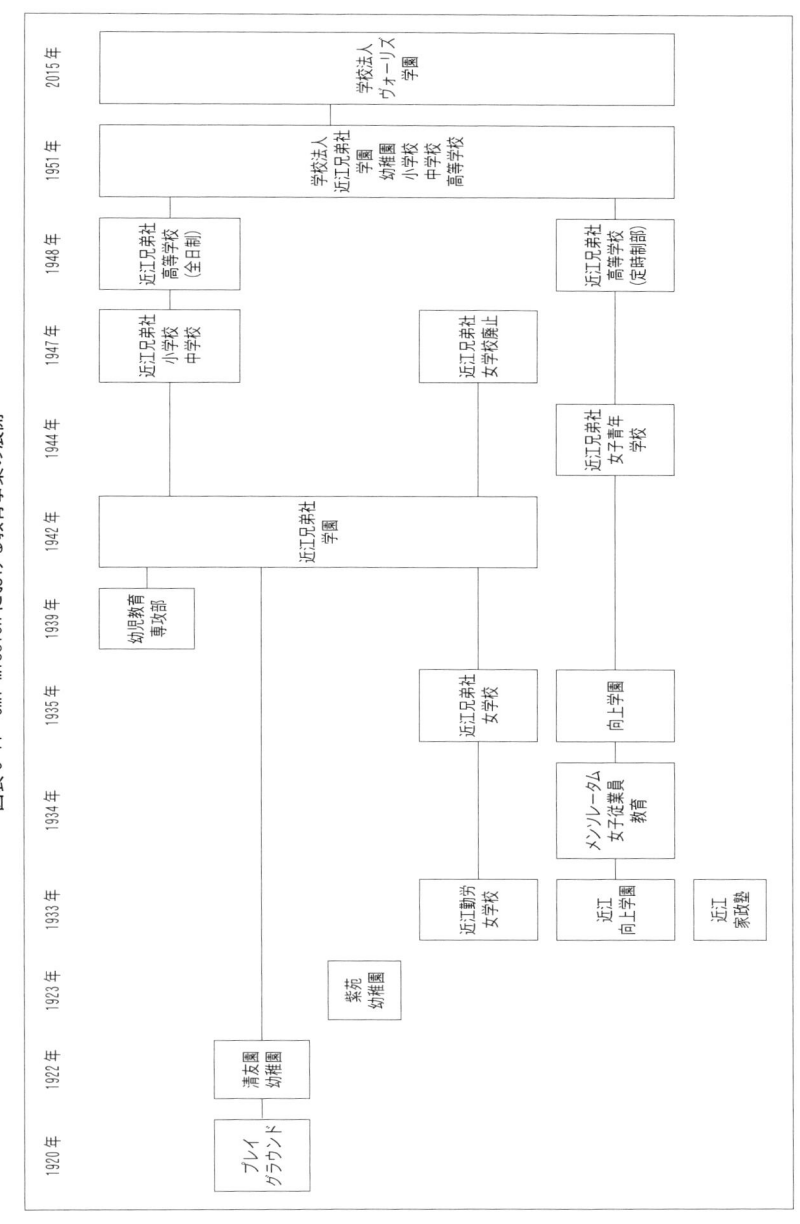

1920年	プレイグラウンド
1922年	清友園幼稚園
1923年	紫苑幼稚園
1933年	近江勤労女学校／近江向上学園／近江家政塾
1934年	メンソレータム女子従業員教育
1935年	近江兄弟社女学校／向上学園
1939年	幼児教育専攻部
1942年	近江兄弟社学園
1944年	近江兄弟社女子青年学校
1947年	近江兄弟社小学校・中学校／近江兄弟社女学校廃止
1948年	近江兄弟社高等学校（全日制）／近江兄弟社高等学校（定時制）
1951年	学校法人近江兄弟社学園　幼稚園　小学校　中学校　高等学校
2015年	学校法人ヴォーリズ学園

出所：筆者作成。

年) と倉敷紡績の大原孫三郎 (1880 ～ 1943 年) がいる。大原孫三郎とヴォーリズは同い年である。波多野鶴吉は工女が自発的に仕事に取り組む環境を作ることが，良質な製品を生み出す第一歩であると考え，大いなる愛情を込めてその能力と人格を磨こうとした。創業翌年から工女向けの夜学を開講し，修身，読書，算術，裁縫などを教えたが，その性格は吉田が創設した向上学園と近接している。1908 (明治 41) 年，社内に教育部と郡是女学会を設置し，従業員教育の充実を図り，1913 年には教育部に師範科を設置し，師範科の卒業生を教育係として各工場に派遣するようになった[27]。

1899 年，大原孫三郎は私的に行っていた学資援助を制度化して大原奨学会に改組し，地元の子弟に育英事業を始めた。1902 年，社内に職工教育部を設置し，翌年，文部大臣の認可を得て工場内に尋常小学校を設立している。また，勤労青年のため倉敷商業補修学校 (岡山県立倉敷商業高等学校の前身) を設立し校長に就任している。大原は職工教育や育英事業を単なる資金援助ではなく，教育を通じた社会改革と位置づけていた。

波多野と大原はともに受洗したクリスチャンであり，報徳思想の信奉者でもあった。彼らは品質の向上，利益の獲得，顧客満足，従業員の生きがい，地域社会との融合など，相互に矛盾する要素を含んだ経営課題に対して，キリスト教と報徳思想の倫理感・価値観を基軸とした経営によって果敢に挑んだのである。私欲を排し，利他の精神に基づいた姿勢は，ヴォーリズや Omi Mission の理念と極めて近い内容を持っていたといえよう。

6. Omi Mission の現代的意義

地球規模の環境問題や資源の枯渇の深刻化，Corporate Social Responsibility (企業の社会的責任) への関心が高まる中，山積する社会的課題に対する抜本的対策の実践と，高度な社会的・経済的倫理観に裏付けられたサステイナビリティ社会の構築に向けた取り組みが求められている。

残念ながら，グローバル社会を席捲する市場経済メカニズムには，資本の

論理に基づく成長至上主義を制御する手段がビルトインされていない。経済的価値の創出に傾斜した現代社会の価値観を修正し，国際社会が抱える複雑で長期的な問題に対して解決策を提示するには，社会的価値と経済的価値の創出を統合する新たなアプローチが必要であろう。

21世紀の企業経営のあり方を展望するならば，サステイナビリティをdisciplineとする企業と社会の新たな関係性を構築することが不可欠といえよう。サステイナビリティとは，資本の論理を制御し，消費型社会から循環型社会へパラダイムを変換するための価値基準と位置づけられる。

昨今，サステイナビリティ実現のキーワードとして共通価値の創造に関心が寄せられている。共通価値の創造は，マイケル・ポーターが2011年に発表した「共通価値の創造（Creating Shared Value）」で提示した概念である。同論文において「共通価値とは，企業が社会的ニーズや課題に取り組むことで社会的価値を生み出し，その結果，経済的価値が創造される」と定義される（Michael E. Porter, Mark R. Kramer [2011], 8～31頁）。

社会的価値とは環境や社会のサステイナビリティ向上に資することを意味し，経済的価値とは企業利益を意味する。共通価値の創造とは，環境や社会のサステイナビリティを高めつつ，自社の利益も併せて実現するアプローチである。

ヴォーリズは建築家，企業家，社会事業家，教育者，宣教師という多様な顔を持つが，彼が目指したのは，相互扶助の理念に基づく社会経済システムの建設だったといえよう。

ヴォーリズはこの世における最悪の罪は利己主義であり，それには個人，家族，国家の区別はないと説いた（ヴォーリズ[2014]，185頁）。兄弟主義による実業（キリスト教的実業）を展開するには，資本主義や社会主義とは異なる新しい動機と組織が必要であるとも述べている。資本主義も社会主義も企業が金儲けを動機として搾取主義に陥った結果，資本家と労働者を隔離する闘争の原因となったのである（ヴォーリズ[2014]，143頁）。

以下は，ヴォーリズが語った兄弟主義による実業の理念である（ヴォーリ

ズ［2014］，144～5頁）。

一、勤労時間は健康上，また霊的慰安および発達を計るために必要な余裕をあたえるため短縮しなければならない。

二、従業員と雇用主との関係を相互的組合主義に変形し，すべてが責任と利益を分担し，組織に属する各員の健康と幸福と社会に対して有用なことが，金銭以上のものに評価されなければならない。

三、利潤は最小限度とし，製品の改良と顧客に対する奉仕のために用いられなければならない。

四、高給を支給されている者は，極めて簡素な生活をすべきである。何故かといえば，下級の人々の生活を改良するために必要だからである。

五、事業の成功を計る基準は，利潤の多寡によらず，その事業に関係した人々の健康上，精神上，霊性上にどれほどの改善進歩を与えたかを基準とすべきである。

六、富の集積を避ける。個人として巨万の富を集積すべきではない。どの家庭にも貧困の悩みのある者がいないようにしなければならない。

以上で示された兄弟主義による実業とは，外部および内部ステークホルダーの求める価値を同時に実現する，責任ある経営と位置づけられよう。ステークホルダー価値は外部ステークホルダー（e.g.市民，コミュニティ，消費者）と内部ステークホルダー（e.g.株主，経営者，従業員）の価値から構成される。外部ステークホルダーと内部ステークホルダーが希求する価値を統合したものが共通価値に他ならない。責任ある経営とは，ステークホルダー・アセスメントとステークホルダー・マネジメントの実践を通じて，外部および内部ステークホルダーの求める価値を同時に高めることである。

ポーターは「企業本来の目的は，単なる利益の追求ではなく，共通価値の創出であると再定義すべき」と主張している（Michael E. Porter, Mark R. Kramer［2011］，11頁）。共通価値の創出とは，社会から共感を得る企業行動の本質を表現したものであり，ヴォーリズが標榜した兄弟主義による実業と

第6章 スチュアードシップに基づく相互扶助の社会経済システムの構築を目指して　*219*

図表6-12　共通価値とステークホルダー価値の関係性

（縦軸：外部ステークホルダー価値（地域コミュニティ）、横軸：内部ステークホルダー価値（近江兄弟社））

共通価値＝Omi Mission

出所：Oliver Laasch, Roger N. Conaway [2014]，98頁を基に筆者作成。

極めて近い価値観を有しているといえよう。

　図6-12は，共通価値のフレームワークを示したものである。内外のステークホルダーは単体で存在し得ないのであり，矛盾を含んだ複雑な関係性の中に共通価値を創出する鍵がある。責任ある経営に求められるのは，外部および内部ステークホルダーの相乗作用を活用し，全体最適としての共通価値の創出を志向する姿勢なのである。

　ヴォーリズは近江兄弟社と社会の関係性をスチュアードシップの一語で表現した。彼は金銭的価値を有する物はすべて神の所有であり，自分は家令・執事としてこれを自分の利益のためにではなく，神の国のために使うべく委託されているに過ぎないと考えた。言い換えれば，多くの富を所有するほど神から多くを委託されているのであり，それを公共の利益のために使う責務が増大するのである。ヴォーリズは「神（の国）」と表現したが，これを「社会」という言葉に置き換えてもいいだろう。現代社会では，企業を社会の公器と捉える考え方がある。責任ある経営とは，株主を中心とした内部ステー

クホルダーの最適化のみを目的とするのではなく，社会全体の最適化の実現を意識した経営であり，その本質はヴォーリズが唱えたスチュアードシップに基づく経営に他ならないといえよう。

注
1) 1941年日本に帰化した際，ヴォーリズは一柳米来留（ひとつやなぎ・めれる）と名乗った。
2) バプテストは17世紀頃にイギリスで始まった，キリスト教プロテスタントの教派。アメリカ合衆国のプロテスタントにおける最大教派がバプテストである。
3) キリスト教プロテスタントのカルヴァン派の一教派。教会組織に長老制度を採用したことが名称の起源となった。
4) ヴォーリズはメンデルスゾーンのヴァイオリン協奏曲ホ短調作品64を，自身が聞いた音楽作品の中で完璧な作品だと評している。
5) 1874年，福音主義に基づく個人寄付による超教派のキリスト教大学として設立された。
6) コロラド大学にSVMが誕生したのは1895（明治28）年である。
7) 中国内陸伝道団の創設者F.Howard Taylar夫人のGeraldine Taylarが行った'Fellowship with Christ in China'と題する講演。
8) ウェーバーによれば，資本主義の精神を構成する中核的要素は，①どこまでも利潤を追求してやまない精神，②利潤の追求をある種の義務として自らに課す倫理感，③目的達成のために必要なら禁欲し，自分の行動を計画化し，組織化する合理的な生活態度の三点である。
9) ミッションとは伝道団体の呼称。ヴォーリズは1911（明治44）年，キリスト教無教会派の伝道団体として近江ミッションを組織し，1934年に近江兄弟社へ改称。
10) ヴォーリズも日本に赴任するための旅費を借金で賄った。
11) 村田幸一郎（1887～1956）は商業学校時代のヴォーリズの教え子。陸軍勤務を経て，近江兄弟社の前身である「近江セールズ」の設立に参加。主に建築資材の調達を担当。
12) 吉田悦蔵（1890～1941）もヴォーリズの教え子。1905（明治）年に受洗し，進学を断念して近江ミッションの活動に参加。
13) 吉田（1923）によれば，バイブル・クラスの参加者は，商業学校全生徒の約3分の2に相当する212名に達した。
14) メンソレータムの輸入販売会社として設立されたのが近江セールズ株式会社である。後年，ハイドの夫人からの寄付によって清友園幼稚園園舎が建設され，現在は近江兄弟社学園ハイド記念館となっている。
15) 1920（大正9）年，ヴォーリズ合名会社は発展的に解散し，近江セールズ株式会社とヴォーリズ建築事務所が設立された。前者は建築資材とメンソレータムの輸入販売を主な業務とした。
16) 1934（昭和9）年2月に近江兄弟社（Omi Brotherhood）と改称され現在に至る。
17) アメリカ人ワナメーカーが寄贈し，ドイツ人デルランの設計で建設された。
18) チェーピンは日本に永住する決意を固めOmi Missionの正団員となったが，1913年に結婚のため一時帰国後，義母の病気のため渡日を断念している。
19) 19～20世紀のアメリカ伝統的建築様式は，東部がコロニアル・スタイル，中西部がスパニッシュ・スタイルとミッション・スタイルであった。ヴォーリズは依頼主の求めに応じて，伝統的な建築手法を合理的に組み合わせて活用していた。
20) 満喜子夫人の次兄広岡恵三は大同生命社長であり，大同生命本社ビル建設に際してヴォーリズとともに1920年4～8月までアメリカへの視察旅行を行った。同ビルは1925年に竣工した

第6章　スチュアードシップに基づく相互扶助の社会経済システムの構築を目指して　　*221*

　　が，1990年新本社ビル建設のため取り壊された。ヴォーリズは「大同生命ビルは，当時は，日本の代表的建築物の1つとなった。兄弟社は建築部の広告になったのだから間接的に利益をこうむったわけである。大同生命は，それ以来，各地の支店を建築するにあたって，すべて私たちに，その設計を依頼して下さるようになった」と述べている（一柳［1970］，281～2頁）。
21）　Albert Alexander Hyde（1848～1935）は，青年時代をヴォーリズの生地レヴンワースで過ごし不動産業で成功する。後にメンソールとペトロレータム（ワセリン）を主成分とするメンソレータムの開発に成功しメンソレータム社を設立した。
22）　近江基督教伝道団が発展・改称し，1918（大正7）年に設立認可を受けている。
23）　ヴォーリズの妻満喜子の次兄恵三が頭取を務めた加島銀行から，資本金相当の借入が可能だったことも近江セールズの経営にとって大きな支援材料となった。
24）　新潟大学理学部数学科卒業後，近江兄弟社学園に教師として赴任。ヴォーリズ記念病院医事課，近江兄弟社管理部長を経て，1975年5月に社長就任。
25）　本館はツッカー女史の母親にちなんでAnna Denfores Tooker記念館（通称ツッカー記念館）と名付けられた。
26）　ゲオルグ・ケルシェンシュタイナーらが提唱した労作学校における教育。書物中心の教育への反動として，手工的作業を中心に児童生徒の自発的活動を重視した。
27）　当時の郡是製糸は，「表からみれば工場だが裏からみれば学校だ」と評されていた。

参考文献
一柳米来留［1970］『失敗者の自叙伝』財団法人近江兄弟社。
ウィリアム・メレル・ヴォーリズ［2014］『神の国の種を蒔こう―キリスト教メッセージ集』新教出版社。
奥村直彦［2005］『ヴォーリズ評伝―日本で隣人愛を実践したアメリカ人』新宿書房。
奥村直彦［2006］『改訂版W・メレル・ヴォーリズ―近江に「神の国」を』日本キリスト教団出版局。
木村晟［2010］『帰天していよいよ光彩を放つ勇者のスピリット―平和の使者W・メレル・ヴォーリズの信仰と生涯』聖母文庫。
木村晟［2012］『すべては主の御手に委ねて―ヴォーリズと満喜子の信仰と自由』聖母文庫。
木村晟［2012］『近江兄弟社学園をつくった女性　一柳満喜子』港の人。
土屋喬雄［2002］『日本経営理念史』麗澤大学出版会。
中川敬一郎・由井常彦［1969］『財界人思想全集第1巻経営哲学・経営理念　明治・大正編』ダイヤモンド社。
長谷川直哉［2013］「CASE5 日本型CSRの源流となった企業家」『ケースブック日本の企業家　近代産業発展の立役者たち』有斐閣。
長谷川直哉［2011］「第4章　在来産業の革新：波多野鶴吉《郡是製糸》」『企業家に学ぶ日本経営史―テーマとケースでとらえよう』有斐閣。
平松隆円［2010］『メレル・ヴォーリズと一柳満喜子―愛が架ける橋』水曜社。
山形政昭［2008］『ヴォーリズ建築の100年　恵みの場所をつくる』創元社。
山形政昭［2002］『ヴォーリズの西洋館―日本近代住宅の先駆』淡交社。
吉田悦蔵［1923］『近江の兄弟』近江兄弟社。
Michael E. Porter, Mark R. Kramer［2008］「競争優位のCSR戦略」『DIAMONDOハーバード・ビジネス・レビュー2008年1月号』ダイヤモンド社。
Michael E. Porter, Mark R. Kramer［2011］「共通価値の戦略」『DIAMONDOハーバード・ビジネス・レビュー2011年6月号』ダイヤモンド社。
Oliver Laasch, Roger N. Conaway［2014］Principles of Responsible Management: Global

Sustainability, Responsibility, and Ethics, 1st Edition., Cengage Learning.

(長谷川直哉)

事項索引

欧文

CSR（Corporate Social Responsibility：企業の社会的責任） 2, 3, 6, 7, 10, 11, 12, 13, 15, 17, 22, 23, 25, 50, 216
CSV（Creating Shared Value） 17
ISO26000 13, 86
Omi Mission（近江ミッション） 184, 192, 198, 199, 200, 201, 204, 206, 207, 209, 213, 214, 216
Social cohesion（社会結合） 5, 11
SVM（Student Volunteer Movement for foreign Mission, 海外宣教学生奉仕団） 189, 190, 200, 204, 206
YMCA（Yong Men's Christian Association, キリスト教青年会） 189, 190, 194, 197, 199, 214

和文

【ア行】

足尾鉱毒事件 48, 74
足尾銅山 15, 48
アメリカン・キャン 108
　　──社 98
アンビシャス・ガール 122, 123, 137
一人一店 141
一品一価 140
ウェスレアン大学 155
ヴォーリズ記念病院 212
ヴォーリズ建築事務所 204, 205, 207, 209
ヴォーリズ合名会社 201, 204
遠州二俣紡績会社 15, 30, 41, 42
遠洋漁業奨励法 88
株式会社近江兄弟社 16, 184, 209, 210, 219
　　──学園 214
　　──女学校 214
近江基督教慈善教化財団 207, 209, 212
近江基督教伝道団 184, 200, 209
近江勤労女学校 214
近江サナトリウム 212
近江セールズ 207, 209
　　──株式会社 204, 207, 209
近江療養院 209, 212

【カ行】

掛川信用金庫 39
掛川信用組合 39, 74
カルヴァン派 184, 191, 208
勧業資金積立の組合 39, 40
缶詰普及協会 103, 105
企業の社会的責任（CSR：Corporate Socially Responsibility） 1, 21, 78
気候変動に関する政府間パネル（Intergovernmental Panel on Climate Change） 10
冀北学舎（キホクガクシャ） 27, 36, 37
旧漁業法 88
共通価値 218, 219
　　──の創造（CSV：Creating Shared Value） 12, 78, 217
キリスト教倫理 118, 119, 143, 144
金銭信託 165, 166, 170, 171, 173, 175
経営の社会即応性（Corporate Social Responsiveness） 16
啓蒙思想 32
研成学院 139, 140
公益信託 165
向上学園 214
功利主義 33, 34, 36, 44, 45
コーポレートガバナンス（Corporate Governance） 78
　　──・コード 2
五カ条の盟 126, 137

事項索引

【サ行】

西国立志編　32, 34, 35, 42, 44, 45
財団法人東洋罐詰専修学校　110
財本徳末思想　22, 26, 27, 29, 32, 36, 43, 45, 75
サステイナビリティ　3, 5, 6, 13, 17, 23, 50, 58, 185, 216, 217
　――社会　2, 3, 13, 21, 50, 78
サステイナブル経営（Sustainable management）　1, 15, 16, 17
サッチャリズム　4, 11
サニタリー缶　85, 101, 103
滋賀県立商業学校　192
四阪島　49, 68, 69
資産金貸付所　26, 30, 38, 40, 42
資産銀行　39
持続可能な開発（Sustainable development）　5
社会企業家　23, 43, 44
商人道　137
正札主義　140, 141, 145
ショートターミズム（Short-termism：短期志向）　58
職業召命観　191
所有と経営の分離　168
自利利他公私一如　75
新隠居論　151, 152, 157, 159, 160, 162, 177, 179
新自由主義（Neo Liberalism）　4
新宿中村屋　16, 118
水産講習所　87, 88, 89, 90, 91, 95, 96, 112
水産伝習所　88, 92
スチュアードシップ　17, 184, 219
　――・コード　59
ステークホルダー　1, 14, 16, 25, 58, 87, 114, 219
　――・アセスメント　14, 218
　――・マネジメント　14, 218
住友銀行　74
住友伸銅場　72
住友鋳鋼場　72
青年会英語教師　192
清友園幼稚園　213
責任ある投資家の諸原則（日本版スチュワードシップ・コード）　58
セリーズ原則　10

底魚　94

【タ行】

大日本水産会　96, 106
忠隈炭鉱　72
知行合一　111
東京英和学校　154, 155
東京信託　165
　――株式会社　163
東京専門学校　118
東洋罐詰専修学校　110, 111
東洋鋼鈑　108
東洋水産　97
　――株式会社　96
東洋製罐　98, 99, 100, 102, 103, 104, 106, 109, 110, 111, 114
　――株式会社　85, 101

【ナ行】

中村屋　125, 126, 127, 128, 129, 130, 132, 133, 134, 135, 136, 139, 142, 145
　――サロン　132, 134, 135
南蛮吹き（南蛮絞り）　56
日本缶詰協会　102, 106
沼津中学校　153, 154
沼津兵学校　153

【ハ行】

ピューリタン　186, 191, 192
仏教青年会（YMBA：Young Men's Buddhist Association）　197
プロテスタンティズム　22, 184, 191, 192
プロテスタント　16, 143
報徳思想　15, 22, 23, 25, 27, 30, 32, 34, 35, 36, 37, 38, 43, 44, 45, 216

【マ行】

マイクロファイナンス　40
マルチ・ステークホルダー　23
三井合名　158, 167, 179
三井信託　165, 170, 173, 177
　――会社　152, 158, 164, 167, 177, 178, 179
三井報恩会　152, 153, 158, 176, 177, 179
明六社　32

メソジスト　154, 155, 177
メンソレータム　200, 204, 206, 207, 208, 210, 211
メンターム　211

【ヤ行】

預金協定　170, 173
四大公害　8, 9
　——病　7

【ラ行】

良品廉価　132, 140, 141, 145
レーガノミクス　4
ロータリー・クラブ　16, 151, 152, 157, 158, 160, 161, 162, 177, 178, 179
ロート製薬　210
　——株式会社　210

人名索引

ア行

アークライト, R. 41
麻生太吉 72
アッペール, N. 105
井伊直弼 52
井口喜源治 120, 121
池田成彬 151, 157, 158, 164, 176, 179
石田梅岩 7
石原圓吉 97
伊谷以知二郎 87, 90, 92, 93, 94, 95, 96, 100, 111, 112, 113, 114
伊庭貞剛 15, 49, 50, 51, 52, 53, 54, 55, 57, 58, 62, 63, 65, 66, 67, 68, 69, 70, 71, 72, 73, 74, 76, 78
岩原侑 210
ウェーバー, M. 22, 44, 191
ヴォーリズ, W. M. 16, 184, 185, 186, 187, 188, 189, 190, 191, 192, 193, 194, 195, 197, 198, 199, 200, 201, 204, 206, 207, 209, 212, 213, 214, 216, 217, 218, 219
内村鑑三 120, 127
エロシェンコ, B. 133, 135
大島供清 63, 66
大原孫三郎 23, 143, 185, 216
岡田佐平治 32, 33
岡田良一郎 15, 22, 23, 24, 25, 26, 27, 29, 30, 34, 35, 36, 37, 38, 40, 41, 42, 44, 74
荻原守衛（碌山） 121, 132
押川方義 120, 122
小野金六 100, 101

カ行

各務鎌吉 170
賀川豊彦 209, 213, 214
籠手田彦三 71
勝海舟 157
金原明善 71, 143
カルヴァン, J. 191
河上謹一 74
川田小一郎 56
北脇筍次 66
木下尚江 120
久保盛明 62, 65
小菅丹治 143
ゴットフレー, J. 60
小林一三 100, 101
コワニェ, F. 59

サ行

西郷隆盛 54, 55
斉藤高行 26, 34
佐久間貞一 143
佐々木豊壽 123
佐々木勇之助 171, 172, 173
サッチャー, M. 4, 21
品川弥二郎 65, 70, 74
渋沢栄一 7, 23, 143
島貫兵太夫 123
島村抱月 133
清水安三 193
杉浦重剛 74
杉谷武雄 174
鈴木藤三郎 25, 35, 36, 42
鈴木馬左也 69, 71, 72, 74, 76, 78
鈴木道雄 30
鈴木与平 106
ステブンソン, G. 41
スマイルズ, S. 32, 34
スミス, A. 75, 76
住友友純 63, 69
住友友親 74
住友友以 56
住友政友 56
相馬愛蔵 16, 118, 119, 120, 121, 122, 123, 124, 125, 126, 127, 128, 129, 131, 132, 134, 135,

136, 137, 139, 140, 141, 142, 143, 144, 145, 185
蘇我理右衛門　56
染谷省三　119

タ行

大東義徹　74
高碕達之助　16, 85, 86, 88, 89, 90, 91, 92, 96, 97, 98, 99, 100, 101, 103, 104, 105, 106, 107, 108, 109, 111, 112, 113, 114
高橋是清　167
高村光太郎　132
武田猪平　200
タゴール, R.　134
田中正造　15, 48, 49, 74
団琢磨　165, 167
チェーピン, L. G.　200, 204
土屋喬雄　142, 144
ツッカー, M.　212
土光敏夫　23
富田高慶　26, 27, 34, 36, 44
豊田佐吉　23, 30, 34, 35, 36, 42

ナ行

中上川彦次郎　157
中島董一郎　93
中田錦吉　73, 74
中村嘉壽　93, 95
中村正直　32, 34, 35, 44
新島襄　155
西周　32
西川吉輔　52, 53
二宮尊徳　7, 15, 22, 24, 27, 30, 35, 36, 37, 38

ハ行

ハイド, A. A.　200, 206
波多野鶴吉　23, 143, 185, 214, 216
浜田真名次　91
林賢材　173
ハリス, P.　160, 161
一柳満喜子　213
広岡恵三　170, 213
広瀬宰平　52, 53, 55, 56, 57, 59, 60, 61, 62, 63, 65, 66, 67, 68, 69, 72, 73, 78

フーバー, H.　97, 98, 99, 100, 102, 103, 105
福澤諭吉　124, 156
福住正兄　26, 27, 34, 36, 44
フリードマン, M.　4
古河市兵衛　48
ブレア, T.　3, 11, 21
フレッシュヴィル, R.　59
ベンサム, J.　33
ボアソナード, G.　54
ボース, R. B.　133, 135
ポーター, M.　11, 13, 15, 17, 217, 218
星良（黒光）　118, 122, 126, 129, 132, 133, 136, 137, 139, 140, 142
本荘種之助　67, 70
本多庸一　155, 178

マ行

間島弟彦　177
松井須磨子　133
松下幸之助　23
松原新之助　89
御木本幸吉　23
宮本文次郎　193
ミル, J. S.　32, 33, 35
武藤山治　143, 185
村田幸一郎　193, 207, 214
森村市左衛門　143, 185

ヤ行

矢野恒太　143
ユヌス, M.　40
吉岡哲太郎　91
吉田悦蔵　193, 195, 197, 198, 200, 204, 207, 209, 213, 214
米山梅吉　16, 151, 152, 153, 154, 156, 157, 158, 159, 161, 162, 164, 165, 167, 170, 171, 172, 173, 174, 175, 176, 177, 178, 179

ラ行

ラロック, L.　59
レーガン, R.　4, 21

ワ行

ワット, J.　41, 42

法政大学イノベーション・マネジメント研究センター叢書11
企業家活動でたどるサステイナブル経営史
CSR経営の先駆者に学ぶ

2016年3月31日　第1版第1刷発行　　　　　　　　　　検印省略

編著者	長谷川　直哉
発行者	前野　隆
発行所	株式会社 文眞堂

東京都新宿区早稲田鶴巻町533
電話 03（3202）8480
FAX 03（3203）2638
http://www.bunshin-do.co.jp
〒162-0041 振替00120-2-96437

印刷・モリモト印刷／製本・イマヰ製本所
©Naoya Hasegawa and The Research Institute for Innovation Management,
Hosei University. 2016　Printed in Japan
定価はカバー裏に表示してあります
ISBN978-4-8309-4884-8 C3034